HISTOIRE NATIONALE

DES

NAUFRAGES

ET

AVENTURES DE MER

PAR

CH. D'HÉRICAULT

PÉRIODE CONTEMPORAINE

(1830-1850)

PARIS

GAUME ET Cⁱᵉ, ÉDITEURS

3, RUE DE L'ABBAYE, 3

1879

HISTOIRE NATIONALE

DES

NAUFRAGES

ET

AVENTURES DE MER

PAR

CH. D'HÉRICAULT

PÉRIODE CONTEMPORAINE

(1830-1850)

PARIS

GAUME ET Cie, ÉDITEURS

3, RUE DE L'ABBAYE, 3

1879

Tous droits réservés.

GAUME et C^(ie), éditeurs, 3, rue de l'Abbaye, à Paris.

SCÈNES

DE LA

VIE HONGROISE

Par le C^(te) G. de la TOUR

1 vol. in-12 : 3 fr.

« M. DE LA TOUR a habité longtemps la Hongrie. Ce pays « encore si neuf, si original, si poétique, était devenu pour lui comme une seconde patrie. » Il aimait « ses steppes et ses forêts, ses immenses horizons et ses grands villages, les qualités généreuses et jusqu'aux travers de ses habitants. » Son livre n'est pas cependant un tableau enthousiaste de la Hongrie. Il a voulu être « impartial dans ses appréciations et vrai dans ses peintures. » Le théâtre des scènes qu'il esquisse « est un coin de la région la plus inculte » de cette vaste contrée. Mais, « dans cette partie de la Hongrie orientale, se trouvent en contact les Magyars, les Valaques, les Slaves et les Allemands. » Mettre en lumière les rapports qui unissent ces diverses races et les oppositions qui les divisent, est peut-être le moyen le plus sûr de donner une idée juste de « la situation politique du royaume, » d'expliquer « les faiblesses et les erreurs qui aboutirent à la sanglante crise de 1848, » et de montrer combien, pour prévenir de nouvelles catastrophes, les quatre races ont besoin de concessions mutuelles.

« Ce n'est donc pas pour amuser un lecteur oisif que M. DE LA TOUR a retracé les *Scènes de la vie hongroise*, mais, comme il le dit lui-même, « pour instruire et faire réfléchir. » Il a su atteindre un but sérieux en écrivant un roman plein d'attrait et de charme.

Des portraits tracés avec autant d'exactitude que de finesse, des tableaux pleins de vie et de couleur, des situations émouvantes, des détails neufs, instructifs et précieux, excitent au plus haut point l'intérêt du lecteur. Cette clarté, cette simplicité, cette élégance sans prétention, laissent deviner que l'auteur a longtemps rêvé et approfondi son sujet puisé à la source de son expérience personnelle, d'un esprit calme, instruit et très observateur.

AVIS AUX LECTEURS

Nous avons publié, il y a quelques années, un volume intitulé *Histoire nationale des Naufrages et Aventures de mer* (période contemporaine, 1800-1830). L'accueil très favorable fait à cet ouvrage nous engage à lui donner aujourd'hui un nouveau volume.

Nous suivrons exactement pour celui-ci la méthode à laquelle le précédent doit sa physionomie particulière.

Nous ne pouvions songer à faire mieux que nos devanciers, nous avons voulu faire autrement.

Nous ne parlons que des accidents survenus à des navires, à des matelots français, ou arrivés sur les côtes de France. C'est ce qui explique l'adjectif *National* qui entre dans notre titre.

Nous suivons rigoureusement l'ordre chronologique, et nous avons ainsi une histoire plus précise.

Nous laissons presque toujours la parole aux témoins des événements ; nous avons ainsi une histoire plus authentique. Nous ne sommes intervenu que pour choisir les récits, enlever les détails inutiles, ou corriger les phrases incorrectes.

Nous avons donné à la fin de chaque année l'indication des naufrages qui nous ont paru pouvoir intéresser, après ceux que nous avons racontés.

Nous avons ajouté au titre : *Aventures de mer*, nous réservant, par là, la faculté de rompre, à l'occasion, la monotonie des narrations lugubres par des récits d'incidents maritimes même non suivis de naufrages.

Nous invitons le lecteur à lire la préface du précédent volume et à parcourir à la fin du nouveau la *Table des noms de navires* et la *Table des noms d'hommes* cités dans les deux.

GAUME ET Cie, ÉDITEURS
3, rue de l'Abbaye, à Paris.

HISTOIRE DE FRANCE

DEPUIS

LES ORIGINES GAULOISES JUSQU'A NOS JOURS

PAR

A. GABOURD

20 volumes de 500 à 600 pages, avec Cartes géographiques

PRIX : 110 FRANCS

CARTES

1. Gaule avant la conquête romaine.
2. Gaule au moment de la grande invasion des Francs.
3. Empire de Charlemagne.
4. France et Europe occidentale après le partage de Verdun.
5. France féodale sous Philippe-Auguste.
6. France à l'avènement des Valois.
7. France sous Henri IV.
8. France sous Louis XIV.
9. France et Italie septentrionale en 1789
10. France en 1813.

Chacune de ces cartes, de 24 centimètres de largeur sur 31 de hauteur, est vendue séparément 50 centimes.

HISTOIRE DE PARIS

DEPUIS SON ORIGINE JUSQU'AUX TEMPS ACTUELS

PAR

A. GABOURD

5 vol. in-8, ornés de 20 gravures sur acier, de figures intercalées
dans le texte et d'un plan archéologique de Paris

Prix : 30 francs

GRAVURES :

1. Abbaye Saint - Germain des Prés.
2. Arc (l') de triomphe de l'Étoile.
3. Église Saint-Eustache.
4. Église Saint-Jacques la Boucherie.
5. Église Saint - Germain l'Auxerrois.
6. Église Saint-Séverin.
7. Hôtel de Cluny.
8. Hôtel-de-Ville.
9. Louvre (le) et les Tuileries.
10. Madeleine (la).
11. Notre-Dame de Paris.
12. Nouvel (le) Opéra.
13. Palais (le) en l'Isle.
14. Palais (le) des Thermes.
15. Place de Grève, Hôtel-de-Ville, Église Saint-Jean.
16. Plan archéologique de Paris.
17. Prieuré de Saint-Martin des Champs.
18. Sainte-Chapelle (la).
19. Saint-Étienne du Mont et l'Abbaye Sainte - Geneviève.
20. Vieux (le) Louvre et la Tour du Palais du Grand Prévôt.

HISTOIRE NATIONALE

DES

NAUFRAGES

ET

AVENTURES DE MER

PÉRIODE CONTEMPORAINE
(1830-1850)

GAUME et Cⁱᵉ, éditeurs, 3, rue de l'Abbaye, à Paris.

HISTOIRE NATIONALE

DES

NAUFRAGES

ET

AVENTURES DE MER

PAR CH. D'HÉRICAULT

PÉRIODE CONTEMPORAINE
(1800-1830)

3ᵉ édition. 1 vol. in-12...................... 3 fr.

Ce recueil présente dans une série de naufrages et d'aventures de mer des plus variés une véritable histoire de la marine française. L'exactitude et la couleur des récits et des tableaux, la scène où se déroulent ces drames émouvants, donnent à cette publication le plus vif intérêt.

Cet ouvrage a été, dès son apparition, très remarqué. Adopté pour les biblothèques de bord, il a été honoré des souscriptions des ministères de l'Instruction publique, de l'Intérieur et de la Marine.

C'est un charmant livre de prix ; c'est un utile livre d'étrennes.

Il y a dans un naufrage toujours quelque chose de si dramatique qu'il est impossible que le récit n'en soit pas intéressant. L'intérêt augmente quand le récit est fait par les acteurs mêmes de ces scènes terribles. C'est ce qu'a très bien compris M. Cʜ. D'Héʀɪᴄᴀᴜʟᴛ et ce qu'il s'est efforcé de réaliser dans cette *Histoire nationale des Naufrages*.

CORBEIL, TYP. ET STÉR. CRÉTÉ.

HISTOIRE NATIONALE

DES

NAUFRAGES ET AVENTURES

DE MER

1830

Naufrage des bricks *l'Aventure* et *le Sylène*.

Parmi les événements malheureux dont les souvenirs restent fortement gravés dans l'âme, il en est peu, dit M. d'Assigny, commandant de *l'Aventure*, d'aussi remarquables que les naufrages des bricks *l'Aventure* et *le Sylène*, dont les pertes, presque instantanées, furent suivies des plus affreuses conséquences.

Dans la nuit du 14 au 15 mai, environ à deux heures du matin, je m'éveillai aux secousses multipliées que faisait éprouver au brick un vent assez violent, mais particulièrement une mer extrêmement agitée. Sur les cinq heures, le temps était toujours couvert, et des nuages de brume fort épais venaient par moment nous voiler entièrement l'horizon. Sur les onze heures, on reconnut un brick de guerre, qui hissa le numéro du *Sylène*. Je communiquai avec M. Bruat, qui le commandait. Nos communications durèrent jusqu'à la nuit, mais incertaines à cause de la violence du vent.

A sept heures et demie, voyant que le brick *le Sylène* nous accompagnait, sans avoir besoin d'augmenter ni diminuer sa voilure, je descendis dans le carré des officiers, et nous nous entretînmes quelque temps entre Delorme, mon second, le docteur et Chabrol. M. Augier était de quart, et Troude, devant prendre celui de minuit à quatre heures, venait de se retirer dans sa chambre pour s'y coucher.

A huit heures M. de Chabrol monta sur le pont pour remplacer M. Augier ; un instant après je me disposai à y monter moi-même pour voir l'aspect du temps et examiner autour de nous l'état de l'atmosphère, lorsque je fus retenu dans ce dessein à deux ou trois reprises par le lieutenant, et toujours avec l'intention de monter pour communiquer à l'officier de quart les ordres pour la nuit. Une fatalité me retint en bas un quart d'heure, presque malgré moi.

Tout à coup une petite secousse, mais d'un genre particulier, se fit sentir : c'était une commotion semblable à celles de ces lames qui viennent parfois heurter l'avant d'un bâtiment ; nous nous regardions les uns les autres avec anxiété, lorsqu'une seconde secousse de l'arrière me fit monter en toute hâte sur le pont. On ne voyait rien, une obscurité complète régnait sur l'horizon. Je fis mettre tout aussitôt la barre à tribord et ordonnai d'orienter devant et d'amurer la misaine pour nous donner quelque vitesse. Le bâtiment venait à peine de se ranger au lof qu'une lame énorme, nous prenant en travers et venant à rouler sur le banc, nous y échoua avec une secousse affreuse. La commotion fut si violente, que je fus jeté, avec

tous ceux qui se trouvaient sur le pont, de tribord à
bâbord, enseveli dans un déluge d'eau, à moitié as-
phyxié par la mer, le bras droit et le côté droit fra-
cassés. J'essayai de me retenir à l'une des claires-voies
qui, cédant dans les mouvements de roulis, me re-
tomba sur les mains. Je me cramponnai comme je
pus alors aux montants du dôme et de là aux bastingages de tribord, où je trouvai Delorme qui me dit,
en voyant venir une lame énorme : « Adieu, mon
ami. » Je l'engageai à ne désespérer de rien, que
nous étions sur du sable et qu'il était probable que
le bâtiment..... La vague furieuse me vint interrompre et me rejeta encore sur le pont; je me relevai
de nouveau et, craignant que la mâture ne vînt, en
tombant d'elle-même, blesser les hommes, je donnai
l'ordre de couper les galhaubans de tribord, qui était
le côté que nous présentions au vent. Cette opération
fut exécutée très-vite, les mâts vinrent bas ensemble
avec un craquement affreux. Dans ce moment, l'arrière donnant un coup de talon violent, nous crûmes
que le navire allait se séparer en deux; je me penchai
donc par bâbord, pour voir si quelques ruptures
avaient eu lieu, et bientôt j'eus la certitude que nous
étions à rejoindre le rivage. Je m'écriai aussitôt :
« Bon courage, mes enfants, nous sommes sauvés, le
bâtiment est à toucher la terre. » En effet, sans la
distinguer parfaitement, je voyais les lames écumeu-
ses venir s'y étendre et dessiner par leur blancheur
les marges de la grève.

Jusqu'alors les cris de douleur de quelques-uns de
mes jeunes marins avaient déchiré mon âme, et mes
peines étaient aggravées par tous les maux que je
leur voyais souffrir. Quelque froissé que je fusse par

ma chute et dans une position à ne point désirer survivre à un pareil désastre, cependant cette lueur de salut vint ranimer mes forces. Je donnai l'ordre aux officiers qui se trouvaient près de moi de faire en sorte que personne ne tentât de sortir du bâtiment avant que le sauvetage fût établi d'une manière sûre. Au même moment, un quartier-maître qui était de l'avant, vint nous prévenir que du bossoir on pouvait, en sautant, descendre à pied sec sur la grève. Je fis donc promptement préparer des va-et-vient pour évacuer le bâtiment qui, s'étant incliné tribord au large, n'était plus tenable, par la mer qui venait le battre et déferler sur tout son pont.

Il y avait longtemps que je m'étais occupé du *Sylène*, afin qu'on lui signalât, par un coup de canon, notre danger et le sien. Mais ce malheureux bâtiment éprouvait un sort pareil au nôtre, et quand on voulut faire feu pour le prévenir, tout étant mouillé, le coup de canon ne put partir, et bientôt le canonnier fut roulé par une lame presque sous la chaloupe.

J'essayai de descendre un moment dans ma chambre, tout y était dans l'eau ; je voulus prendre un vêtement, mais mon bras me faisait trop souffrir pour en changer, tout ce que je pus faire fut d'abandonner ma capote, car l'eau qui entrait d'un moment à l'autre ne me permettait ni de déchirer les signaux, ni de sauver aucun papier. Ce fut dans ces moments que je reçus plusieurs témoignages d'un bien vif attachement de la part de mes hommes ; tous ceux qui se trouvaient encore là me firent les plus tendres protestations de leur obéissance et de leur entier dévouement. Malheureux, que n'ai-je pu racheter de ma vie votre sang précieux !

L'eau qui tombait par torrents fit craindre à Delorme que je ne restasse engagé dans les chambres,
il me fit dire de me hâter. Je lui fis demander si le
va-et-vient était installé; il me répondit que déjà
plusieurs hommes étaient à terre; je lui recommandai de se sauver aussi et de continuer à veiller pour
qu'il n'arrivât aucun désordre. La nuit la plus obscure régnait sur le pont, nous avions quelques lu-
mières dans le carré, mais tout à coup une lame
nous en priva et l'horreur des ténèbres vint remplacer
cette consolation. Je fus quelque temps incertain
sur ce que je devais faire, si je resterais dans ce
tombeau, ou si je ferais un nouvel effort pour sauver
mes malheureux compagnons; cette idée, que je
pouvais leur être de quelque secours et que je devais
les soutenir, les consoler encore, m'élevant au-dessus
de moi-même, me fit rejeter cette première pensée.
Je me traînai donc sur le pont où les cris : « Le capitaine, le capitaine, sauvez le capitaine ! » se faisaient
entendre. Je leur demandai si tout le monde était à
terre; ils me dirent qu'à l'exception de deux hommes
et un élève (M. Augier), qui venait me chercher, tous
les autres étaient déjà sur la plage, que l'on y parve-
nait facilement au moyen du va-et-vient et même
d'une vergue qui formait une espèce de pont entre
le brick et la terre. J'avais peine à me tenir, n'ayant
qu'un bras de bon; cependant je montai sur le bastingage, et, m'accrochant aux toiles pour résister aux
lames qui venaient y battre par intervalle, j'arrivai
jusqu'à l'avant.

Il ne restait plus, comme je l'ai dit, que trois personnes à bord ; deux prirent le cordage et descendirent en me soutenant, je le tenais ensuite ; enfin au

moyen des hommes qui étaient à terre et qui le rai-
dissaient de toutes leurs forces, nous mîmes pied
tous les quatre sur la grève.

Aussitôt que nous fûmes tous à terre, je me hâtai
de me rendre au secours du *Sylène;* il était échoué
à environ deux encâblures plus ouest que nous, mais
bien plus au large : la mer le couvrait par instants.

Nous lui hélâmes d'envoyer une bouée avec un
cordage pour ensuite établir un va-et vient, mais à
peine s'il pouvait nous entendre, vu son éloignement
et le bruit de la mer. Cependant la lame qui le prenait en travers le poussait de plus en plus vers la
côte. Après être restés environ une heure à attendre
qu'il nous envoyât un moyen de lui établir un sauvetage, on finit par nous héler qu'ils étaient encore
trop loin, que leur bâtiment résisterait longtemps,
enfin qu'ils ne comptaient l'évacuer qu'au jour. Ayant
laissé quelques hommes sur la grève pour nous prévenir des mouvements du brick, nous retournâmes
à quelque distance en face de l'*Aventure;* là il y avait,
sur un tertre peu élevé, un petit abri couvert par
des cyprès, nous nous y rendîmes, une partie des
hommes chercha à y goûter pendant quelques moments l'oubli de leurs peines ; les autres, moins heureux, à s'entretenir des dangers passés et des soins
de l'avenir. Je leur adressai moi-même quelques paroles de consolation, puis, ayant dit de me faire prévenir dès que le *Sylène* commencerait à mettre son
monde à terre, je fus m'asseoir sous cet ombrage du
repos éternel et d'un présage funeste pour la plupart
de mes malheureux compagnons.

Il était environ minuit, le vent soufflait toujours avec
force et la mer y répondait avec fureur. A deux heures

le temps était le même. Quelques hommes du *Sylène*
gagnèrent le rivage, on vint m'en prévenir ; d'autres
les suivaient ; je me rendis alors sur la grève en face
de ce bâtiment. Plus de la moitié des matelots étaient
déjà sauvés. Le capitaine et les officiers encore à
bord assuraient le sauvetage des plus faibles, et ce
navire qui dans le principe était beaucoup plus éloigné de la terre que nous, s'en était rapproché à un
tel point, par le mouvement progressif des lames,
qu'il était venu tout près du rivage, son pont un peu
incliné vers terre. Cependant il était encore, d'un
moment à l'autre, par la violence de la mer, couvert
des lames qui venaient s'y briser. Laissant le monde
nécessaire pour le transport à terre de l'équipage,
nous conduisîmes nos infortunés compagnons sous
l'abri où nous avions choisi notre refuge. La nuit
était encore obscure, nous heurtions à chaque instant, sur le rivage parsemé de nos débris, les mâts,
les vergues de perroquet, les déchirures des embarcations, enfin les ornements brisés de nos gaillards.
Nous étant réunis, quelque temps après le reste de
l'équipage du *Sylène* et Bruat arrivèrent ; ils avaient
des malades, et, bien qu'ils eussent soutenu une lutte
prolongée avec la mer, dans cette nuit cruelle, ils
n'avaient perdu qu'un homme qui, durant l'é-
chouage, fut emporté par les flots.

Je vais maintenant rapporter en détail ce qui se
passa à bord du *Sylène* pendant son échouage, et,
pour ne rien oublier, en prendre le récit au moment
où ce navire, nous voyant disparaître, aperçut aussitôt
qu'il était lui-même dans les brisants.

On prévint le capitaine qui, s'élançant sur le pont
et cherchant à distinguer les dangers de dessus l'é-

chelle de tribord, fit en même temps orienter et tenir
le plus près. Le bâtiment ayant conservé de la vitesse,
les deux huniers furent bientôt masqués. Après avoir
changé, on s'occupait d'amurer la grande voile pour
diminuer le mouvement d'abattre, lorsque le brick,
qui avait nécessairement culé pendant cette manœuvre, donna son premier coup de talon et tomba
son avant à terre. Dès ce moment il n'y eut plus
d'espoir à entretenir. La brume alors était si épaisse
qu'ils ne pouvaient juger de la proximité du rivage
que par les reflets blancs de la mer qui venait s'y
briser. Dans cette situation, Bruat fit couper sa mâture, le grand mât d'abord, conservant, d'après l'observation de M. Barnel, quelques minutes de plus
celui de misaine, afin de s'approcher de terre et d'é-
viter par ce moyen que le brick ne s'inclinât au large.
Ayant eu l'intention ensuite de faire mettre à la mer
l'embarcation de porte-manteau pour jeter un va-et-
vient à terre, voyant que le dévouement de ses hommes et de M. Bonnard qui les commandait, les conduisait pour ainsi dire à une mort assurée, il les fit
rentrer à bord.

Ce fut dans ce moment que le nommé Bichon, timonier, s'étant obstiné à rester dans l'embarcation,
y fut enlevé par la mer et brisé sous le navire.

Étant encore éloigné de terre et jugeant qu'il pé-
rirait beaucoup d'hommes avant de parvenir à y porter une amarre, Bruat fit réunir ses matelots, pour
les engager à patienter jusqu'au jour ; il leur dit que,
dans la plupart des naufrages dont il avait eu connaissance, presque toujours on avait vu périr les
hommes qui, trop confiants dans leurs forces, avaient
quitté le bâtiment pour se sauver à la nage ; que le

brick était bon, ainsi qu'il n'y avait aucun danger à attendre avec confiance le retour du matin.

Beaucoup de jeunes gens versaient des pleurs et se désolaient ; les souvenirs de leurs pères, de leurs familles, venaient dans ces moments de souffrance se joindre à leurs regrets ; les paroles du capitaine les consolèrent et ils furent maintenus toute la nuit dans cet état de résignation et de fermeté par l'exemple de leurs officiers et de quelques hommes qui conservèrent, pendant tout le temps de l'échouage, cette égalité d'humeur qui approche presque de la gaieté. Quelques moments après Bruat voulut descendre dans sa chambre, elle était pleine d'eau ; il parvint cependant à se saisir des signaux secrets et des dépêches, qu'il déchira. En remontant, on le prévint que l'*Aventure* s'était également perdue et que des gens de son équipage hélaient de terre.

L'état d'immersion où se trouvaient toutes les parties basses du navire fit penser aux hommes qui étaient en punition ; on frémit à l'idée qu'ils étaient encore dans l'entre-pont, on fut pour les en retirer et leur porter des secours, mais depuis longtemps. s'étant dégagés, ils étaient montés sur le pont.

Le capitaine fit mettre ensuite les malades sous la dunette, de ce nombre était son agent comptable qui ne se soutenait qu'avec peine, épuisé comme il l'était depuis quelques jours par les ravages d'une maladie grave. Les ayant fait envelopper de pavillons, il les mit le mieux qu'il put à l'abri de la mer.

Qui pourrait peindre les souffrances de cette longue nuit, où chacun, occupé à se défendre de la lame, se cramponnant à tout ce qui présentait quelque soutien, n'en était pas moins exposé aux coups répétés d'une eau glaciale, et dans les craintes continuelles d'être emporté par les chocs multipliés des vagues furieuses.

Une partie se tenait collée aux murailles du bâtiment, s'abritant sous les toits des bastingages ; d'autres sous les gaillards, enveloppés de pavillons.

Enfin, chacun se rapprochant, on se tenait serrés les uns contre les autres, tâchant de ramener, autant que possible, la chaleur dans les membres glacés.

Les secousses de la mer ayant arraché la braye du gouvernail, bientôt on vit s'élancer de cette partie de l'eau par torrent ; il fallut quitter encore la dunette et s'arranger comme on put pour joindre le bord.

La mer était si furieuse que ce n'était pas sans dangers que l'on se rendait de l'avant à l'arrière du brick ; un matelot qui s'y hasarda fut jeté, par une lame, contre la chaloupe et manqua d'y périr.

Cependant vers minuit, ayant encore entendu héler de terre et répondre par le lieutenant, le bruit des lames empêchant le capitaine de comprendre ce que l'on disait, il se rendit sur le gaillard d'avant pour recommander aux hommes de ne pas s'exposer à quitter le bord ; M. Raynal, au reste, avait déjà été au-devant de cet ordre, en en faisant retirer les bouées d'ancres qui se trouvaient placées dans les porte-haubans.

Enfin cette longue nuit de souffrance tira à sa fin, vers les trois heures du matin le brick s'étant rapproché considérablement de terre, le capitaine fit monter toutes les lignes de sonde, et deux bons nageurs ayant été désignés, ils portèrent, non sans peine, ces cordages sur la grève. Mes hommes les aidèrent aussitôt à établir des va-et-vient.

Tout étant disposé, Bruat fit faire l'appel de son monde, envoyant d'abord à terre et faisant soutenir ceux qui ne savaient pas nager. Les malades ensuite y furent déposés; chacun suivit son tour et l'équipage tout entier prit terre sans aucun accident.

Ce fut avant de débarquer que Bruat eut le bonheur de sauver un de ses hommes qui, ayant quitté le va-et-vient, était entraîné par le remous et rapporté par la lame suivante jusqu'à l'arrière. Là, près d'être écrasé sous la voûte du brick, son capitaine le saisit par ses vêtements, le soutint avec force et le retint enfin dans cette position difficile jusqu'à l'arrivée de plusieurs hommes qui l'aidèrent et le mirent à bord.

Enfin, avant de quitter le brick, ayant rempli tous ses devoirs, il descendit à terre revêtu de son uniforme.

La triste clarté d'un jour douteux commençait alors à paraître, déjà on pouvait distinguer, malgré la brume, les objets qui étaient autour de soi. Après la grève s'étendait une partie plane et couverte d'arbustes et d'herbages; ensuite la montagne commençait et, s'élevant presque à pic, formait une ceinture escarpée défendant le rivage; des arbres de toutes espèces en voilaient les rochers dont les masses se groupaient de distance en distance au pied de la montagne.

Bruat s'étant réuni à moi, nous fîmes appeler les officiers des deux bricks, et, retirés à l'écart des équipages, je leur parlai à peu près en ces termes :

« Vous voyez, messieurs, en quelle position mal-
« heureuse nous ont réduits les chances funestes de la
« navigation; nous avons échoué sur une côte ennè-

« mie, peuplée d'hommes cruels. Cependant la Provi-
« dence qui nous a sauvés de la fureur des flots, il
« faut l'espérer, ne nous abandonnera pas ; oui, no-
« tre position est difficile, mais il n'en faut point dé-
« sespérer ; d'ailleurs, quand nous aurons fait ce que
« nous devons faire, à Dieu le reste.

« Deux moyens de nous conduire sont à vous pro-
« poser : le premier, de prendre les armes et de tâ-
« cher de gagner quelque point de la côte d'où nous
« puissions être aperçus par nos bâtiments ; le se-
« cond, de nous livrer sans armes aux Arabes afin
« d'être conduits à Alger comme prisonniers. Le pre-
« mier de ces moyens est désespéré, l'autre est plus
« conforme aux règles de la prudence. »

On discuta pendant quelques minutes sur le premier moyen ; nos poudres étaient mouillées, le manque de vivres, l'incertitude et la difficulté des chemins
furent mis en avant ; on ajouta à ces obstacles le moral des hommes qui ne pouvait qu'être ébranlé par
nos malheurs ; enfin les blessés qu'il faudrait abandonner à la cruauté des Arabes, dont la foule toujours
croissante ne pouvait nous permettre d'espérer rai-
sonnablement de nous sauver de leurs mains. Si la
mer eût été calme, avec de la poudre on aurait pu
peut-être tenir à bord du *Sylène*, mais à chaque instant elle venait y déferler, et le ciel était tellement
brumeux qu'il n'y avait pas d'espoir d'être aperçu
des bâtiments du blocus.

Notre résolution prise, nous nous occupâmes à ra-
masser quelques provisions à bord du *Sylène*. Ensuite,
après avoir formé deux compagnies, chacun à la
tête de nos équipages nous suivimes la grève, nous
dirigeant sur Alger. Il était quatre heures du matin,

le temps était sombre et brumeux ; à peine marchions-nous depuis un quart-d'heure, quand nous fûmes joints par quelques Arabes qui, après avoir aperçu nos bâtiments, s'avancèrent sur nous. Parmi les hommes qui formaient l'équipage du *Sylène* se trouvait un Maltais pris devant *Oran*, par ce brick, dans un bateau de pêche. Cet homme sachant l'arabe, ayant longtemps navigué sur les navires de la Régence, se dévoua pour ainsi dire au salut de tous, nous recommandant de ne point démentir ce qu'il allait avancer. Il protesta à ces barbares furieux que nous étions Anglais ; plusieurs fois on lui mit le poignard sur la poitrine pour tâcher de l'effrayer et juger par son émotion si ce qu'il avançait était vrai. Sa fermeté en imposa aux Arabes, et, bien qu'ils n'ajoutassent point entièrement foi aux paroles du Maltais, cependant il en résulta en eux un sentiment d'incertitude qui nous fut très-favorable et qui contribua en partie à sauver les équipages.

Sous prétexte de nous conduire à Alger par un chemin plus court, ils nous firent gravir la montagne qui s'étend jusqu'aux bords de la mer ; quelques vieux matelots pendant cette marche, effrayés par leurs souvenirs, laissèrent échapper des paroles qui eussent porté l'abattement parmi nos jeunes marins ; nous leur imposâmes silence, et par là on prévint le découragement du grand nombre.

Après trois quarts d'heure d'une marche assez triste, nous arrivâmes sur le sommet d'une colline dans la gorge d'une montagne ; un petit chemin bordé de cactus et d'aloès nous mena à un village près duquel on passa. Quelques femmes en sortirent et nous arrachèrent nos mouchoirs. Déjà un assez

grand nombre d'Arabes s'étaient réunis aux premiers ;
on nous fit faire halte, et après une demi-heure qui
fut employée en partie à nous compter, quelques-uns
d'eux nous dirent que c'était pour faire connaître au
Dey le nombre des prisonniers.

Il était facile de remarquer parmi les Bédouins
plusieurs sentiments différents à notre égard, qu'ils
exprimaient à toute rencontre et avec grand bruit.
On nous prit quelques effets, puis ensuite on se remit en marche, toujours en nous disant que nous allions à Alger.

Après un quart d'heure, nous nous arrêtâmes encore
sur le revers d'un coteau, au bas de la montagne, où
le village d'où nous descendions était situé. Sous le
prétexte d'attendre des chevaux pour porter quelques
malades qui étaient avec nous et qui ne se traînaient
qu'avec peine, on nous fit demeurer dans la même
place une heure et demie ; pendant ce temps nous
fûmes pillés de tout ce que nous pouvions avoir ;
cependant la plupart de nous conservèrent leurs vêtements. L'argent, les montres, tout ce qu'on pouvait
posséder en dehors de ses vêtements, était l'objet de
la convoitise des Arabes.

Enfin, après nous avoir fait subir tant d'humilia-
tions, voyant que nous n'avions plus d'argent, ils se re-
mirent en route. Peu après nous nous arrêtâmes. De
nouveaux Bédouins, portant des calottes rouges sur
la tête, la plupart à cheval et assez bien armés, vinrent nous joindre ; nous crûmes pendant un moment
que c'étaient des troupes du pacha. Au reste ils exer-
çaient sur les premiers une espèce d'empire qui nous
donnait tout espoir. Étant près d'un champ de fèves,
ils nous dirent que nous pouvions en prendre ;

quelques-uns le firent, ensuite on se remit en marche, non pas sans de vives contestations qui s'élevèrent entre les Arabes, par rapport à la route que nous devions tenir.

Nous prîmes cependant un chemin creux qui se trouvait entre deux collines ; à peine étions-nous engagés dans les gorges, que des cris s'élevèrent, les yatagans, les poignards furent tirés, et je crus pendant quelque temps qu'ils allaient se déchirer entre eux. J'ignore au juste pour quel sujet cette rixe s'éleva, le partage des prisonniers était probablement le motif de leur contestation. Enfin tout se calma, ces figures, qui un instant plus tôt exprimaient la férocité et la rage, étaient redevenues calmes, et les traits heurtés de leurs visages n'offraient plus que l'aspect de la brutalité tranquille.

Cependant, quoiqu'ils se fussent arrangés entre eux, nous ne vîmes pas sans une grande inquiétude que la gorge une fois passée, ils nous fissent arrêter sur un petit tertre environné de montagnes. Ce terrain était une arène élevée d'où les corps des victimes pouvaient être précipités dans les pentes rapides, et perdus pour jamais dans les broussailles épaisses qui couvraient le vallon. Là ils prirent deux d'entre nous et les mirent l'un à côté de l'autre ; nous crûmes un instant qu'ils voulaient nous massacrer, et chacun se disposait, à part soi, à vendre sa vie aussi chère que possible. D'autres pensèrent, et c'était l'idée la plus probable, qu'ils voulaient nous attacher deux à deux ; enfin ils ne persistèrent pas dans leur premier projet, mais, continuant leur route, ils nous firent avancer avec moins de ménagements.

Il fallut pendant une heure et demie suivre le trot des chevaux par des chemins extrêmement étroits et glissants. De temps à autre notre petite troupe était traversée par des Bédouins qui venaient nous arracher le reste de nos habits avec la plus, étrange barbarie. Nous fîmes ainsi deux lieues, parfois dans des précipices, souvent en gravissant par des sentiers où nous étions poussés les uns sur les autres. Malheur à ceux qui se trouvaient arriérés; ils étaient foulés, maltraités par les Arabes qui leur arrachaient jusqu'aux chemises.

Ce fut dans ces moments de douloureuse mémoire qu'un homme de l'*Aventure*, le magasinier de ce brick, reçut un coup de yatagan sur le derrière de la tête, la lame pénétra assez avant pour couper quelques artères ; le sang ruissela sur son corps, mais, quoique âgé, il conserva assez de force pour nous suivre jusqu'au village. Nous eûmes ensuite le bonheur de le sauver.

Après avoir franchi plusieurs vallons, ils nous conduisirent par une pente assez rapide sur une colline arrondie, couronnée d'un village, qui occupait son sommet et une partie de sa déclivité. Les femmes, nous voyant venir, poussèrent des cris de victoire, ensuite s'apitoyant sur notre infortune, par un changement assez naturel dans ce sexe mobile, elles se mirent à nous plaindre et à pleurer.

Quant aux Bédouins qui nous accompagnaient, ils prenaient l'air de gens qui viennent de remporter une victoire. Ils mirent au bout d'un bâton une ceinture rouge. C'est avec cet étendard, qu'on portait devant nous, que nous fîmes notre entrée dans ce repaire de brigands. Les vieillards du lieu vinrent même les féliciter de leur bonne fortune, beaucoup leur prirent les mains et les baisèrent, puis nos guerriers se les portaient au front.

On s'arrêta quelque temps en dehors d'une petite
maison qui était sur la place, la plus grande partie
des autres se trouvaient plus dans la pente, à trente
pas de distance environ. La plupart de nos hommes
n'ayant conservé que les pantalons, le visage triste
et pâle des souffrances présentes et des malheurs fu-
turs, exposés à une pluie froide qui tombait sur eux
par intervalles, se rapprochèrent les uns des autres ;
on se serra auprès de l'abri que présentait cette
maison, quelques-uns y entrèrent ; elle ne paraissait
point habitée. Nous apprîmes ensuite que ce bâtiment était une espèce de mosquée. Au reste, ce village
ne se composait que de l'assemblage d'une vingtaine
de cases basses, mal bâties et malpropres, chacune
entourée d'une haie d'épines sèches, ou d'une clôture
en pierre mastiquée de fumier et de terre.

Pendant que nous étions à attendre le résultat de
l'espèce de conseil que les Arabes paraissaient tenir,
des vieillards, des femmes vinrent nous apporter du
pain et de l'eau, on le distribua aux hommes ; mais
les provisions du village suffirent à peine pour donner
à la moitié de nous une once de leurs galettes. Voyant
qu'ils ne pouvaient suffire à la consommation d'autant
de bouches, ils prirent le parti de nous disséminer
dans les environs. La moitié de nos hommes à peu
près resta avec Bruat pour être répartie dans le
village et dans les hameaux environnants.

Je suivis avec le reste quelques vieillards, et nous
reprîmes ensemble le chemin que nous avions déjà
parcouru. Bruat ayant un interprète avec lui me parut
devoir, suivant les probabilités, offrir à ceux qui res-
teraient dans ce village plus d'espoir de salut. Je fus
donc bien aise de voir que Chabrol et Delorme pré-

féraient rester là plutôt que de faire trois lieues sans chaussures, dans des chemins de montagnes, pour revenir encore à peu de distance des lieux où nous avions été pris.

Ce fut cependant cette malheureuse pensée qui, faisant croire à chacun qu'il valait mieux de rester que retourner sur ses pas, accumula dans ce village plus de personnes qu'il n'en pouvait nourrir. Il résulta qu'en général ils furent moins bien traités que ceux qui se trouvèrent détachés dans les hameaux isolés, et qu'ensuite on excita la jalousie des autres Arabes contre le chef de ce village, où se trouvaient réunis un aussi grand nombre de prisonniers.

Bruat et vingt-cinq marins tant du *Sylène* que de l'*Aventure* occupèrent cette espèce de mosquée dont j'ai parlé plus haut; cette maison était publique, en sorte que nos gens y furent exposés aux visites continuelles d'une foule d'Arabes attirés d'abord par la curiosité, ensuite par l'espérance, en les fouillant, de trouver quelque chose à prendre; et comme nos marins s'obstinaient à cacher, malgré toutes les représentations qu'on pouvait leur faire, quelques pièces de monnaie, chaque fouille décelant quelques cachettes non encore découvertes, encourageait les Arabes, par le succès, à tenter de nouvelles perquisitions, ce qui tenait tout le monde dans un état précaire et malheureux. Les deux premiers jours les Arabes leur disaient chaque matin que la rivière de Bobezach gonflée par les pluies ne leur permettait pas de les conduire à Alger. Le troisième jour, quoique leurs intentions parussent plus hostiles encore, la vie des hommes était en sûreté, lorsqu'un fils de turc, ayant passé la rivière, vint dire dans ces villages que des officiers du Dey étaient sur l'autre rive pour nous protéger, et qu'il ne concevait pas que jusqu'alors ils nous eussent pris pour Anglais.

A la demande du Maltais, qui jugeait que sa présence hâterait les secours que nous attendions (étant plus à même que personne d'expliquer notre affreuse position), Bruat le fit partir, en lui recommandant toute diligence. Il y avait à peine une heure qu'il était en route, que nos marins furent mieux traités ; plusieurs Arabes leur rendirent les effets dont ils les avaient dépouillés le premier jour de notre captivité. En même temps, un des guides fit sortir le capitaine, et lui fit entendre qu'il allait le conduire de suite à la rivière. Bruat refusa de se séparer de ses camarades, qu'il instruisit aussitôt de la proposition qui venait de lui être faite ; mais, d'un avis unanime, ils lui représentèrent que sa présence au milieu d'eux ne serait pas, à beaucoup près, aussi utile pour le salut commun, qu'auprès des officiers du Dey. Il se décida donc à partir; mais, sur l'observation du commissaire, il obtint de changer de garde pour leur laisser celui qui paraissait jusqu'alors le mieux prendre leurs intérêts. Il partit. Rendu à la rivière, et la passant à la nage, il perdit ses effets, qui furent entraînés par la violence du courant. Arrivé sur l'autre rive, un Turc se dépouilla des siens pour l'habiller. De là, ayant été mené à la tente de l'effendi, ne trouvant personne sachant le français ou l'anglais, il fut interrogé en espagnol, et reçut les plus grandes assurances pour la sécurité de tous. On expédia de suite deux officiers dans les montagnes; on lui permit même d'écrire une lettre à M. Reynal, pour lui donner les mêmes assurances. L'effendi, tout en lui témoignant beaucoup d'amitié, lui fit plusieurs questions relatives au débarquement, s'il était vrai que nos troupes partissent contre leur gré. Il lui répondit que leur conduite, dès qu'ils seraient à terre prouverait la fausseté de cette assertion. Quant au point et à l'époque où devait avoir lieu le débarquement, il lui observa que les circonstances seules pourraient en décider.

On insista particulièrement pour savoir ce qu'étaient devenues ses dépêches ; sur la réponse qu'il les avait déchirées quelques minutes après l'échouage, on lui fit dire par un officier turc qui venait d'arriver et qui parlait français, que s'il pouvait les leur livrer, il obtiendrait sur-le-champ sa liberté. Sa réponse naturelle fut que, quand même ses jours y seraient attachés, il ne balancerait pas à les lui refuser.

Tout paraissait tranquille dans les montagnes, le sort de nos camarades semblait être assuré, mais environ sur les huit heures du soir de grands cris se firent entendre de l'autre côté de la rivière. On disait que la division était venue reconnaître les bâtiments échoués, que des Bédouins avaient été blessés par le feu de l'artillerie, qu'enfin plusieurs Français échappés dans les montagnes y avaient tué une femme ; ces causes réunies furent probablement ce qui amena le massacre. L'effendi changea de visage en apprenant cette nouvelle, et se plaignit au capitaine que la présence des frégates avait exaspéré les Arabes sans pouvoir nous être d'aucun secours. Cependant Bruat lui fit observer que les bâtiments avaient fait leur devoir, et qu'ils pouvaient supposer que nous étions encore cachés dans les montagnes, et que pour les autres parties du rapport qu'on venait de lui adresser, il était probable qu'elles étaient fausses.

Le lendemain Bruat fut expédié pour Alger d'après les ordres du Dey. Il y arriva le 20 au matin, et fut conduit chez l'aga qui lui renouvela les questions qui lui avaient déjà été faites. Une lettre qui lui fut montrée, datée de Toulon, lui prouva qu'ils recevaient des informations de tout ce qui s'y passait.

Comme de tous ceux qui restèrent dans le malheureux village, qui fut quitté par Bruat dans la matinée du 18, personne ne fut sauvé, nous n'avons pu obtenir aucun renseignement positif sur le sort de nos infortunés camarades, et sur les motifs qui amenèrent le massacre.

Il est probable (car je ne puis former que des conjectures et déduire de ce qui se passa au village où j'étais, ce qui se passa dans l'autre) il est probable, dis-je, que dans la soirée du 18, quand quelques coups de canon, tirés par les frégates ou les bricks sur les Arabes, se furent fait entendre dans les montagnes, la plupart des Maures étant accourus au bord de la mer, le petit nombre qui resta auprès des prisonniers ne fut pas suffisant pour leur en imposer; que plusieurs d'entre eux s'opposant à leur fuite furent blessés par nos hommes; qu'enfin les Arabes, après être revenus de leur terreur, apprenant les actes d'hostilité qui avaient été commis par les prisonniers, par esprit de vengeance et pour s'assurer la rançon de leurs têtes, complotèrent et exécutèrent dans la soirée le massacre général. Ce qui vient encore à l'appui de cette opinion, c'est que le 18, au moment où les frégates s'approchaient, la terreur fut générale chez les Bédouins. MM. Barnel, Bonnard, de Caussade, et quatre hommes qui avaient été conduits, au moment de notre séparation, à une demi-lieue de là, plus dans l'intérieur, rapportèrent que les premiers jours, abondamment pourvus de tout ce qui leur était nécessaire, ils n'eurent qu'à se louer des Bédouins qui les eussent conduits à Alger le surlendemain du naufrage, sans le débordement de la rivière ; enfin qu'il ne leur manqua rien, qu'ils eurent même peu à souffrir de leurs tracasseries pour chercher s'ils possédaient encore quelques pièces de monnaie. Mais que le 18, dès que les frégates se furent approchées de la côte, ils entendirent, dans la direction du grand village, de nombreux coups de fusil ; tous les hommes du hameau où ils étaient s'armèrent, on redoubla de vigilance dans la crainte qu'ils n'échappassent. Le soir on les mit dans trois cabanes différentes, on les y enchaîna jusqu'au retour de deux vieillards qui avaient pris ces messieurs sous leur protection. Ces deux chefs firent même des reproches aux jeunes gens qui étaient restés, d'avoir ainsi traité les prisonniers. On détacha leurs fers et le lendemain ils furent réunis les uns aux autres ; mais des sept qu'ils étaient avant la séparation, cinq seulement furent retrouvés. Ces messieurs apprirent ensuite que ces deux hommes s'étant laissés abuser par les protestations mensongères d'un Maure qui était venu les voir, l'avaient suivi ; et que, sous prétexte de les conduire à Alger, une fois hors des cabanes et dans les bois, il les avait par surprise impitoyablement massacrés.

Enfin le 19, vers onze heures du matin, les deux vieillards qui paraissaient les chefs de ce hameau, s'armèrent, montèrent à cheval avec douze ou treize Bédouins, et dirent aux prisonniers qu'ils allaient les conduire au Dey. Une heure après, ils arrivèrent au lieu où tant de meurtres avaient été commis la veille ; on voulut d'abord s'opposer à leur passage ; il fut envoyé à cet effet vers eux un homme à cheval ; mais après quelques difficultés que levèrent les vieillards, on les laissa continuer leur voyage. Un caractère d'inquiétude et de désordre régnait dans les habitations. Les chefs et la plupart de ceux qui avaient versé le sang, étaient partis pour réclamer à Alger le prix de l'assassinat ; les autres, occupés à débarrasser leurs maisons des cadavres, les avaient transportés dans un jardin où, les ayant étendus sur le ventre, ils en jonchèrent tout le sol. Ce fut en passant près des maisons qui joignent le chemin que ces messieurs aperçurent cette grande quantité de corps nus et mutilés ; trompés même par la couleur et ne s'imaginant pas tant de crimes, il leur semblait voir de loin les blanches toisons d'un troupeau parqué. Ils virent encore des cadavres à peu de distance dans le fond d'un ravin, mais en petit nombre ; passé ces limites, ils ne rencontrèrent plus aucune trace de tant de sang versé. Enfin, sans autre incident, ils furent conduits entre les mains des Turcs qui étaient campés sur la rive gauche de Boberach. Le chef maure qui s'y trouvait fit payer de suite aux vieillards la rançon des prisonniers. Ils arrivèrent en ville un jour avant nous.

Je vais reprendre ensuite le récit de ce qui s'est passé sous mes yeux, et donner des détails sur notre existence dans les cabanes des Bédouins.

Il était environ une heure quand nous partîmes du grand village ; j'étais accompagné de MM. Augier, Aubert, enfin de Troude, qui fut jusqu'au bout mon fidèle compagnon. Parmi les Arabes qui nous conduisaient, j'en remarquai un dont la figure plus calme me prévint en sa faveur. Il se nommait Méhemet; m'étant rapproché de lui, il me considéra quelque temps, puis, voyant que je souffrais extrêmement de la pluie, il se découvrit de son bernousse, me le donna, ne conservant qu'une simple tunique. Ce vêtement, quelque grossier qu'il fût, me parut une chose bien précieuse. J'en fis part aussi à Troude qui était nu comme moi et aussi incommodé de la pluie, et tous les deux sous le même manteau nous hâtâmes le pas pour rallier nos hommes et les consoler dans leur disgrâce. Au reste, en leur parlant comme je le devais dans cette circonstance, j'exprimais naturellement ce que je pensais sur notre position.

Le premier moment d'exaltation étant passé, je ne voyais que des visages paisibles autour de nous, et, augurant bien de l'avenir, je fis glisser sans peine en leurs cœurs l'espoir que j'avais de nous sauver tous. Parfois, aux plus abattus je rappelais leur dignité d'homme qui leur défendait de se laisser aller avec faiblesse à des pensées sinistres que leur imagination effrayée exagérait sans doute.

Quelques traits de bienveillance de la part des Arabes vinrent encore à l'appui de mes discours.

Un vieillard, qui menait un cheval chargé de figues sèches, en fit prendre à nos hommes; un autre, voyant que M. Augier ne pouvait plus aller, finit par le faire monter sur son propre cheval dont il descendit, etc. Après avoir marché une heure et demie, nous aperçûmes quelques cabanes sur une hauteur; M. Augier et un tiers de nos gens y furent conduits par le bon Arabe, celui qui nous avait donné ses figues.

Nous poursuivîmes notre route avec Méhémet, et

trois quarts d'heure après, nous arrivâmes justement
au village où nous avions fait notre première halte
dans la matinée. Ce village, partagé en deux parties,
comptait une quinzaine de cases occupant le sommet
du plateau, et cinq à six dans le sud-ouest des premières, à mi-côte environ.

Nous nous divisâmes encore en deux bandes, seize
ou dix-huit hommes occupèrent le haut, le reste la
partie inférieure. Je fus conduit par notre Arabe
dans un des enclos du bas. M. Aubert, Troude, moi
et quatre hommes fûmes logés dans son habitation.
Je les engageai, en nous séparant, de se conduire avec
la plus grande circonspection. Dans tous les cas, ils
devaient nous prévenir ou nous faire avertir dès qu'on
apercevrait quelques machinations se tramer.

Les femmes de Méhémet firent d'abord beaucoup
de difficultés pour nous recevoir. Cependant le temps
était affreux, nous étions mouillés, sans vêtements,
marchant depuis le jour, harassés de fatigues, ayant
passé la nuit presque dans l'eau, nous avions l'air si
malheureux, qu'enfin la compassion parvint à toucher
leur cœur.

Sur cinq cases qui étaient dans l'enclos, on nous
en abandonna une. Ensuite les femmes se hâtèrent
de nous apporter du bois sec, un feu clair fut allumé ;
quelques poules, noyées par la mer, et que nous
avions conservées, furent apprêtées dans un pot de
terre. Ces femmes, si indifférentes d'abord, nous
fournirent ensuite ce dont nous pouvions avoir besoin
pour faire cuire notre souper. On nous donna une
natte, une couverture, un vieux bernousse. Un de
nos hommes, qui avait conservé sa vareuse et une
chemise de laine, voulut avec instance me faire

prendre sa chemise ; je me contentai de la vareuse, qui, quoique mouillée, me parut fort agréable et je parvins à me réchauffer. Pour surcroît d'abondance, on nous apporta de l'orge émondée cuite avec du beurre, enfin des galettes de farine de maïs. Nous reprîmes des forces et commençâmes tous à mieux espérer de l'avenir.

Les femmes de cette partie de l'Afrique paraissent jouir de la plus grande liberté et ne cachent pas leur visage. Toutes celles des cases qui se trouvaient dans notre enclos se réunirent dans la nôtre, causant, nous adressant des questions que nous ne comprenions pas. Si par hasard nous rencontrions juste dans le sens de leurs pensées, alors, parmi elles, des cris de joie ; enfin, elles paraissaient nous plaindre, s'apitoyer sur notre sort, mais par un sentiment que je ne puis concilier avec les autres, elles cherchaient à nous prendre jusqu'aux moindres objets à leur convenance ; un bouton de métal, s'il était doré, même sans cela, devenait l'objet de leur convoitise. On le leur donnait, puis c'était autre chose qui attirait leurs regards. Par exemple, mes bottes tentèrent une jeune fille ; elle me fit signe de les lui donner ; elle me montrait qu'elle marchait nu-pieds, que je pouvais bien en faire autant. Voyant que je ne voulais pas les ôter, elle me fit signe qu'elle me les rendrait aussitôt après les avoir vues ; mais comme je me doutais de ce qui pourrait en advenir, la seconde proposition ne réussit pas davantage. Sans se décourager, elle revint plusieurs fois à la charge, mais sans plus de succès. Enfin, sortant mal satisfaite, elle fut sans doute conter aux autres ses demandes et mon obstination. Le soupçon leur vint probablement en tête que j'avais de l'argent caché dans ma chaussure, en sorte qu'un Arabe entra avec une vieille femme et la jeune fille ; il fallut alors les satisfaire, même leur curiosité était si avide, que l'Arabe me porta son poignard sur la poitrine, à la vérité avec un visage plutôt riant que colère. Mes bottes ôtées, il les secoua de toute manière ; ils voulurent les mettre, mais, ne pouvant y réussir, on me les rendit. C'était déjà la troisième fois que pareille chose m'arrivait pour ma chaussure.

La nuit se fit. Quelques Maures vinrent coucher dans notre case. Ces hommes me parurent étrangers et recevaient, ainsi que nous, l'hospitalité de notre patron.

Ils furent longtemps avant de s'endormir, et leur conversation, très-animée, ayant fixé notre attention, nous entendîmes qu'il s'agissait de nous. Les mots *anglais* et *français* étaient souvent prononcés, d'où nous jugeâmes qu'ils étaient dans l'incertitude et qu'ils ne savaient encore à laquelle des deux nations nous appartenions. Nous crûmes pourtant comprendre que l'un des Arabes disait que notre monnaie étant française, que les armes trouvées étant françaises, nous devions être Français. Les deux autres soutinrent le contraire. La discussion s'anima. Celui qui se montrait notre adversaire termina en disant que si on avait agi suivant ses désirs et suivi l'ancien usage, nous eussions été tous massacrés.

Un jeune homme qui se trouvait avec nous et qui comprenait quelque peu l'arabe, nous rapporta, le matin en pleurant, le sens de leurs dernières paroles.

Méhémet, après avoir dormi dans une case voisine, vint nous voir, au jour. Il nous avait promis, la veille, de nous conduire à Alger. Aussi, dès qu'il parut, nous lui témoignâmes le désir de nous mettre en route le plus tôt possible.

Il nous fit signe que la rivière de Boberach était gonflée par les pluies et qu'il n'y avait pas moyen de la traverser ; mais nous ne pouvions le comprendre. Seulement, comme il faisait parfois signe avec les bras comme quelqu'un qui nage, nous crûmes que c'était par eau qu'il avait dessein de nous conduire au Dey, et que des embarcations viendraient d'Alger pour nous prendre.

Cette journée se passa encore assez tranquillement. Quelques-uns de nos hommes vinrent nous voir. Deux restèrent avec nous. Ils nous dirent que les Arabes parlaient beaucoup entre eux, et que, craignant des choses fâcheuses, ils étaient venus nous avertir. Nous les rassurâmes.

La journée du 17 écoulée, nous fûmes laissés presque seuls. Un Arabe coucha dans notre cabane, mais il nous quitta à la pointe du jour pour aller avec les autres Maures recueillir les débris des navires. Quand les hommes étaient partis, c'étaient les femmes qui nous gardaient. Leur surveillance n'était pas rigoureuse. Elles tenaient seulement à ce que nous ne fussions pas vus par les Arabes qui passaient dans le voisinage.

Le mauvais temps, qui avait duré jusqu'à ce jour, parut cesser enfin. Le ciel s'éclaircit et la brume fut dissipée par les rayons du soleil.

Les frégates de la croisière ayant aperçu nos bâtiments échoués s'en approchèrent. Il était environ trois heures de l'après-midi. Méhémet et les hommes de nos cases qui étaient occupés sur le rivage accoururent. Des cris d'alarme retentirent de toute part ;

les femmes, prêtes à fuir dans les bois, chargèrent leurs enfants sur leur dos. Notre patron et ses compagnons prirent les armes. Avant de s'en aller, il nous réunit tous et nous enferma dans une cabane plus forte que celle où nous étions et qui avait une porte.

En partant, il nous recommanda, sur toute chose, de ne point tenter de nous évader, nous assurant que nous serions mis à mort si nous étions trouvés hors des enclos. Les femmes avaient une telle frayeur, qu'elles ne voulaient pas que nous avancions près de la porte de crainte que nous ne fussions vus.

De tous les mauvais moments que nous eûmes à passer, celui-ci fut le plus rude, car le danger était évident. Nous avions aperçu quelques embarcations se détacher des frégates. Si un débarquement était tenté, que les Arabes fussent vainqueurs ou vaincus, notre perte était assurée. Aussi attendions-nous, avec la plus grande anxiété, la fin du combat.

Le coup de canon qui se fit entendre, et qui causa la perte de tant de monde, nous donna les plus vives inquiétudes; mais, observant le plus profond silence, nous attendîmes avec un calme apparent que la fortune décidât de notre sort.

Cependant, comme il ne fut pas suivi d'autres détonations d'artillerie, nous prîmes un peu d'espoir. Méhémet, une heure après, vint nous faire sortir de prison et rentrer dans notre cabane habituelle.

Il parut si satisfait que nous n'eussions pas tenté de prendre la fuite que, le soir, il nous donna assez abondamment ce dont nous pouvions avoir besoin, et, pour nous montrer sa confiance, il laissa — ce qu'i n'avait pas encore fait — des armes dans notre cabane.

Le soir du 18, plusieurs Maures vinrent coucher dans notre cabane, entre autres un matelot du Dey, qui parlait un peu italien. Cet Arabe nous apprit que le pacha avait envoyé une grande quantité d'hommes pour travailler au sauvetage des bricks, qu'un certain nombre de cavaliers avaient été expédiés d'Alger, et que probablement le lendemain nous leur serions remis.

Ces nouvelles nous causèrent un très-grand plaisir, car nous appréhendions que les Arabes, pour n'être pas dérangés dans le pillage des bricks, n'eussent gardé pour eux seuls la connaissance de notre désastre.

Ce matelot, nommé Ali, me demanda si nous n'avions pas d'argent à bord. Je lui dis que j'y avais laissé deux mille francs, placés sous ma couchette, et qu'il pouvait y avoir une somme à peu près égale dans les chambres des officiers.

Cette nouvelle lui fit naturellement grand plaisir, et il fallut s'entendre avec Méhémet pour aller à la recherche de notre trésor.

Ils sortirent, nous restâmes seuls toute la nuit. D'assez grand matin, Méhémet vint nous trouver. Il paraissait extrêmement contrarié de son expédition nocturne; il nous dit qu'Ali était un fourbe. Nous ne pûmes savoir au juste si l'argent avait été trouvé, s'il avait été trompé dans ses espérances, ou s'il feignait de n'avoir rien découvert, pour éviter toutes réclamations postérieures.

Au reste le pillage des bricks fut souvent ensanglanté. Plusieurs rixes eurent lieu à bord même du *Sylène*. Ils se chargèrent une fois à coup de haches d'armes, et M. Augier nous dit que dans la cabane où il était, il fut obligé de faire les fonctions de chirurgien, et de panser de larges blessures aux jambes et aux bras, que les Arabes s'étaient faites dans les querelles.

L'*Aventure*, étant inclinée au large, ne leur fut pas d'une exploitation facile. Plusieurs se noyèrent dans les chambres où ils étaient entrés et d'où ils ne purent ressortir. Cet exemple les effraya tellement que je ne vis rien, soit dans nos enclos, soit en ville, des choses qui avaient appartenu à ce bâtiment.

Il se passa, pendant notre séjour, un incident d'un caractère alarmant. Au reste, pendant tout le temps que nous habitâmes parmi eux, nous passâmes peu d'heures sans alerte. Les femmes venaient souvent nous indiquer qu'on avait coupé la tête à quelques-uns de nos gens et que d'autres avaient été tués en voulant s'enfuir. Mais nous avions fini par ne pas nous inquiéter de leurs gestes, pensant ou que nous les comprenions mal ou qu'elles avaient reçu l'ordre de nous tenir en frayeur pour nous rendre plus dociles.

Le 18, dans la matinée, deux Arabes, que nous n'avions pas encore vus, entrèrent dans notre tente, vers deux heures. Ils firent signe à Troude et à M. Aubert de les suivre. Je voulus les accompagner. Ils s'y opposèrent. Je les suivis cependant.

Lorsque nous fûmes dans la cour, les femmes, à qui nous étions confiés, se jetèrent sur les deux Arabes, en poussant des cris ; une vieille femme entre autres s'était armée d'un fort bâton et frappait avec fureur sur le plus obstiné.

Elles firent si bien qu'elles forcèrent les Arabes à nous abandonner. Nous vînmes rejoindre nos compagnons. Ces femmes, tout échauffées du combat, nous dirent que l'intention de ces hommes avait été de nous tuer, et que dans les montagnes on avait déjà versé beaucoup de sang. Nous n'attachâmes pas alors grande importance à ce qu'elles nous dirent. L'avenir nous apprit malheureusement qu'elles disaient vrai.

La journée du 19 se passa en préparatifs de départ. Méhémet nous dit que nous devions nous mettre en route le lendemain matin. Il disposa les armes et fit des cartouches.

Le soir, les douze Arabes qui devaient nous accompagner vinrent coucher dans la cabane, ce qui n'augmenta pas notre bien-être.

La hutte que nous habitions était un rectangle de 18 pieds de long sur 10 de large. Un toit en branches et en roseaux s'appliquait inégalement sur des poteaux réunis par des murs de terre et de paille hachée mélangées de quelques pierres. Le foyer, consistant en un trou dans le sol, était au milieu et à quelques pas du pignon opposé à la porte. Une ouverture dans le toit laissait passer la fumée qui commençait toujours par remplir la chambre et le toit.

Nous occupions habituellement les deux côtés de l'âtre. Ce jour-là, nous fûmes repoussés à la gauche et fort gênés. En face de nous, assis sur la natte ou par terre, et tournant le dos à la porte, se tenaient nos conducteurs. Ils présentaient, avec leurs amples bernousses, aux plis élégants, un spectacle curieux, selon que la flamme plus ou moins vive du foyer présentait à la lumière ou laissait dans l'ombre leurs visages farouches et basanés.

Le 20, de grand matin, nous fûmes sur pied. Tous les prisonniers logés dans les environs se joignirent à nous, chaque troupe avec son escorte. Notre patron monta à cheval, et nous recommanda de nous tenir le plus près possible de lui.

Pendant environ quatre heures, nous descendîmes la montagne. Nous gagnâmes la grève où nous trouvâmes M. Augier. Toute la troupe réunie comptait soixante-trois naufragés et quarante Bédouins. Nous suivîmes le rivage à gauche pendant environ deux heures. Alors nous rencontrâmes une escorte assez nombreuse de gens à cheval qui entouraient des officiers du Dey. L'un d'eux, qui parlait assez bien le français, nous dit :

— Vous êtes sauvés, maintenant ; je vous en félicite. Vous pouvez vous estimer très-heureux d'être échappés des mains des Arabes.

Il demanda le capitaine. Je me présentai. Il m'annonça que Bruat était à Alger, que l'on était à la recherche de nos hommes, mais que nous avions bien des pertes à déplorer. Le Dey avait fait faire toute la diligence possible pour venir à notre secours. Mais le gonflement de la rivière les avait forcés à rester depuis quarante-huit heures sur la rive gauche. Quant aux Arabes, qui nous avaient sauvés, ils recevraient, s'ils s'étaient bien conduits à notre égard, 200 pièces d'or (1,000 francs) par homme.

Nous profitâmes de la circonstance pour lui recommander spécialement notre patron Méhémet. Il nous quitta après nous avoir donné quelques-uns de ses hommes pour escorte, et il nous promit qu'il allait faire tous ses efforts pour retrouver ceux de nos hommes qui avaient pu échapper au massacre du 18.

Après une halte d'une demi-heure, on se remit en marche. A dix heures, nous arrivâmes à la rivière de

Boberach, qui serpente dans une belle plaine alors couverte de moissons.

Nous la traversâmes à gué, malgré le courant très-fort qui manqua d'entraîner quelques hommes. Sur l'autre rive étaient les tentes des Oldaches (soldats turcs).

Un des officiers nous suivit et nous conduisit à la tente qui nous était destinée. Nous y trouvâmes huit de nos hommes, arrivés la veille ; mais le plaisir de les revoir fut troublé par les tristes nouvelles qu'ils nous donnèrent.

Ils avaient vu passer les dépouilles de quinze de nos marins. On avait reconnu les têtes de Peyron, quartier-maître, de Congroyer, deuxième maître de manœuvre, d'un matelot nommé Gasser. Les autres étaient tellement défigurés qu'on ne put distinguer leurs traits.

L'officier, Sidi-Ali, attendait des ordres à notre égard. Deux heures après, nous partîmes sous l'escorte de cet officier et de quelques hommes de sa suite.

Nous eûmes, avant notre départ, une dernière preuve de la rapacité des Arabes. Méhémet, qui s'était toujours bien conduit avec nous, et qui avait paru si flatté de ce que nous avions dit de lui aux officiers du Dey, ne put résister à la vue de quelques pièces de cinq francs qu'il aperçut dans la poche de M. Augier. Il se mit à le poursuivre de tous côtés pour les avoir. Lassé et craignant quelques violences, M. Augier vint se réfugier dans notre tente. Méhémet continuait sa poursuite, demandant l'argent qu'il avait aperçu. Je fus obligé de lui enlever son sabre, et de le maintenir jusqu'à l'arrivée de Sidi-

Ali que j'avais fait demander, et auquel, en présence de Méhémet, M. Augier remit l'argent qu'il avait sur lui.

M. Augier n'avait eu jusqu'à ce jour qu'à se louer des Arabes. Dans la cabane où lui et ses hommes avaient été menés, on avait eu pour eux toutes sortes de soins. Un jour un vieillard du voisinage, accompagné de sa femme plus vieille encore que lui et plus déguenillée, si c'était possible, vinrent les voir. Ils considérèrent les naufragés avec une grande attention et sans dire une parole. Peu à peu ils s'attendrirent, les larmes coulèrent de leurs yeux, et ils leur donnèrent deux pains. C'était tout ce qu'ils avaient.

Sidi-Ali, notre conducteur, était un homme de moyenne taille, très-vigilant, très-actif, très-fort, et tellement plein de confiance dans sa qualité d'officier du Dey, que tout le long de la route il se jetait, à propos de tout, au milieu des Arabes, et les maltraitait, non pas même comme un maître qui malmène les esclaves, mais comme un berger colère au milieu de son troupeau.

Il avait habituellement en main un bâton noueux, et, dès qu'un Bédouin n'obéissait pas assez vite, il le frappait si violemment que je crus plusieurs fois que le patient resterait sur place.

Nous continuâmes notre route tout le jour, à travers des plaines. Quoique notre marche fût lente, nos matelots, la plupart sans chaussures, ne se traînaient qu'avec peine dans les sentiers rocailleux.

Sur le soir, nous revîmes la mer. Sidi-Ali nous ayant procuré quelques chevaux, j'y fis monter ceux de nos hommes qui souffraient le plus. Sur le tard,

on arriva au cap Matifoux. Nous y passâmes la nuit,
dans un enclos formé par des haies ou raquettes. Nous
allumâmes des feux; mais comme les Turcs ne sont
pas gens prévoyants, ils n'avaient pas songé à la
nourriture. Ce fut vers dix heures du soir qu'on distribua les premiers vivres de la journée.

Le matin de bonne heure on se remit en marche.
Nous traversâmes diagonalement le cap Matifoux, et
nous joignîmes, par un terrain peu ondulé, la plaine
de la Mitidja. Nous passâmes à gué une petite rivière.
Enfin nous en traversâmes une troisième sur un
pont, à une heure et demie de la ville.

Nous avions fait une vingtaine de lieues, les murailles blanches d'Alger se développaient sous nos
yeux. Sur le bord de la mer, dans le fond de la baie,
nous trouvâmes une douzaine de soldats turcs, dans
la compagnie desquels nous avançâmes lentement,
par un chemin sablonneux, vers la ville.

Des Arabes, des femmes turques, vinrent à notre
rencontre. Ils paraissaient déplorer notre infortune, et
nous offraient des chevaux pour soulager les plus
fatigués d'entre nous. Nous commencions à espérer
que nous entrerions dans la ville sans être insultés;
nous ne tardâmes pas à être détrompés.

A mesure que nous avancions, une foule toujours
croissante de Maures et d'Arabes se pressait autour
de nous; les gardes du Dey essayaient vainement de
la contenir. Un renfort de janissaires vint les rejoindre et rétablir un peu l'ordre. Nos pauvres matelots,
tout éclopés, se traînaient lentement; parfois quelques-uns, séparés de leurs camarades par la foule,
recevaient des coups. Nous les ramenâmes, en leur
recommandant de se tenir réunis.

Le docteur Meardi vint à notre rencontre. Il fit placer les matelots malades sur des mules, et voyant quelques Turcs de sa connaissance, il obtint d'eux qu'ils s'efforceraient de nous protéger contre les Arabes.

Enfin nous entrâmes dans le faubourg de Bab-Azoun. Là, des flots de peuple se précipitèrent avec des cris perçants de diverses rues. La plupart des hommes étaient armés de faucilles, de bâtons, de pierres. Un officier du Dey, qui nous accompagnait, en reçut une sur la tête et chancela sur son cheval. Les autres Turcs paraissaient fort effrayés. On pressa notre marche.

Nous entrâmes dans la ville au milieu des vociférations d'une population furieuse qui se pressait autour de nous. Je n'oublierai jamais la hideuse figure d'un boucher qui, debout sur les marches de sa boutique, tenant d'une main sanglante une hache, de l'autre un yatagan, excitait par ses gestes et ses cris la population à nous massacrer.

On nous conduisit, entourés par cette foule, jusqu'au château du Dey. Là, nous nous arrêtâmes. La populace fut écartée. Nos hommes commençaient à se rassurer, lorsque leurs yeux se portèrent sur les murs du palais : une quantité de têtes sanglantes y étaient pendues. C'étaient celles de nos pauvres compagnons égorgés. Plusieurs de nos hommes tombèrent évanouis. Le bon docteur eut de la peine à les faire revenir à eux.

On alla prendre les ordres du Dey qui ordonna de nous conduire à la prison du Bagne. La foule se remit à notre poursuite, et nous avions encore toute la ville à traverser. Mais les rues étaient plus étroites. On put contenir la populace.

Le soir même, le Dey nous envoya des vêtements et des souliers. Le comte d'Attili, consul général de Sardaigne, nous fit apporter tout ce dont nous pouvions avoir besoin, et nous continua ses bons soins pendant tout le temps que nous passâmes à Alger.

Le 23, on nous amena deux hommes, Duchamp, quartier-maître de l'*Aventure*, et Poudroux, du *Sylène*.

Ils nous racontèrent que le 18 mai, le jour où les frégates se présentèrent pour reconnaître les corvettes échouées, ils entendirent crier, vers quatre heures du soir, dans une case voisine, ces mots :

— Français, au secours, on nous assassine !

Les Arabes qui les gardaient prirent leurs armes et coururent à cette case pour savoir ce qui se passait. Quelques moments après, ils en sortirent et brusquement se jetèrent sur nos hommes. Ceux-ci saisirent à la hâte les premiers objets qui se présentèrent à leurs mains.

Duchamp prit une fourche, en perça la gorge d'un des agresseurs, et renversa également un autre qui voulait s'opposer à sa fuite en mettant son fusil en travers de la porte. Poudroux, qui avait saisi une hache, et Bache, agirent avec la même vigueur en se sauvant également. Un autre, Delorme, s'était saisi du yatagan de l'Arabe percé par la fourche. Mais il ne put s'échapper.

Nos trois hommes restèrent un instant dans le jardin pour laisser aux autres Français la chance de se réunir à eux. Mais voyant que personne ne venait, et constatant que les Arabes, armés de fusils, se rassemblaient, ils se sauvèrent dans les bois et se cachèrent dans les broussailles. Après avoir marché la nuit, et s'être cachés le jour, ils gagnèrent le rivage le **21**, et se rendirent aux Turcs.

Le **24**, on voulut bien nous rendre les têtes de nos pauvres camarades. Elles étaient au nombre de cent neuf. Nous les enterrâmes.

Vers la fin du mois, une corvette sarde vint prendre madame la comtesse d'Attili. J'usai de cette circonstance pour faire parvenir à M. le commandant Massieu quelques détails sur notre position et la santé des équipages. Bruat, de son côté, en donna d'autres sur les ressources de la ville, l'état des forts, l'esprit de la milice.

Ces détails, s'ils eussent été saisis, auraient pu nous compromettre ; mais après y avoir bien réfléchi, nous nous décidâmes à en risquer l'envoi.

Du **22** mai au **13** juin, notre détention fut assez tranquille. Le 1ᵉʳ, on avait eu connaissance de la flotte française, mais à une grande distance. Nos bâtiments n'ayant pas reparu, on continua de nous laisser vivre tranquillement dans le bagne.

Le bâtiment était assez vaste et nous pouvions prendre suffisamment d'exercice en nous promenant sur la terrasse et dans les grandes salles. Les vivres que nous recevions en abondance de M. le comte d'Attili et de M. Peloso, prêtre du consulat d'Espagne, et les soins du bon docteur contribuèrent à maintenir la santé des équipages et à leur conserver cette force morale dont nous eûmes tant besoin.

Nous n'avions pas voulu suivre l'usage qui permettait aux consuls accrédités auprès du Dey, de prendre chez eux les capitaines. Nous pensâmes que notre présence au milieu de nos matelots serait utile, nous voulûmes partager leur captivité , et nous eûmes lieu de nous applaudir de cette résolution.

Le 13 juin, l'escadre reparut et se dirigea à pleine voile vers la baie de Sidi-Ferruch. L'ordre vint de nous enchaîner ; nous l'avions prévu. On nous accoupla deux à deux avec des manilles aux pieds et de lourdes chaînes.

Nous avions eu la précaution de faire faire du biscuit. On le partagea. Nous en avions pour six jours chacun.

On nous conduisit, ainsi enchaînés, hors de la ville dans un bâtiment neuf, qui servait d'écurie au Dey et de magasin d'approvisionnement pour le service de l'armée. On nous entassa dans une salle basse, voûtée, longue de 60 pieds sur 10 de large ; à peine avions-nous assez de place pour étendre nos jambes. Il nous fallut rester onze jours dans cette position.

Le 14 juin, nous étions donc renfermés dans ce local où, à peine, en nous serrant les uns contre les autres et en enlaçant nos jambes enchaînées, nous pouvions essayer de dormir. Dès la pointe du jour, le bruit lointain d'une artillerie de gros calibre nous éveilla.

La chaîne des montagnes qui règnent entre nous et le lieu du débarquement de nos troupes, tout en atténuant la vigueur des premiers sons, les répercutent par les échos en roulements prolongés.

Ali, notre gardien, vint nous ouvrir pour que les hommes pussent respirer un instant l'air du dehors et qu'on pût nettoyer la prison. Il avait la figure morose, tous les soldats de garde paraissaient également inquiets. On ne tarda pas à nous faire rentrer.

Le bruit de l'artillerie retentissait encore, et nous

croyions reconnaître, au roulement des détonations, que l'affaire continuait avec succès. Nous déjeunâmes avec du pain et des fruits restés de nos provisions de la veille.

Il était environ midi ou une heure quand nous entendîmes des femmes maures, qui logeaient dans un bâtiment en face du nôtre, pousser les clameurs de mauvais augure que nous avions entendues si souvent depuis notre naufrage. L'une d'entre elles nous dit en langue franque :

— Vous voulez prendre Alger, chiens ! on vous coupera la tête !

Peu après, un jeune Cobaïl vint nous faire signe que l'on avait apporté à Alger beaucoup de têtes et que toute la rade de Sidi-Ferruch était couverte de bâtiments. Une espèce de vieux Maure qui faisait cuire de l'orge pour les chevaux vint ensuite parler à cette fenêtre, et comme nous avions parmi nous un Grec qui entendait l'arabe, nous sûmes qu'il disait que les Français avaient débarqué, mais que l'armée du Dey était disposée de manière à n'en pas laisser échapper un seul. Il ajoutait — et nous fûmes long-temps sans nous expliquer ce qu'il voulait dire — que les Français étaient si mal disposés à se battre qu'ils s'avançaient enchaînés deux à deux.

Et le bonhomme, en se frottant la barbe d'un air hilare, ajoutait que nous ne tarderions pas à avoir beaucoup de compagnons de captivité.

Sur les trois à quatre heures, Ali vint nous ouvrir. Puis, s'avançant, il prit un air de satisfaction con-centrée et il nous dit en branlant un peu la tête :

— Tu sais, il y a beaucoup de vaisseaux, beaucoup

d'hommes à terre. Mais les Maures sont beaucoup, beaucoup, et les Français...

Il fit signe en agrandissant les bras qu'ils allaient être entourés par les Maures.

— Tu sais, ces têtes, quel grand nombre on en a apporté au Dey. J'en ai vu deux cents.

— Deux cents! dîmes-nous. Tu nous en contes, trois ou quatre peut-être. Non, non, tu nous en contes!

— Non! non! dit Ali impatienté, en penchant le corps un peu en avant. Je crois que tu me prends pour un enfant!

Puis mettant le doigt sur son œil:

— J'ai vu la grande quantité de sacs qui les contient, oui, je les ai vus, continua-t-il en élevant la main. Va, va, conclut-il, tout cela sera bientôt fini, demain ou après-demain, tu seras conduit en ville et tu seras aussi bien qu'auparavant.

Bientôt nous vîmes arriver les janissaires du consulat et la mule conduite par le Juif de confiance, qui apportait les provisions.

Nous trouvâmes aussi une lettre du comte d'Attili, nous annonçant que le débarquement s'était effectué heureusement, que les troupes, après avoir chassé les Arabes, avaient fait une lieue en avant, et que l'on élevait des retranchements dans la presqu'île.

A la suite de ces nouvelles, nous nous mîmes à chanter. M. Bonnard, qui menait le chœur, s'en acquitta parfaitement bien. Mais le bruit que nous faisions attira les Turcs. Ils se consultèrent un instant pour savoir si nous chantions nos prières, ou si nous nous réjouissions. Ils penchèrent sans doute vers le dernier avis, car le lendemain on nous garda enfermés jusqu'au soir.

Tous les jours se passèrent d'une façon analogue.

On nous ouvrait habituellement deux fois le jour, une heure le matin, autant le soir ; après quoi l'on nous donnait l'eau nécessaire pour une journée. Ensuite l'on nous renfermait. Le docteur vint nous visiter, souvent au péril de ses jours. Il nous apportait des vivres qui étaient tantôt admis, tantôt repoussés, selon le caprice de nos gardiens.

Enfin les mouvements rapides de l'armée française, dont le canon se faisait toujours entendre, diminuèrent la jactance des Turcs. En vain faisaient-ils leurs efforts pour dissimuler leurs échecs. Leur air triste et découragé parlait pour eux.

Le 24 juin, les troupes françaises s'étant portées sur Staoueli par un mouvement-rapide, les ordres du Dey vinrent nous faire quitter notre prison. On nous fit sortir en grande hâte avec une partie de nos effets. Le docteur, heureusement, se trouvait là. Il fit mettre les malades sur des mules. Nous rentrâmes en ville, au milieu des mauvais traitements de la populace et l'on nous réintégra au Bagne.

Quelques blessés maures que l'on nous amena me firent craindre un mouvement populaire dont nous eussions été certainement les premières victimes. Heureusement tout se borna à des injures, à des cris tumultueux des nègres et des Bédouins.

Le bâtiment du bagne était tellement vieux qu'une partie s'était écroulée pendant notre absence. On nous logea dans une vieille église espagnole, attenant à la prison. Toutes les. fenêtres en étaient murées depuis longtemps. A peine y voyait-on clair. Je n'ai jamais rêvé d'endroit d'une fétidité plus révoltante.

Le bon docteur ne pouvait plus nous visiter, mais

il nous fit parvenir du chlorure de chaux, ce qui nous permit d'assainir un peu.

Nous restâmes dix jours dans cet état de souffrance et d'asphyxie. Nous étions obligés de venir à tour de rôle respirer par les fentes de la porte. Le nombre des malades croissait de plus en plus.

Nous étions déjà cent dix-sept personnes, quatre-vingt-neuf hommes des bricks, vingt-trois matelots de la marine marchande, trois Grecs, un domestique de la duchesse de Berry, un matelot de l'*Artémise;* on nous amena cinq soldats prisonniers. Blessés et mal-traités le long de la route, ils arrivaient dans un état pitoyable.

Ali nous tenait au courant de la façon la plus con-fuse, mais la plus comique, de tous les incidents du siége. Les bombes et les boulets qui remplissaient l'air autour de nous nous renseignaient plus exacte-ment que lui.

Dans la matinée du 4, environ sur les dix heures, une détonation épouvantable se fit entendre. L'at-mosphère en fut ébranlée. Les murs chancelants de la vieille église laissèrent tomber sur nous un nuage de débris ; des nuées d'une poussière noire nous en-vironnèrent. Les hommes, effrayés, se jetèrent de tous les côtés malgré leurs chaînes.

Au bout d'un instant, on s'aperçut que c'était une vaine frayeur, aucun projectile n'étant tombé dans la prison.

A midi, Ali vint nous visiter. Il nous dit que les Turcs ne voulaient pas se battre et que le Dey avait envoyé des parlementaires pour traiter de la paix.

Le soir, on nous enleva nos chaînes. Le bon docteur vint nous dire que la commotion entendue avait été occasionnée par l'explosion du fort l'Empereur, que l'on traitait réellement de la reddition et que le lendemain nous serions libres.

Le lendemain, en effet, deux officiers du Dey vinrent chercher les deux capitaines pour les conduire à la Casauba.

Nous arrivâmes sur l'Esplanade, en face du palais, le Dey était assis sur un banc, comme un simple particulier, à la porte de cette Casauba qu'il avait cru inexpugnable. Sa figure frappa nos regards. Sa barbe grise, la grosseur de son cou, ses yeux où se peignait la résignation aux décrets de la Providence arrêtèrent surtout notre attention. Il souffrait d'une blessure à la main droite, laquelle était enveloppée d'un linge dont il était gêné. Il était vêtu d'une robe assez sale, de couleur sombre, en soie et laine.

Les consuls d'Angleterre et de Sardaigne nous rejoignirent. Ils nous menèrent au quartier général, où M. de Bourmont désirait nous voir. Le général nous reçut avec une extrême bonté. Il dit à Bruat que sa lettre lui était parvenue et avait fourni des renseignements précieux.

Nos hommes avaient été conduits le matin même au consulat d'Angleterre, nous les y rejoignîmes. Le lendemain de bonne heure nous nous embarquâmes et nous abordâmes le vaisseau de l'amiral Duperré.

1830. — Abordage et destruction en mer de la *Henriette*, de Bordeaux.

Naufrage du *Jeune-Mars*, du Havre, sur les côtes d'Espagne.

Péril du brick de guerre *la Bressane*, près de Terre-Neuve.

Naufrage du *Petit-Auguste*, de Bordeaux,
dans le golfe de Gascogne.

Naufrage du sloop *Saint-Réné*, à l'embouchure de la Seine.

Naufrage du trois-mâts *la Vénus*, en pleine mer.

1831

Naufrage d'un canot.

Au mois de septembre 1831, plusieurs vaisseaux qui avaient fait partie de l'escadre du Tage sous le commandement supérieur de l'amiral Roussin, écrit le capitaine Pradié, dans la *Revue du Monde catholique*, retournaient à Toulon sous les ordres de l'amiral Hugon.

Dans le golfe de Lyon, un furieux coup de vent de N.-O. assaillit ces bâtiments. Toutes les précautions d'usage furent prises immédiatement, mais, quoique les vaisseaux n'eussent plus un pouce de toile dehors, la violence du vent était telle, qu'ils fuyaient néanmoins devant la tempête avec une rapidité extraordinaire.

Ce fut dans une telle occurrence et pendant le quart du jour (4 h. à 8 h. du matin) qu'un homme qui travaillait en dehors du vaisseau, dans les porte-haubans, tomba à la mer !...

Les bouées de sauvetage furent jetées à l'instant, mais sans succès et, avant même que le commandant eût eu le temps de sortir de sa chambre, un canot, qu'il n'aurait jamais permis d'amener, avait été armé et luttait déjà contre la mer furieuse, cherchant à sauver le malheureux dont le vaisseau s'éloignait rapidement, mais dont le vent apportait encore les cris de détresse.

Malgré les dangers évidents, affreux, qu'il y avait à courir, trois élèves de première classe, *Boisxeau de Cuchoux*, *Laurent* et *Duploux*, le brave maître d'équipage *Pierre*, décoré de la croix de la Légion d'honneur, de deux médailles d'or et de deux autres d'argent, pour s'être nombre de fois dévoué dans de semblables occasions, s'étaient élancés avec douze matelots dans le canot, aux premiers cris : « *Un homme à la mer !...* »

Tous avaient lutté de vitesse pour être les premiers embarqués, car ils étaient mus par cet instinct sublime que Dieu nous a donné et qui porte un homme à s'exposer spontanément à une mort presque certaine pour sauver son semblable !...

Qu'allaient-ils faire dans ce canot, ces trois jeunes gens ?... Avaient-ils conçu l'espoir d'une récompense ? Voulaient-ils se disputer la gloire d'une entreprise périlleuse ?... Non !... Chez eux point d'arrière-pensée, pas l'ombre d'un calcul, ils n'étaient même plus chefs dans ce moment terrible, ils n'étaient qu'hommes et ne voyaient, dans ce malheureux qui se noyait, qu'un frère qu'il fallait arracher à la mort !...

Oh ! qu'il était affreux le solennel silence qui régnait à bord du vaisseau, pendant que la frêle embarcation luttait, en désespérée, contre le vent et la mer !...

Les cris : « *Un homme à la mer !* » qui vous étreignent le cœur d'une manière si épouvantable, avaient parcouru le vaisseau tout entier avec une rapidité électrique et attiré l'équipage sur le pont.

C'était, comme je l'ai dit, pendant le quart du matin ; tous étaient montés en tumulte, à peine vêtus, et maintenant ils étaient là, officiers et matelots pêle-mêle, immobiles, silencieux, la poitrine haletante, les yeux fixés sur un seul point, le canot qui tantôt s'élevait au-dessus d'une immense montagne d'eau et tantôt disparaissait après être descendu dans le creux de la lame avec une rapidité vertigineuse.

Rien n'était navrant comme la vue de ces figures bronzées par le hâle de toutes les mers ou le soleil des tropiques, sur lesquelles coulaient silencieusement de grosses larmes qu'aucun ne cherchait à contenir ou à cacher !...

Que de prières ardentes, que de vœux secrets n'a-t-on pas adressés à Dieu dans ce moment solennel ! Ah ! si on avait pu lire alors dans l'âme de beaucoup de ces matelots, de ces officiers qui, la veille peut-être, riaient des croyances religieuses ou discutaient avec aisance sur la non-existence de Dieu, on aurait vu, sans aucun doute, combien peu leur conviction était profonde !

Personne n'osait dire un mot ou faire une question sur le danger que couraient les malheureux, objets de tous les vœux, de peur de trouver dans la pensée d'un autre toutes les horribles craintes qui s'accumulaient déjà dans la sienne !...

Enfin, après une affreuse angoisse qui dura plus d'une heure — un siècle — on vit, avec une joie que rien ne peut exprimer, le matelot atteint par le ca-not !.. On le vit monter à bord et un bruyant et immense soupir d'allégement rompit en un instant l'horrible cauchemar qui tenait tant de poitrines oppressées !

On s'arrachait quelques longues-vues apportées sur

le pont par les officiers, tous voulaient contrôler par
ce moyen si leurs yeux ne les trompaient pas et,
quand ils s'étaient bien assurés que la victime avait
réussi à échapper à la mort, ils témoignaient de leur
bonheur par des cris et des larmes de joie.

L'*Algésiras* manœuvra de manière à ralentir sa
marche et à donner à son canot la facilité de le rejoindre.

Je ne sais pourquoi on semblait avoir oublié que
tout danger n'était pas passé pour le canot. Cela
vient, sans doute, de ce que le péril qu'avait couru le
matelot avait été si grand, que celui qui existait cependant encore pour l'embarcation ne paraissait
presque rien.

Le canot, après une lutte opiniâtre, arriva sans
accident jusque par le travers du vaisseau à une très-
petite distance. Chacun avait reconnu son ami ou
son camarade ; tout le monde y était et on se livrait,
avec une délirante ivresse, à des transports de joie
et de bonheur au moment de la plus affreuse catastrophe ! !..

A l'instant où l'embarcation prenait un peu de
tour pour accoster le vaisseau, une lame énorme vint
se ruer sur elle, la souleva à une grande hauteur et
la précipita enfin contre les flancs de l'*Algésiras* où
elle se brisa !...

Les dix-sept personnes qui la montaient avaient
disparu ! ! !...

Oh ! quel cri affreux, déchirant, s'échappa de toutes les poitrines, comme d'une seule, à cette horrible
vue !... Un moment chacun sembla cloué à sa place
par je ne sais quel sentiment de terreur profonde ou
de stupéfaction !..

Mais bientôt on pressa le commandant de faire amener un nouveau canot. Chacun voulait s'y élancer le premier. Un mot, un geste du chef et six cents hommes se seraient presque battus, dans ce moment de généreuse et divine émulation, pour exposer leur vie.

M. Moulac, commandant de l'*Algésiras*, dont le nom est profondément gravé dans le cœur de tous ceux qui l'ont connu, ce marin consommé, ce capitaine de vaisseau, une de nos gloires les plus pures, que toute la marine a pleuré, car il était, non seulement admiré comme un vaillant homme de mer, mais encore respecté et chéri de tous pour la bonté infinie de son cœur ; cet homme, qui avait toujours eu pour ses inférieurs l'affection d'un père, consulta vivement ses officiers et tous furent de son avis : c'est qu'il était de toute impossibilité de mettre un nouveau canot à la mer ; que ce serait vouloir perdre d'autres hommes sans parvenir à sauver les autres !...

Quelle horible épreuve pour M. Moulac, et quel admirable courage ne dut-il pas montrer dans ce moment affreux, ce chef naturellement si bon, si sensible, quand la terrible responsabilité qui pesait sur lui et la voix impérieuse du devoir lui imposèrent cet avis que son noble cœur désavouait !... quand il se trouva enfin dans l'atroce position d'un père forcé de sacrifier un de ses enfants pour conserver les autres !!...

Rien ne peut peindre la douleur muette mais horriblement éloquente qui se manifesta sur la figure des matelots quand ils apprirent la décision du conseil. Beaucoup, qui jusqu'alors avaient montré le plus grand courage, ne purent retenir leurs sanglots !...

Les officiers qui avaient été consultés et dont l'opinion avait corroboré celle de leur chef, paraissaient les plus désolés !

L'un d'eux, M. Bassières, jeune lieutenant de vaisseau plein d'avenir, disait au commandant Moulac, les larmes aux yeux :

— Ne donnez point d'ordres, commandant, je le sens, c'est impossible ! mais fermez les yeux et, je vous en supplie, laissez-moi partir avec les gens de bonne volonté.

Et M. Moulac, plus ému que pas un peut-être, mais comprimant les élans de son cœur déchiré, eut encore la force de s'opposer à ce dévouement si noble.

Dans ce moment-là même, le maître d'équipage *Pierre* avait réussi à gagner le vaisseau à la nage et à saisir un bout de manœuvre qui lui avait été jeté. Déjà on le montait à bord... encore quelques secondes et il était sauvé, quand il crut s'apercevoir qu'on faisait des dispositions pour amener un nouveau canot. Tournant alors la tête vers les malheureux qui luttaient infructueusement contre la mer :

— Dépêchez-vous, mes amis, s'écria-t-il, moi je vais soutenir ceux qui ne peuvent plus nager !

Et, lâchant la corde protectrice, il s'élança de nouveau à la mer qui, cette fois, hélas ! devait être le tombeau de cet obscur et sublime héros !

Quel spectacle affreux, indescriptible ! Longtemps encore on aperçut l'infortuné Laurent dont le mérite, si peu en rapport avec le jeune âge, donnait tant d'espérance ! Cet élève, parfait nageur, avait réussi à gagner la quille du canot chaviré. On le voyait lever les mains vers le ciel, demander du secours avec des gestes suppliants et disparaître, de temps en temps, masqué par une immense montagne d'eau !

Çà et là des points noirs qu'on pouvait à peine distinguer, surgissaient tout à coup au sommet d'une lame ; c'étaient les autres infortunés, mais ceux-là, du moins, avaient cessé de souffrir, tandis que l'imagination recule épouvantée devant la longue et horrible agonie que dut avoir ce malheureux Laurent !

Et plus loin les autres bâtiments de l'escadre qui fuyaient aussi devant la tempête et dont les haubans et les bastingages étaient couverts d'hommes qui s'associaient à la douleur commune et assistaient, spectateurs éloignés et impuissants, à ce drame épouvantable !

Oh ! quelle horrible impression nous éprouvâmes tous en ce moment ! Quant à moi, j'essayerais en vain d'oublier ce que je ressentis quelques jours après lorsque, mouillés sur la rade de Toulon, un de mes camarades de l'*Algésiras* me raconta les détails que je viens de transcrire.

Il me montra les autres élèves descendant dans leur poste après ce terrible naufrage ! Il me les fit voir mornes, silencieux, ne cherchant point à retenir leurs larmes, fixant avec désespoir la place qu'occupaient leurs camarades un moment auparavant, et la trouvant vide !...

Partout, au milieu d'eux, des souvenirs de leurs amis, et partout des souvenirs de mort !...

1831

Naufrage d'un bateau pêcheur, le *Saint-Jean-Baptiste*, sur la côte de Guernesey.

Le bateau *Saint-Jean-Baptiste* monté par quatorze hommes d'équipage, quitta le port de Dieppe le 10 janvier 1831 pour aller à la pêche, sous le commandement d'Antoine Potel, aux environs de Torbay.

Après diverses relâches, tant en France qu'en Angleterre, il se trouva le 25 entre Starpoint et Guernesey et à la distance d'environ 12 lieues de cette île. Le patron ordonna que l'on jetât les filets à lamer. Quand cette opération fut terminée, avant d'aller prendre du repos, il prescrivit diverses manœuvres propres à la conservation des filets. Mais il paraît que les hommes de quart ne tinrent aucun compte de ses ordres et s'abandonnèrent au sommeil. Les filets se trouvèrent pris avec le câble de l'ancre et finirent par se rompre quand on les hala à bord.

On résolut donc de *grapiner* pour tâcher de les retrouver, et comme il importait beaucoup que le point où ces filets avaient été perdus fût bien connu, on fit jeter l'ancre en avant de la petite barque, non pontée, qui devait servir à cette opération.

Le patron ordonna à quelques hommes de son équipage de s'y embarquer, mais ils montrèrent une telle répugnance à obéir à ses ordres qu'il se vit obligé de s'y embarquer lui-même.

Coru le suivit, mû sans doute par des sentiments de reconnaissance envers Potel. En effet, en quittant le port, le jeune Coru était tombé à la mer et il avait été sauvé par le capitaine. Échappé à la mort, il était destiné à souffrir une longue et cruelle agonie avec son bienfaiteur.

Lorsque Potel et son compagnon furent embarqués, ils recommandèrent au bateau de conserver un feu pendant la nuit. De leur côté ils prirent dix chandelles afin d'alimenter une lanterne.

Il était alors trois heures de l'après-midi.

A la nuit, nos deux compagnons ne manquèrent pas d'allumer le feu convenu. Mais, à leur grand chagrin, ils n'en aperçurent pas à bord du bateau. Le jour tarde à paraître au gré de leur impatience. Il vient enfin. Vers huit heures, ils aperçoivent le bateau à environ une demi-lieue. Il font des signaux, appellent de toutes leurs forces, mais en vain, et le bateau s'éloigne toujours d'eux. Sans doute leurs cris ne parvinrent pas jusqu'à l'équipage ; car l'inhumanité ne se présume point.

Tant qu'ils eurent en vue le bateau, ils conservèrent un rayon d'espérance, mais on peut juger de leur abattement quand il eut disparu complètement ; ils étaient seuls, sur une frêle barque non pontée, n'ayant pour toute possession que cinq chandelles, car ils en avaient brûlé cinq pendant la nuit.

Le temps, qui jusqu'alors avait été assez beau, devint mauvais et la mer tellement grosse qu'il fut urgent de prendre des précautions pour ne pas être immédiatement submergés. Au moyen de quelques

planches, Potel et son compagnon, firent une espèce
d'avant-corps, sur lequel venaient se briser les vagues. Ils mirent ensuite leur ancre à mi-fond pour
ne point dériver entièrement à la merci du courant,
et afin de ne pas présenter aux vagues la résistance
d'un corps solide.

Pendant cinq jours, ils luttèrent contre les angoisses de la faim et les fureurs de la mer. Cependant
le cinquième jour, à huit heures du matin, ils aperçurent la terre. Au moyen d'un aviron qu'ils trans-
formèrent en mât, d'une capote, qu'ils métamorpho-
sèrent en voile et d'un bout de planche qu'ils érigèrent
en gouvernail, ils arrivèrent à terre, environ à sept
heures du soir.

Une grosse difficulté les retint sur le rivage de
l'endroit où ils abordèrent et qu'ils surent depuis se
nommer Banc des Pierres-Noires, dans l'île de Guernesey. Les rochers sont escarpés sur cette partie de la
côte, et ce ne fut qu'avec les plus grandes peines
qu'ils parvinrent à les gravir.

Cet obstacle vaincu, ils arrivèrent à une prairie. Mais
le jeune Coru, dont les souffrances physiques avaient
altéré le moral, refusa de continuer son chemin, et
insista pour retourner dans le canot. Potel, qui n'avait
cessé de veiller avec sollicitude sur son compagnon
dont il attribuait le malheur à son dévouement pour
lui, ne résista pas à ses instances.

Ils redescendirent donc et tâchèrent de se livrer au
sommeil pour tromper la faim. Coru, que son extrême
jeunesse empêchait de supporter les fatigues avec autant d'énergie que Potel, se plaignit d'un froid extrême.
Potel s'étendit sur lui, pour tâcher de l'en garantir.
Malgré ces généreux efforts, Coru eut les pieds gelés.

Leurs maux n'étaient pas encore à leur terme, car dans le courant de la nuit un coup de mer brisa le canot.

Le lendemain ils se trouvèrent sur les rochers que la veille ils n'avaient pu franchir. Deux habitants de l'île les avaient recueillis après le naufrage de leur canot et leur donnèrent les secours que réclamait leur position.

1831

Naufrage d'un navire marchand, l'*Arthémise*, sur les côtes de Sicile.

Nous étions à la hauteur de la Sicile, écrit **M.** Decoudray, officier de marine, passager de l'*Arthémise*, quand un vent violent nous détourna de la direction de Malte, que nous espérions dépasser dans la journée. Il nous poussa vers le nord. Mais, s'étant calmé à la naissance du jour, nous cinglâmes vers l'ouest, à la vue de la côte méridionale de la Sicile.

L'*Arthémise* était bon voilier, tout portait à croire que nous serions assez heureux pour dépasser Malte avant l'aube du lendemain. Mais le soir le vent se remit au nord avec une violence qui alla en augmentant à mesure que la nuit s'obscurcissait.

Le capitaine s'obstina à aller les voiles hautes, malgré mes représentations. Cependant la lune qui, de temps en temps, paraissait entre les nuages rapides, laissait apercevoir au nord une brume fort épaisse. La côte n'était pas aussi éloignée qu'on voulait le soutenir. Pourtant ce n'était pas un vent de tempête qui soufflait, quoiqu'il eût beaucoup de force et d'intensité.

Vers onze heures, étant dans mon hamac, je crus sentir un mouvement extraordinaire dans le navire.

Je pensai qu'il avait touché. Je montai sur le pont. Le drame allait commencer. Nos matelots étaient consternés. Les lames brisaient avec fureur contre le rivage qui n'était pas éloigné. Le capitaine querellait fort injustement les matelots de quart. J'avoue que je ne pus m'empêcher d'usurper les droits du commandant du navire.

Je fis jeter la sonde. Nous n'avions à l'arrière que dix-neuf pieds d'eau, à l'avant beaucoup moins. Il fallait alléger le navire. Nous étions chargés de blé, mauvais chargement en pareille circonstance, car le grain s'insinue dans les pompes et empêche le travail; il s'imbibe d'eau, se gonfle et s'appesantit. On se mit en devoir de jeter à la mer le blé et le riz, après que les voiles eurent été amenées. ·

Par surcroît de disgrâce, l'orage se mêla de pluie; les gouttes nous frappant au visage mirent plus de confusion que jamais dans nos travaux. Le vent se renforçait, tourbillonnait. Nous nous vîmes entourés de bancs de rochers contre lesquels le navire heurtait coup sur coup avec des craquements épouvantables.

Le capitaine voulut couper le grand mât pour diminuer les secousses, mais, quoiqu'on l'eût coupé vers le pied, il fut impossible de le dégager des manœuvres. Les voies d'eau augmentaient. Je vis bientôt qu'il n'y avait plus guère d'espoir de salut, et d'autres passagers firent la même remarque; ce qui ne contribua pas à diminuer l'effroi et la confusion.

Dans l'obscurité les lames qui brisaient nous indiquaient confusément le voisinage de la terre. Je jugeai que nous en étions éloignés d'environ une demi-lieue, espace immense pour un péril aussi pressant. On voulut mettre la chaloupe à la mer, mais au travers d'une nuit si noire, s'aventurer parmi les récifs, c'était commettre une imprudence dont nous eussions payé cher les suites. Il fallut renoncer à ce projet, car il y avait encore moins de chances défavorables à rester sur le bâtiment.

Nous n'avions d'autres ressources que de nous mettre à la pompe en attendant le jour et d'empêcher que nous ne fussions gagnés par l'eau. Mais le blé contrariait le jeu des pompes. Nous étions épuisés de fatigue. L'eau montait. Je fis faire une distribution d'eau-de-vie pour ranimer les forces de l'équipage. Mais déjà la soute était inondée et les vivres se trouvaient gâtés par l'eau de mer.

Pour combler la mesure de nos misères, la discorde se mit parmi les travailleurs. Les matelots se mutinèrent pour avoir de l'eau-de-vie. Je pris sur moi le fardeau de la réconciliation. Je fis entrevoir aux matelots le danger commun et le moyen de le rendre moins imminent. Il fallait empêcher le navire de sombrer avant le jour, et alors il y avait espoir de gagner la terre.

A l'aube le vent diminua un peu. Il y avait quelques éclaircies, tout faisait présager la fin de la tempête. Nous nous trouvions placés entre deux rochers, ou plutôt entre deux îlots, non loin de la pointe qui porte le nom de Punta di Faleona. Il fallait aborder. Nous mîmes la chaloupe et le canot à la mer. Le capitaine voulait emporter ses marchandises. Il y eut une grande discussion entre lui et son second. L'amarre qui retenait la chaloupe fut coupée ou cassée. On poussa au large. Le capitaine, resté sur le navire, n'eut que le temps de sauter dans le canot qui était encore amarré. On l'imita avec tant d'empressement que je vis la barque sur le point de chavirer.

La côte ne paraissait pas d'un facile abordage. Les lames étaient toujours très-hautes ; le vent, qui s'était un peu calmé au point du jour, soufflait avec une nouvelle force et ne paraissait pas devoir tomber. La mer autour de nous était affreuse et couverte d'écume.

Nous voulions gagner un des rochers voisins. Mais le rivage était encore si éloigné que, si la chaloupe se fût brisée, il nous eût été impossible d'y atteindre, même par un temps calme. Je fus d'avis de risquer le tout pour le tout. Les tourbillons du vent nous poussaient tantôt contre le navire, tantôt contre les îlots. Tout à coup nous perdîmes le canot de vue. Le capitaine avait voulu aborder l'un des rochers et il avait échoué.

J'aperçus, tandis que nous nous débattions contre le mauvais temps, quelques matelots qui cherchaient à remonter sur le navire. Mais les vagues étaient si fortes, qu'ils étaient toujours repoussés. Ils périrent tous. Le lendemain, quand nous envoyâmes la chaloupe au navire, il ne s'y trouva personne.

Mais le plus grand malheur nous attendait à l'approche du rivage : un coup de vent subit, qui venait de la terre en tourbillon, fit chavirer la chaloupe. Nous n'étions qu'à trois cents pas environ de la terre. On chercha à la gagner. Les uns, dans ce bas-fonds inégal, touchaient, ils parvinrent au rivage, tantôt nageant, tantôt marchant. Les autres, moins favorisés par le hasard, périrent, soit en se noyant, soit en se trouvant écrasés sur les rochers où les vagues les poussaient avec violence.

J'eus le bonheur d'arriver à terre, moi, quinzième,

à travers des périls inimaginables, couvert de meur-
trissures, les pieds et les mains ensanglantés et dé-
chirés par les aspérités des roches. Nous n'eûmes pour
refuge que la cabane abandonnée d'un pâtre. C'est là
que nous nous retirâmes, trempés d'eau de mer, mourant de froid et de faim. Les uns tombaient et restaient
à terre sans mouvement ; les autres cherchaient à s'é-
chauffer, en sautant et en marchant à pas précipités.

Au lever du soleil, notre position s'améliora un peu.
Nous étions au mois de septembre et nous ressentî-
mes assez de chaleur pour oublier quelque peu nos
misères et nous occuper de nos compagnons d'infortune.

La tempête s'était apaisée presque entièrement,
le ciel dégagé de nuages nous laissait apercevoir notre navire dans le lointain, nous cherchions vainement
le canot. Quelques-uns de nous pensèrent que ceux
qui le montaient avaient abordé au rocher voisin.

Comme l'un de ces rochers nous masquait l'autre, bien que nous ne vissions personne, nous pouvions supposer que les naufragés avaient gagné celui
que nous ne découvrions pas.

A mesure que les vagues s'amortissaient, nous déli-
bérâmes qu'il fallait se mettre à la recherche d'un
village ou d'une habitation pour nous procurer de la
nourriture, et qu'ainsi restaurés, nous remettrions en
mer la chaloupe jetée sur la grève, pour aller au secours de nos compagnons s'ils étaient dans l'île ou sur
le navire. On se dispersa et chacun prit une direction
différente, avec promesse de se retrouver à midi dans
la cabane du pâtre, lieu du rendez-vous général.

Le second capitaine arriva sur les bords du Giolta,
où se trouve un petit bourg. Il rapporta du pain, du

vin, un chevreau à moitié cuit. On lui apprit que nous n'étions qu'à une douzaine de lieues de la ville de Girgenti. Nous espérâmes y trouver quelque navire pour nous conduire à Marseille ou du moins à Malte, qui est voisine.

Notre courage se trouvant ranimé, et nos forces un peu rétablies par les provisions qui avaient été apportées, nous vidâmes la chaloupe, et, à l'aide des avirons qui nous restaient, nous allâmes chercher nos compagnons sur le rocher.

Le canot s'était brisé, des sept personnes qu'il portait, il n'en restait que trois, au nombre desquelles était le capitaine.

Avant de revenir, nous allâmes visiter le navire. Il y avait bien peu de choses à sauver. D'ailleurs, dans les circonstances où nous nous trouvions, il nous était impossible de songer à sauver le moindre objet. Le seul parti qui nous restait à prendre était d'aller ou d'envoyer à Girgenti, et d'en rapporter ce qui était nécessaire, soit pour remettre à flot le bâtiment, soit pour en retirer ce qui pouvait être emporté.

Cette résolution adoptée à l'unanimité, on se mit en marche pour la ville que nous n'atteignîmes que le lendemain, après avoir souffert horriblement pendant le trajet.

Il nous fallut passer la nuit sur le bord d'une rivière où nous manquâmes de tout. Vers trois heures de l'après-midi, nous arrivâmes au port de Girgenti, éloigné de la ville d'environ trois lieues.

Ayant pourvu aux besoins de la faim qui nous tourmentait, notre premier soin fut de nous informer s'il se trouvait quelque navire prêt à partir. Mais les relations de Girgenti avec l'extérieur sont trop peu fréquentes pour que l'occasion que nous cherchions se présentât. Aussi, à l'exception de quelques pêcheurs, nous n'y trouvâmes rien.

Le capitaine traita avec eux pour retourner au navire et sauver ce qu'il pourrait. Nous étions six passagers. Nous résolûmes de gagner, au besoin, Palerme, parce que nous avions la certitude d'y trouver quelques navires marchands ou de guerre pour Toulon, Marseille ou tout autre port de France.

Nous dîmes adieu à nos compagnons d'infortune et nous nous mîmes en marche pour Girgenti. De là nous envoyions chaque jour au port pour savoir s'il n'était pas arrivé quelques navires. Mais on nous enleva tout espoir d'en voir avant le temps de la récolte des blés.

Il nous fallut donc nous rendre à Palerme, par une route dangereuse. Mais notre hôte nous procura des guides sûrs et dévoués et des mules. Nous arrivâmes sans encombre à notre destination où nous trouvâmes un navire en partance pour la France.

1831. — Naufrage des *Deux-Frères* et de l'*Auguste*, du Havre, sur les bords de l'Adour.

1832. — Naufrage de la *Trinité*, de Bordeaux, à l'entrée du Mississipi.

Naufrage de la *Sophie*, à l'embouchure de la Loire.

Détresse du brick *le Casimir*, de Dieppe, capitaine Leblond, dans la Méditerranée.

Naufrage de la *Nouvelle-Betzy*, de Nantes, capitaine Coste, aux îles Malouines.

1833

Naufrage du vaisseau *le·Superbe*.

La perte d'un vaisseau de haut-bord est un événement fort rare dans l'histoire de notre marine. Aussi
le naufrage du *Superbe* produïsit-il une émotion
extrême. Depuis trente-cinq ans, la France n'avait pas
perdu de navire de cette importance ; et encore le
vaisseau *le Banal*, qui s'était échoué en 1799 sur les
côtes d'Afrique, était-il un des plus vieux navires de
l'État, tandis que le *Superbe*, mis à la mer en 1814,
et portant huit cents hommes d'équipage, passait
pour un de nos beaux bâtiments.

Le *Superbe*, dit le capitaine de corvette Baudin,
qui présenta devant le conseil de guerre, en mars
1834, la défense du capitaine d'Oysonville, était parti
de Smyrne le 14 décembre 1833 pour aller à Nauplie.
La frégate *la Galathée,* à bord de laquelle se trouvait
un des meilleurs pilotes de l'Archipel, et deux frégates américaines, sortaient du golfe un peu avant notre vaisseau. Un vent favorable pour faire route, cette
réunion de quatre pilotes habitués aux localités, et
sans doute aussi l'amour-propre national, décidèrent
le commandant à suivre cet exemple.

Malgré un pressentiment qui l'inquiétait, il sort du
golfe, et se dirige sur l'ouest.

4.

Le vent du nord prend bientôt le dessus, mais les nuages, qui menaçaient, ne se dissipent point. Des grains de pluie et de grêle se succèdent avec rapidité, le vent devient impétueux, la mer très-forte et l'horizon reste chargé.

C'était le prélude d'un ouragan, comme on en a vu peu d'exemples. On diminue graduellement de voiles. A huit heures, on était sous le petit foc.

Le 15 décembre, à deux heures du matin, la route est donnée au sud-ouest, pour être, au point du jour, près du cap Doro. Un coup de barre qu'on ne peut maîtriser fait venir le cap jusqu'au sud-est. Le petit foc est emporté, et le vaisseau, assailli par un vent violent, court pendant plusieurs minutes avec une vitesse de sept à huit nœuds, sans vouloir obéir à son gouvernail. On s'estimait tout près et dans le nord-ouest d'Ipsara. La position était des plus critiques.

Des hommes qu'anime un officier, qui monte à leur tête, se serrent dans les hautbans de misaine et font voile de leur corps ; au même moment, le grand mât de hune tombe, le vaisseau arrive.

Le jour est attendu avec anxiété. Il luit enfin. Mais l'horizon était si chargé qu'on ne put apercevoir la terre, quoiqu'on s'en estimât à peu de distance. Le pilote prévint qu'avec un temps si sombre il ne pouvait se hasarder à donner dans le canal.

Le commandant fit mettre le cap au sud-est afin de prolonger, au vent, Andros et Tino, avec l'espoir que, dans une éclaircie, on parviendrait à reconnaître quelque point de ces îles.

Le vaisseau avait déjà des avaries majeures. Son grand mât de hune, rompu, restait pendant à la tête du bas mât. Les meilleurs hommes, encouragés par des officiers qui s'exposaient au même péril, avaient essayé, à plusieurs reprises, de le dégager de ce lien dangereux. Ils ne purent le saisir qu'imparfaitement. La pluie, la grêle, le vent, les mouvements désordonnés du vaisseau, rendaient leurs efforts inutiles. L'ancre du bossoir de bâbord, deux embarcations, une vergue de hune de rechange avaient été enlevés par une mer furieuse. Le petit foc, la grande voile, le perroquet de fougue, la brigantine étaient en lambeaux.

La vergue du grand hunier, brisée en deux, s'était appuyée sur la hune. La grande vergue, qu'on croyait craquée, était annulée par les débris et le gréement du grand mât de hune. Enfin l'ancre de tribord, elle-même, n'était plus retenue que par la bosse de bout et heurtait avec violence contre la proue du navire. On parvint pourtant à la traverser de nouveau. Les hommes, mouillés et transis de froid, perdaient leurs forces ; les plus robustes s'étonnaient d'être anéantis.

Vers dix heures du matin, on reconnut la partie sud-est de Tino, à petite distance sous le vent, et la route fut dirigée entre cette île, qu'on rangea de près, et Micone, qu'on ne put apercevoir, malgré le peu de largeur du canal.

C'est à peu près au même instant que la frégate *la Galathée*, par une détermination hasardeuse et presque forcée, donnait entre le cap Doro et Andros, sans pouvoir découvrir la terre qu'elle ne reconnut qu'après avoir franchi le canal.

Les rafales les plus violentes assaillirent le canal pendant ce court trajet, la misaine fut emportée. L'abri que donna Tino fut de si courte durée qu'on n'aurait pas eu le temps de dégager la mâture. On dut renoncer également à la relâche de Micone que le pilote avait d'abord proposée.

A midi, le commandant donna la route au sud-est pour aller au port de Nausse, à la partie nord de l'île de Paros. On vit un instant l'île de Delos par bâbord.

Après avoir mûrement pesé les raisons qui lui faisaient préférer la relâche de Nausse, le commandant avait abandonné l'idée de se diriger entre Sherpho et Siphanto où il aurait pu trouver une mer plus libre.

L'espoir d'être bientôt dans l'un des bons ports de l'Archipel avait ranimé les esprits. Le vaisseau se dirigeait vers l'île de Paros avec une grande vitesse. On ne vit la terre que lorsqu'on en était déjà fort près. Tous les yeux étaient dirigés sur l'entrée du port de Nausse. O malheur! le pilote, trompé par l'obscurité qu'occasionnent les grains, a fait diriger sur une fausse passe!

Un officier s'en aperçoit le premier. Il ne découvre qu'une plage sur laquelle la mer brise avec furie. Il court, il prévient qu'il n'y a pas d'entrée à l'avant. Un seul instant d'hésitation et tout est perdu!

La barre est mise en grand à bâbord. On oriente le petit hunier, on borde le foc d'artimon, le vaisseau vient sur tribord. Mais parera-t-il un cap qui s'avance au large?

Non. La dérive et la lame le jettent insensiblement sur la côte. Il est déjà dans l'écume du brisant! Jamais mort plus terrible et plus certaine n'apparut aux yeux des matelots. La terreur est à son comble, le plus intrépide a tremblé!

Un grain violent éclate en ce moment et fait adonner le vent de plusieurs quarts. On en profite avec vivacité. Le cap est rangé à l'honneur, et le vaisseau,

pour quelques instants du moins, ne paraît plus en
danger. Le pilote a reconnu sa faute involontaire. Il
voit maintenant sa position. Il connaît un port tout
près. Il sait que le vaisseau y sera à l'abri de la mer
et du vent. Il propose au commandant de le conduire
dans Parakia.

Il vante avec tant d'assurance la bonté du port, il
affirme d'une manière si positive que le vaisseau n'a
aucun risque à courir que le commandant, qui peut
lire sur tous les visages le besoin urgent du repos,
cède à la nécessité. Peut-il se dissimuler les nouveaux
périls qui l'attendent, s'il persiste à tenir la mer ? il
est près de trois heures du soir, et les nuits sont si
longues, à cette époque. L'horizon est toujours couvert de brume, et l'ouragan n'a rien perdu de sa rage.

On fait route sur Parakia. C'est un abri où l'on sera
dans un instant, sans qu'il soit nécessaire de manœuvrer, sans courir à des dangers qu'on n'est plus en
état de braver.

On suit la route donnée par le pilote. On contourne
de près les rochers de la pointe nord. On est déjà sur
le méridien de cette pointe. Le bâtiment a une vitesse de six à sept nœuds. On brasse le petit hunier
à tribord. Tout à l'heure, on va le carguer pour s'en-
foncer, en loffant, dans l'intérieur du port, sur l'aire
déjà acquise. Un officier de batterie, étonné d'entendre manœuvrer sur le pont quand il a entendu tomber l'ancre de tribord, monte à la hâte et prévient le
commandant que la chaîne fait tête. L'étonnement
du commandant est extrême. Il n'a pas donné l'ordre
de jeter cette ancre !

Que faire? Le vaisseau va se briser infailliblement
sur les rochers ! Le commandant tente le dernier, le

seul moyen qui lui reste : il fait mouiller une seconde ancre. Peut-être, en filant un peu du cable, obligera-t-il le vaisseau à tourner sur son axe ; peut-être parera-t-il les rochers qui sont tout près. Vain espoir ! Ce n'est qu'en talonnant rudement que le navire vient à l'appel de cette ancre. Il s'échoue sur des roches aiguës. D'autres rochers, hors de l'eau et sous l'eau, ne permettent même pas d'établir une communication avec la terre.

Mais comment cette ancre, la vraie cause du malheur, avait-elle été jetée? La violence du vent était extrême. La voix ne pouvait s'entendre qu'à peu de distance. Les cris de mouiller, partis des passe-avant, et poussés non par la malveillance, mais par la terreur, ont été pris pour la transmission d'un ordre du commandant. Et c'est bien cette fatale méprise qui a entraîné la perte du vaisseau, car, en se rappelant que le petit port de Malaga a offert un refuge à un vaisseau espagnol de 74, on ne pouvait douter que le port de Parakia ne dût offrir un abri au *Superbe*.

Le soir et le lendemain se passèrent en vains efforts pour sauver les marins. Les embarcations naufrageaient les unes après les autres, en cherchant à établir un va-et-vient avec la côte. Cette côte était pourtant bien proche et les matelots croyaient toujours qu'ils allaient y aborder.

Plus tard le commandant, n'ayant plus de boissons à délivrer, toléra qu'on essayât de se sauver à la nage ou sur de petits radeaux. Enfin la mer s'apaisa. L'équipage put être sauvé. Neuf hommes seulement périrent, grosse perte sans doute. Mais un pareil naufrage pouvait avoir des conséquences bien plus terribles encore.

Le capitaine d'Oysonville fut acquitté à l'unanimité par le conseil de guerre, qui lui rendit son épée,
déposée au commencement des débats. C'était un vieil
officier expérimenté qui avait trente-deux ans de service actif et qui, avant le *Superbe*, avait commandé le
Curieux, l'*Amazone*, l'*Amphitrite* et la *Vestale*.

1833

Le brick *la Rose*, du Havre.

Le 11 janvier 1833, écrit M. Henri Levech, nous nous perdîmes dans la baie Française, aux îles Malouines. Nous fûmes deux mois et six jours sous des tentes. Le brick *la Rose*, armé par M. Gaudin, du Havre, et commandé par M. Maréchal, était arrivé dans ces parages : je m'embarquai sur ce bâtiment le 16 mars, et le 17 nous fîmes voile pour doubler le cap Horn.

Nous fûmes longtemps contrariés par les vents du sud et sud-ouest. Mauvais temps presque tous les jours. Nous perdîmes deux huniers, une misaine et une grande voile.

Le 12 avril, à cinq heures et demie du matin, gros temps ; nous filons dix à onze nœuds. Nous étions à la hauteur de la terre Diego-Ramirez. Depuis cette date jusqu'au 15 juin, nous nous livrâmes à la pêche de la baleine. Le 15, nous étions à la hauteur de l'île Mocha, sur laquelle nous aperçûmes un feu. La mer était grosse, nous ne pûmes aborder. Le 16, la mer s'adoucit, nous envoyâmes deux pirogues. Ils y trouvèrent des pêcheurs de loups marins qui manquaient de vivres depuis quatre mois, nous leur en donnâmes un peu. Le 17, ils nous témoignèrent le désir d'être transportés à Valparaiso. Nous allâmes chercher la pelleterie qu'ils avaient rassemblée, et, le 18, nous embarquâmes trois hommes et une femme. Nous devions relâcher à Valparaiso pour réparer notre gréement, et y faire quelque séjour. Les vents étaient à l'ouest ; temps brumeux, forte brise.

A cinq heures, nous prîmes deux ris de chaque hunier, à minuit la brise était plus forte, la mer plus grosse, le temps brumeux.

Quelques heures après, vers trois heures, le 19 juin, l'homme du bossoir signala des brisants devant nous. Au même instant le navire talonna sur des roches. Tout le monde était sur le pont : au deuxième coup de talon, le navire fut crevé et nous fûmes démontés de notre gouvernail. La mer, nous couvrant d'un bout à l'autre, enleva un instant après nos pirogues de tribord.

Nous parvînmes cependant à sortir de dessus ce banc, nous coupâmes nos galhaubans de hunes, pour empêcher le navire de s'ouvrir, et nos mâts cassèrent à ras du pont. N'y pouvant plus tenir, nous allâmes nous réfugier dans la chambre, où nous restâmes près d'une heure. Mais les sabords ayant été défoncés ainsi qu'une partie de l'arrière du navire, nous n'eûmes que le temps de remonter au plus vite, et nous nous réfugiâmes à bâbord, sur l'avant du guindeau, où l'eau arrivait moins violemment. La pluie tombait en abondance, nous n'apercevions pas la terre, le navire était incliné sur tribord, tout ce qui était sur le pont était enlevé !

A la pointe du jour, nous aperçûmes la terre devant nous, ma pirogue était encore sur ses rames. Je demandai au capitaine s'il voulait aborder, il refusa ainsi qu'une partie de l'équipage.

Nous nous embarquâmes cinq sur les palans, nous amarrâmes une ligne de pêche sur l'extrémité de la pirogue pour porter à terre et nous servir de va-et-vient. Nous amenâmes notre pirogue à l'embelle, mais elle fut brisée à peu de distance du bord, un homme fut noyé.

Nous gagnâmes le plein en nageant ; nous étions échoués, paraît-il, à mer basse, car, plus elle montait, plus elle devenait grosse, la mer couvrait le navire d'un bout à l'autre. Plusieurs matelots furent enlevés et vinrent à terre. Une partie de l'équipage était sur le beaupré, l'autre amarrée sur les potences de nos pirogues.

A dix heures le capitaine voulut amener une pirogue. Au même instant, elle fut brisée, deux hommes regagnèrent le bord, quatre autres allèrent prendre terre, roulés par la mer et presque sans connaissance.

A midi, le beaupré cassa, les malheureux qui s'y trouvèrent se réfugièrent auprès du guindeau, le seul abri qui leur restait.

A quatre heures, la mer étant basse, et ne déferlant pas autant, le capitaine mit à la mer sa dernière pirogue. Il réussit, il vint à terre avec six hommes. La ligne de va-et-vient y était depuis le matin, apportée par la première pirogue qui avait abordé. Nous l'attachâmes aux deux bouts d'un des canots, les matelots restés sur le navire la tiraient vide, nous la ramenions pleine au rivage. Nous parvînmes ainsi à effectuer le débarquement. La plupart de nous n'avaient qu'un caleçon et une chemise. Nous allumâmes un feu avec des barils vides qui venaient à terre.

A sept heures, quarante Indiens vinrent sur nous.

Ils se mirent à piller ce que nous avions sauvé, et nous menacèrent de nous tuer.

Nous décidâmes de ne pas attendre qu'ils fussent plus nombreux et de nous sauver. A onze heures du matin, nous quittâmes nos feux et nous marchâmes le long du flot, jusqu'à trois heures. C'était le 20 juin.

Nous trouvâmes une rivière qui nous fit rebrousser chemin, nous en remontâmes le cours, croyant trouver un gué, mais vainement. Nous courûmes au rivage. A quatre heures, nous fûmes poursuivis et atteints par soixante Indiens à cheval : ils nous prirent en croupe et nous emmenèrent où était le navire.

Plus de quatre cents Indiens, tant hommes que femmes, étaient rassemblés. Une soixantaine d'entre eux entouraient un cacique, qui nous fit comparaître devant lui. Il fit un sermon et nous donna quelques fèves, après quoi, les Indiens voulurent nous forcer à aller à bord, malgré le temps qu'il faisait : nous leur promîmes d'y aller le lendemain.

Le 21, au matin, nous nous embarquâmes avec trois officiers de pêche, deux harponniers et un matelot dans la pirogue pour aller à bord. Deux fois elle chavira. Enfin nous parvînmes à accoster le navire et à y monter.

Nous parvînmes à monter sur le pont plusieurs effets qui étaient épars çà et là ; de plus un baril de genièvre. Une partie du pont était démolie, ainsi que l'entrepont. Tout ce que nous trouvâmes fut remis au cacique. Il nous fit boire à chacun un peu de genièvre avant d'en goûter. Quand nous eûmes tous bu, il s'enivra, les hommes et les femmes suivirent on exemple.

Quand ils furent ivres, ils devinrent méchants ; ils

voulurent nous faire aller à bord, leur chercher encore du genièvre et nous menacèrent de nous couper la tête si nous refusions. Plusieurs d'entre eux avaient tiré leurs couteaux et nous en menaçaient. Le cacique nous fit monter sur des chevaux pour se distraire. Mais voyant la tournure que prenaient les choses, et comme nous nous attendions à être égorgés d'un moment à l'autre, nous résolûmes de fuir, à quelque prix que ce fût. Le moment était favorable puisqu'ils étaient tous ivres.

Nous nous débarrassâmes d'eux, et nous courûmes vers le rivage, nous armer de bâtons et de côtes de baleines, nous promettant de vendre chèrement notre vie. Nous prîmes la pirogue sur nos épaules pour faire passer la rivière à ceux qui ne savaient pas nager, mais comme elle était fort lourde et qu'il fallait avoir nos mouvements libres pour nous défendre, nous la laissâmes.

Le capitaine Maréchal et deux matelots avaient hésité à nous accompagner, et les Indiens les retenaient. Comme le cacique croyait que nous ne pourrions passer la rivière, et qu'il aurait toujours le temps de nous rattraper, huit Indiens seulement se mirent à notre poursuite. Ils nous gênèrent beaucoup dans notre marche. Nous les éloignâmes à coups de bâton, en nous promettant de les assommer avant de passer la rivière. Nous y arrivâmes, non sans peine. Nous la côtoyâmes de nouveau pour trouver un passage.

Mais à peine avions-nous fait une centaine de pas que nous aperçûmes plus de cent Indiens à cheval. Ne voulant pas tomber entre leurs mains, tous ceux qui savaient nager se jetèrent à l'eau. Le cuisinier se noya après avoir reçu plusieurs coups de lasso.

Nous traversâmes la rivière au nombre de vingt. Quelques-uns arrivèrent tout nus, les autres sauvèrent un caleçon, d'autres une chemise. Les Indiens emmenèrent ceux que nous avions été forcés d'abandonner. Nous avions sauvé la boîte d'expédition.

Il était nuit. Nous sortîmes à grand peine du marécage où nous étions. Nous nous enfonçâmes dans les bois, et, ne pouvant plus marcher, nous nous couchâmes sous des broussailles. Nous entendîmes toute la nuit les hurlements des Indiens, et nous aperçûmes plusieurs feux qu'ils avaient allumés près du rivage.

Le 22, nous nous mîmes en route à la pointe du jour. Vers le midi, nous aperçûmes quelques cases d'Indiens, que nous évitâmes.

Ce jour-là nous eûmes deux rivières à passer à la nage. Depuis notre départ du bord, nous n'avions encore mangé que quelques poissons, trouvés sur le rivage. Nous passâmes la nuit dans un bois. Nous tombâmes dans un marais, nous y marchâmes pendant quatre heures avec de l'eau jusqu'au ventre. Enfin, nous trouvâmes un endroit sec et nous nous y couchâmes.

Le 23, au matin, nous traversâmes une rivière. Le soir, nous nous couchâmes sous des arbres. Le 24, nous nous mîmes en marche. A dix heures, nous aperçûmes une tribu d'Indiens. La faim fit taire la crainte. Nous nous rendîmes auprès d'eux. Ils nous donnèrent quelques fèves sèches.

Nous promîmes au cacique une récompense s'il voulait expédier un exprès chez les autres sauvages qui nous avaient pillés, pour leur dire que les Chiliens étaient instruits du naufrage, et leur recommander de ne faire aucun mal au capitaine, non plus qu'aux matelots restés avec lui.

Le même soir, à force de promesses, nous eûmes un guide. Dès lors notre situation s'améliora un peu ; du moins nous couchions à l'abri.

Le 25, nous nous remîmes en route. Mais le charpentier avait les jambes et les pieds tellement enflés qu'il ne put nous suivre. Il nous quitta et nous n'avons plus entendu parler de lui. Nous eûmes plusieurs ruisseaux à passer et à marcher tout le jour dans les marécages, mais l'espoir nous soutenait.

Nous arrivâmes, le 30 juin, à Aroco. Nous y fûmes bien reçus. Le soir, arrivaient le capitaine Maréchal et le reste de l'équipage, guidés par deux Indiens.

Nous envoyâmes un exprès au consul anglais de la Conception, qui nous fit donner tout ce qui était en son pouvoir. Nous arrivâmes dans cette dernière ville le 13 juillet. Nous y fûmes reçus avec une bienveillance que nous n'oublierons pas. Le 15, le consul procura un passage à huit matelots et à deux passagers sur l'*Intrépide*. Ils ont sombré en mer.

Nous arrivâmes, le 5 août, à Valparaiso, et, le 6, je m'embarquai pour la France, sur le brick *la Flûte*.

1833

Disparition de la *Lilloise*.

Bien que nous n'ayons à offrir aucun récit de cette
aventure, nous devons la signaler à cause du grand
bruit que cette étrange disparition fit alors. L'opinion
publique s'en émut au plus haut degré, et le nom de
Blosseville prit place, dans l'histoire des mystères de
la mer, à côté des noms de La Pérouse et de Fran-
klin.

La canonnière-brick *la Lilloise* partit, sous le commandement du lieutenant de vaisseau, Jules de Blosseville, le 4 juillet 1833. Elle avait pour mission de
protéger nos pêcheurs dans les mers de l'Islande et
d'explorer les côtes du Groenland.

Le capitaine donna pour la dernière fois de ses
nouvelles, le 5 août.

Le 7 mai 1834, le gouvernement français envoya
la canonnière-brick *la Bordelaise*, commandant
Dutaillis, à la recherche de la *Lilloise*. La *Bordelaise*
revint sans avoir trouvé l'ombre d'un renseignement.

On espéra un instant que le mystère s'éclaircirait.
On trouva sur les côtes de Norwège, une caisse de
cartes marines, crayonnées et pointées jusqu'à l'île
Grim, dans la partie septentrionale de l'Islande. On
en conclut que le navire s'était perdu dans le voisi-

nage. Un examen plus attentif démontra que ces cartes n'avaient pas appartenu à la *Lilloise*.

Une nouvelle tentative faite par la corvette *le Richard*, n'amena pas de meilleur résultat.

1833

Naufrage des transportés de l'*Amphytrite*.

Boulogne-sur-Mer, 31 août.

« La mer est furieuse, tout annonce une nuit terrible. Les bateaux pêcheurs sont tous rentrés au port,
sauf un, le n° 71, que l'on croit perdu. Le bruit se ré-
pand que le paquebot de Londres, qui nous a quittés
hier dans la nuit, est également perdu. Je sors à
l'instant pour me rendre sur la plage: On signale un
bâtiment en détresse. C'est un trois-mâts ; il ne porte
pas de pavillon. Avec la longue-vue, il est facile de
voir qu'il cherche à gagner le large. Les vents le re-
poussent sur la côte. S'il échoue, c'est fait de lui.

4 heures.

Je rentre. Piton, un des marins appartenant à la
Société humaine, instituée pour porter secours aux
naufragés, me dit que, si ce vaisseau n'a point touché
le port avant une heure, tout est à redouter. Il est
impossible de lui porter le moindre secours. Il m'en-
mène avec lui sur le quai. Nous touchons, je le crains.
à une catastrophe.

5.

4 heures 1/2.

L'événement prévu est arrivé. Le vaisseau vient d'échouer, presque en face de l'Établissement des bains. La mer est plus horrible que jamais. Avec la lunette, il est toutefois facile de distinguer l'équipage. Des marins se précipitent de tous côtés sur la plage. On traîne à bras un canot. On espère, au moins, sauver les hommes. Quant au vaisseau, il n'y faut pas penser. La mer, en montant. doit le mettre en pièces.

6 heures.

Le canot est à la mer. Il ne peut approcher. Un patron de bateau pêcheur, Hénin, déclare qu'il va se jeter à la mer. Il se débarrasse de ses vêtements, et prend d'une main une corde. Personne n'ose le suivre. On le voit lutter contre les flots. Ce qui frappe tout le monde et paraît incompréhensible, c'est l'immobilité de l'équipage, qui ne fait aucun signal. N'en a-t-il pas la force? Espère-t-il encore sauver le bâtiment? »

Ce bâtiment, c'était l'*Amphytrite*, navire de transport, capitaine *Hunter*, avec M. Forester pour chirurgien, en charge pour Sydney, ayant à bord 108 femmes et 12 enfants condamnés à la transportation, et 16 hommes d'équipage.

Le capitaine, avant de quitter l'Angleterre, a juré sur l'Évangile qu'il ne débarquerait et n'atterrirait nulle part ailleurs qu'à Sydney.

Le navire a quitté Woolwich, dimanche, 26 août. La tempête commença dans la nuit du 29. Quand le capitaine se vit rejeté vers Boulogne, il fit tous ses efforts pour regagner la haute mer, mais vainement. Il avait touché terre à quelques centaines de pas du rivage et fait jeter l'ancre dans l'espérance que la marée montante le remettrait à flot.

Vers cinq heures, un bateau français était venu à leur secours. Mais le capitaine, se rappelant son serment, refusa ce secours. Il eût été facile alors de sauver les passagers.

Du rivage plusieurs personnes font des signes. Un matelot le fait remarquer au capitaine, et lui dit que c'est le conseil de débarquer. Le capitaine lui tourne le dos.

La femme du chirurgien dit à son mari qu'elle veut descendre dans le grand canot.

— Soit, répond celui-ci, mais moi, je reste à mon poste, je ne puis abandonner mes prisonniers. — Eh bien ! dit-elle en se jetant à son cou, nous mourrons ensemble.

Les femmes étaient enfermées dans la cale. Mais la mer les gagne. Il y a déjà six pieds d'eau, elles brisent les portes et montent sur le pont. La mer gagnait toujours. L'équipage monte sur les vergues.

Hénin, après avoir lutté pendant près d'une heure contre les flots, arrive enfin près du navire. Il essaie d'y lancer sa corde, il n'y parvient pas. Il crie qu'on lui en jette une, le capitaine s'y oppose. Il crie encore : « Jetez-moi une corde pour vous conduire à terre ou vous êtes tous perdus, car la mer monte. » Enfin, les matelots lui lancent deux cordes, l'une de la proue, l'autre de la poupe. Il ne peut saisir que la première. Il se dirige vers la plage. Mais la corde est trop courte et elle lui manque. Il revient vers le navire, s'y accroche, et demande qu'on le hisse à bord. Pendant qu'on parlemente avec le capitaine, il sent ses forces l'abandonner, il retombe dans la mer et c'est à grand peine qu'il regagne le rivage. Il veut se rejeter à la mer, mais il est épuisé.

Il est inutile de chercher à peindre l'angoisse, les cris, les pleurs, les supplications de ces 108 femmes et de ces 12 enfants qui suivent, avec la plus poignante anxiété, cette lutte entre le brave Hénin qui veut les sauver, et le capitaine qui songe à son serment et qui les voue à la mort.

La nuit tombe : la mer commence à monter, le bruit des vents et des vagues se mêlent aux cris de ces malheureuses, qu'on distingue pourtant du rivage. Là, sur la plage, en partie découverte par la marée basse, une foule immense s'assemble. On travaille à former une chaîne gigantesque qui permette d'approcher de l'*Amphytrite*. Mais la mer furieuse oblige les plus intrépides à reculer.

L'obscurité redouble ; les vents mugissent avec plus de violence que jamais, les vagues se succèdent avec force et rapidité. On distingue à peine le bâtiment. On croit entendre un redoublement de clameurs et un craquement effroyable. Un mât est apporté aux pieds des spectateurs, puis des tonneaux, puis des débris, puis des cadavres.

Le navire avait été brisé en deux. Tout ce qui était sur le pont avait été emporté. Les 108 femmes, les 12 enfants et 13 hommes de l'équipage avaient péri. Trois matelots seuls survivaient et avaient été jetés mourants sur le rivage.

L'un d'eux, Owen, était sur les vergues avec cinq hommes, — dont le capitaine — et une femme. Ils y

étaient depuis trois quarts d'heure quand il les vit
céder au vent. Il cria à ses compagnons que le plus
sûr était encore de se jeter à l'eau. Il nagea pendant
une heure avant de pouvoir toucher le rivage. Le second avait été trouvé évanoui sur un rocher; le troisième, à califourchon sur une vergue, et frappé de
folie au milieu des angoisses de ce terrible naufrage.

A mesure que les cadavres arrivaient sur le rivage,
on les frictionnait, on les réchauffait, on les soignait.
Deux femmes seules entr'ouvrirent les paupières,
mais pour rendre immédiatement le dernier soupir
sans avoir pu prononcer une parole.

La plage est couverte de débris, le navire littéralement pulvérisé. Celui qui écrit ces pages a vu la mer
apporter, à chaque marée, sur la plage de Boulogne,
de nouveaux cadavres, et il n'oubliera jamais cette
jeune femme que le flot roulait dans la vase du port
et qui tenait un pauvre petit enfant de deux ans,
mort comme elle, violemment serré contre son cou.

1833. — Naufrage de la *Guyane* sur les côtes de Bretagne,
près Audierne.
Massacre de l'équipage l'*Aimable-Joséphine*, capitaine Bureau, de Nantes, dans les îles Andrew.
Naufrage de la frégate *la Résolue*, capitaine Le-
maître, devant Cherbourg.

Cette année fut particulièrement féconde en sinistres
maritimes. Pendant les trois premiers mois, on compta
plus de 50 navires brisés sur les côtes de France, et le
temps fut si constamment mauvais qu'à la fin de l'année
plus de 500 bâtiments attendaient, dans les divers ports de
notre pays, le moment de partir.

1834

Ouragan et naufrage aux Antilles.

2 octobre, 21 novembre (*Journal de la Marine*).

Les chaleurs excessives qui régnaient aux Antilles depuis plusieurs jours avaient causé de nombreux orages. Dans plusieurs quartiers de la Martinique, des débordements de rivière et des pluies excessives avaient occasionné des ravages considérables. Mais le baromètre se bornait au variable.

Bientôt les vents qui s'étaient maintenus de l'est au nord-est ont soufflé quelques instants du nord et, bientôt après, du nord-ouest, avec une force toujours croissante. Le baromètre avait baissé de deux degrés, la mer enflait de plus en plus et brisait avec violence. Tous les caboteurs et gros-bois qui étaient sur rade se hâtèrent d'appareiller et de se diriger vers le Port-Royal. A six heures du soir, il ne restait sur rade que trois bâtiments : le *Jacques*, du Havre, le *Basque*, de Bordeaux, et l'*Union*, de Dunkerque.

Le baromètre continuait à descendre, le vent augmentait la violence du ras de marée. L'obscurité de la nuit est venue encore ajouter à l'horreur du spectacle qu'offrait la rade. Les trois bâtiments qui s'y trouvaient mouillés et qui étaient dans l'impossibilité d'appareiller, excitaient le plus vif intérêt, le *Jacques* surtout, si beau, si élégant, si coquet, si connu par sa solidité et la rapidité de sa marche, le navire préféré par tous les voyageurs. Mais on savait le capitaine Gamain à son poste ; sa grande ancre était mouillée et retenue par ses ancres et ses chaînes de fer. Il défiait les vents et la mer.

Le *Basque* et l'*Union* inspiraient plus de crainte. Le mugissement des vagues qui se brisaient au large, et le bruissement des cailloux entraînés par la lame à son retrait, remplissaient l'âme d'une horreur indéfinissable. Des feux allumés pour faciliter le sauvetage en cas de sinistre laissaient apercevoir les navires luttant contre la violence de la tempête, et répandaient une lueur rougeâtre sur cette scène de désastre.

A onze heures du soir les vents ont passé rapidement à l'ouest et au sud-ouest et ont soufflé avec plus de force. Le baromètre était encore descendu d'un degré. Alors plus d'espérance d'échapper au naufrage. Déjà le *Basque* était à la côte et brisé ; dix minutes après l'*Union* était également jetée sur le rivage. Toute la population rendue sur le bord de la mer était parvenue à sauver les équipages de ces deux navires.

Le *Jacques* soutenait toujours le choc de la tempête. Le vent a changé ; le navire entraîne ses chaînes et ses ancres ; il talonne. A onze heures et demie, ce beau navire était échoué, abattu du côté de la terre et présentant aux flots son flanc de tribord.

Le navire est perdu ! mais son équipage ! que d'efforts infructueux de la part des habitants qui se précipitent pour atteindre les cordages des naufragés, afin d'établir des moyens de sauvetage ! Le vent et les vagues les emportent. Combien ont failli payer de leur vic leur généreux dévouement. Cependant le navire cède à l'impétuosité des flots. Un horrible craquement se fait entendre et est suivi de la chute du grand mât et du mât d'artimon. Les matelots nus, rangés autour du capitaine sur le pont, sont résignés à leur sort ; ils n'ont plus de cordages à jeter à terre ; chaque vague qui vient se briser contre le navire les couvre d'une nappe d'eau qui les dérobe à la vue et fait craindre qu'ils ne soient enlevés. Un soldat de marine, deux fois jeté sur la grève, s'élance une troisième fois avec intrépidité, mais il ne reparaît plus.

Cette position épouvantable a duré jusqu'à deux heures du matin. Alors le second du *Jacques*, voyant le navire entr'ouvert, s'empare d'une ligne, dernière espérance de l'équipage, et, profitant d'un moment d'embellie, il se jette à la mer et se dirige vers le rivage où cent bras se tendent vers lui et d'où l'on se précipite dans les flots pour courir à sa rencontre. Il est à terre et n'a pas abandonné la ligne qu'il s'est chargé de porter. A deux heures et demie le capitaine Gamain quittait son bord. Tout son équipage était sauvé.

A la Guadeloupe, l'orage s'était fait sentir avec non moins de violence. Il s'était annoncé, comme de coutume, par une mer monstrueuse. Les femmes se réfugièrent, la nuit du 20 septembre, dans les cases à ouragan. Au jour, les plantations étaient inondées, les bananiers et les fruits étaient jetés à terre. Mais les cases des nègres n'étaient que dépaillées ; les arbres avaient peu souffert. Le vent avait constamment soufflé du nord au sud-est. La rade, qui avait été ainsi à l'abri de ses coups violents, offrit alors un curieux et effrayant spectacle, celui d'un brick, monté

par un équipage enivré et dormant, tranquillement
bercé par la tempête. Il était arrivé avec la rapidité
d'une flèche dans la matinée du 21. Il avait manqué
la passe et s'était trouvé rejeté derrière les Cayes de
l'Ilet à Cosson. On le croyait perdu. Il jette ses ancres, chasse rapidement sur les câbles, va effleurer la
ligne des brisants. Ce moment fut terrible. C'en était
fait de lui. Mais non, ses ancres rencontrent un
excellent fond, s'accrochent aux rochers et tiennent
bon. Le poste était périlleux, le navire bondissait sur
la lame monstrueuse ou disparaissait sur des flots
d'écume. D'un moment à l'autre, on croyait voir les
mâts du brick tomber, et lui-même, brisant les câbles, aller s'abîmer sur les rochers.

Quelques matelots, touchés du sort de l'équipage,
arment un vaste canot. Il franchit tous les obstacles,
brave tous les dangers, lutte longtemps contre la
tempête. Il finit par aborder à grand'peine le bâtiment, on monte à bord. Quatre matelots et un
mousse, tous ivres, s'y montrent seuls. Où est le capitaine? Il cuve tranquillement son punch dans un
hamac. C'étaient des Anglais; on les interroge. Ils répondent qu'ils sont à la Martinique et qu'ils se trouvent fort bien ; qu'ils voient bien qu'on veut les faire
financer, mais qu'ils n'ont besoin d'aucun secours.
Que répondre à cela? On s'est retiré comme on était
venu. Malheur à eux si la tempête continue pendant
la nuit. Heureusement, elle s'apaise et le troisième
jour ils trouvèrent une bonne brise et disparurent.

Cependant on avait d'autres inquiétudes. Un bateau était parti de la Basse-Terre, avant le coup de
vent, rempli de passagers. Huit jours s'étaient écou-
lés, puis on avait acquis la certitude du naufrage.

Quelques débris trouvés sur la plage de Bouillante, et reconnus pour appartenir à ce navire, le *Victor*, capitaine Buffrenil, plusieurs cadavres retrouvés dans ces mêmes parages, n'ont plus laissé de doute sur le sort du navire et d'une vingtaine de personnes qui s'y étaient embarquées. On regrettait surtout le pauvre Buffrenil, que toute la ville connaissait, qui naviguait dans ces mers depuis trente ans avec tant de bonheur.

Quelques personnes espéraient encore. Mais l'opinion générale était contre elles. C'étaient elles pourtant qui avaient raison. Le 30 septembre, dans la nuit, un bateau dépêché par le gouverneur arriva. Il annonçait que le *Victor* avait bien été maltraité par la tempête. Toutefois il avait pu gagner Saint-Barthélemy. C'était à la vieille expérience de Buffrenil qu'il devait son salut. On devine la joie de toute la ville qui se pavoisa instantanément.

L'ouragan avait été plus terrible à la Dominique. Le soir du 20 septembre, la pluie tombait par torrents, accompagnée de violentes saccades de vent qui sautait du nord au sud et du sud au nord sans un moment d'arrêt. La pluie cessa graduellement, mais le vent continua à augmenter jusqu'à ce qu'il eût atteint un degré de force effrayant. Il soufflait dans toutes les directions et avec une rage impossible à décrire. Avant qu'il fût une heure du matin, l'œuvre de destruction était achevée. Les plus forts cocotiers, les palmiers endurcis, les arbres qui avaient résisté à tous les ouragans précédents, incapables maintenant de ployer plus longtemps sous la force de la tempête, furent littéralement brisés en morceaux, arrachés de leur base et enlevés dans les airs avec un bruit effroyable. Les maisons les moins solides furent en peu de temps renversées. Tous les monuments, casernes et hôpitaux du morne Bruca ont été ou entièrement détruits ou considérablement endommagés, presque tous les édifices de la ville ont été anéantis.

Dans la ville de Layou, à la Providence, manufactures, cases à nègres, tout a été détruit. La violence des eaux et des vents a été telle que les cannes ont été arrachées, enlevées dans les airs avec leurs racines, ou enfoncées dans la boue à plusieurs pieds de profondeur.

On ne sait ce que deviendra cette malheureuse population, quand les provisions qui ont pu être sauvées seront consommées.

1834

Un brave et bon nageur.

Aux approches de l'équateur, dans un mauvais temps de ces parages, le bout-dehors du grand foc du navire bordelais, *la Camille*, cassa. Un homme qui était dessus fut précipité dans la mer. Les flots étaient furieux ; pendant plus d'une heure une embarcation le chercha, mais vainement. Toutefois on se détermina à ne faire route qu'à la nuit close. Il y avait cinq heures et demie que le matelot était tombé à la mer ; figurez-vous, écrit le capitaine, notre surprise lorsqu'au bout de ce temps nous l'entendîmes crier : *Ho ! de la Camille*, aussi tranquillement que s'il eût été sur le quai des Chartrons. On le repêche. Je l'embrassai de bon cœur tant j'avais satisfaction de le voir revenir de l'autre monde. C'est un matelot âgé de vingt-trois ans. Je ne crois pas qu'il y ait un autre exemple d'un pareil courage.

Il s'était servi de son couteau pour couper les vêtements qui l'embarrassaient pour nager, et il me disait qu'il n'avait jamais perdu l'espoir de se sauver, parce qu'il voyait toujours le navire en panne, le grand hunier sur le mât. Il ne pouvait croire être resté cinq heures et demie dans l'eau. — « Et puisqu'il en est ainsi, mon capitaine, me dit-il, je vous ai une grande obligation de m'avoir attendu si longtemps, vous deviez être persuadé que j'étais mort. » C'est toute la réflexion qu'il fit sur cet accident. On peut, d'ailleurs, regarder comme un miracle que les requins, qui sont en grand nombre dans ces parages, ne l'aient pas rencontré. Quant aux oiseaux de mer, ils cherchaient bien à le dévorer, mais il se défendait à coups de poing.

1834. — Naufrage de l'*Espérance*, de Marseille, capitaine Le
    Coniat, abandonnée en mer par son équipage.
        Naufrage du baleinier *la Confiance*, de Dieppe, sur
        les côtes du Chili, auprès de Valdivie.
        Naufrage de la *Jeune-Armante*, sur les côtes de
        Hollande, le 25 novembre.

1835

Un récit de naufrage par un matelot.

En me rendant de Nantes aux Sables, écrit le capitaine Valenton, commandant du brick *la Néréide*, dont le naufrage avait fait quelque bruit au commencement de la Restauration, j'arrivai à Léger, au soleil couchant. Il entra, dans l'auberge où je m'étais arrêté pour souper, trois individus le sac sur le dos. Parmi eux était un marin.

— Par ma foi, dit-il, en s'asseyant à table, un peu fatigué par la route, j'aime mieux les voyages en mer ; on n'a pas la peine de porter le sac sur le dos.

— Oui, répondit un de ses compagnons, mais aussi, sur terre, on ne craint pas de faire naufrage.

— Bah, naufrage ! Est-ce qu'on fait naufrage aujourd'hui, ou du moins, est-ce qu'on s'en inquiète le lendemain ! Si l'on a coulé bas, tout est dit. Si l'on surnage, eh bien ! après avoir bu un coup à la grande tasse, on n'en regrette pas moins l'eau salée, même en buvant ici un verre de bon vin. Et puis, qu'est-ce que la mort ! Qu'importe d'être mangé par des vers ou par un requin !

Après cette réflexion philosophique, le marin alluma sa pipe. Ses deux compagnons l'imitèrent et firent silence pour écouter le récit de son dernier naufrage qu'il offrait de leur raconter.

Ce fut, dit-il, le 5 janvier 1817, que nous partîmes de Nantes sur le brick *la Néréide*. Nous allions aux colonies. Les deux premiers jours, nous eûmes assez beau temps. Mais survinrent des vents contraires, de la pluie, de la brume. Il y avait déjà dix jours que nous *ribombardions*, lorsque le soir le vent se calma, mais d'un calme sinistre. Les voiles, en battant les mâts, nous faisaient éprouver des battements de cœur à nous couper la respiration. La mer était luisante ; une grande lame venait de l'ouest : le maudit satanique voltigeait dans les eaux du navire, la nuit ne devait pas se passer sans bourrasque. Le vent s'élevait par rafales. Le capitaine vint voir où nous avions le cap. Il secoua la tête, en fronçant les sourcils.

— Allons, enfants ! en haut, prendre deux ris dans les huniers.

« Bon, voilà que ça commence, » me dis-je. Aussitôt que nous eûmes fini. Le quart de tribord dans le sac ; et dors en double. Je fus me coucher, étant tribordais et sachant bien que ça ne serait pas d'avoir l'œil ouvert qui empêcherait l'ouragan d'arriver. Mais dormez donc par un pareil vacarme ! Il ventait à décorner les bœufs. Il semblait que tous les diables fussent sortis de leur soute à poudre pour venir nous assourdir les oreilles. Le bruit des poulies, celui des sifflets, le mugissement de la mer faisaient une musique d'enragé. Et ce n'était pas tout. Il fallait monter serrer les huniers. Quoiqu'il fît noir, comme en enfer, la mer paraissait toute blanche, brisait partout et le feu Saint-Elme courait sur les vergues et les manœuvres.

— Allons, enfants, aux pompes! nous faisons de
l'eau !

Et si vous aviez vu comment ce pauvre navire était
ballotté ! Il fallait que sa carcasse fût solide pour y
résister.

Nous étions à la cape avec le petit foc et la brigantine avec tous les ris. Vers la minuit nous reçûmes un chien de coup de mer par le bossoir de tribord, qui vint déferler jusqu'en arrière. Le navire
était sur le côté.

— Laissez arriver ! laissez arriver !

Mais bah ! le gouvernail était éventré et le navire
n'arrivait pas.

— Coupe ! coupe le grand mât !

On était près de couper. Enfin le navire arriva et
se redressa. Tous ses pavois, tout ce qu'il avait sur
le pont avait été emporté. Alors le voilà qui se met
à courir de l'avant comme si le diable l'eût emporté. La mer écumait, blanche comme neige, à dix
brasses autour de lui. A chaque coup de tangage,
son avant disparaissait dans la lame. Nous croyons
que c'était fini et qu'il allait plonger comme un
marsouin. Tout craquait, et par-dessus c'était une
bénédiction de pluie et de coups de mer qui nous
tombait sur le dos. Cela commençait à passer la
plaisanterie.

Les pompes jouaient toujours et perdaient leur
temps.

Le lendemain, j'étais à la barre, fuyant toujours
vent arrière sous la misaine et le grand hunier, avec
tous les ris. J'entendais le capitaine qui disait au
second :

— Voilà douze jours que nous n'avons pu faire

d'observation. Si nous avons de l'erreur dans notre
point, nous n'apercevrons la terre que lorsque nous
serons dessus. Alors, plus de manœuvres possibles. Il
faudra faire côte.

— Cela vaut mieux encore que de couler en pleine
mer, ou de faire côte de nuit.

Vers les quatre heures du soir, on aperçut la terre
sous le vent.

— A nous! lof! lof! en haut, largue le petit
hunier !

Oh! c'est pour le coup que tout va déralinguer.
Toute la côte n'offrait que des brisants, et je vous
assure qu'il ne faisait pas beau s'y frotter.

La figure du capitaine s'était un peu déridée. — Si
le vent ne change pas, disait-il. nous sommes parés.
Mais il parlait encore, que le vent avait changé. La
figure du capitaine s'était horriblement renfrognée.
Il n'y avait plus moyen de se sauver. « Dans la position où nous sommes, disait-il, il faut doubler le
grouin, ou se perdre dessus. » Il tombait des grenas-
ses qui nous aveuglaient. A huit heures du soir, nous
voilà tout à coup dans les brisants. Le navire touche
sur les rochers et nous fait sauter plus de dix pouces
sur le pont. Nos cheveux s'étaient dressés sur nos
têtes. Il n'y avait plus à dire, mon bel ami, le navire
était échoué et à moitié chaviré.

— Coupe, coupe la mâture, commanda le capitaine.

La mâture tomba avec un craquement à déchirer
l'âme, et le vent l'enleva à plus de dix brasses hors
du navire. Mais aussitôt qu'il fut soulagé, il se redressa, et chaque coup de vent le faisait courir sur
les rochers. Et il faisait si noir que nous n'aperce-

vions pas plus le ciel que la terre dont nous ne devions pas être éloignés d'un quart de lieue. Je vous demande un peu si, livrés ainsi aux brisants, nous pouvions espérer de nous sauver et si je n'ai pas dû me croire destiné à servir de pâture aux requins.

Ici le marin, respirant à peine et essuyant une sueur froide, avala un verre de vin et reprit haleine.

Le navire courut pendant quelques heures sur des roches plates lorsque son devant heurta une bande de roches plus élevées, ce qui le fit venir en travers aux coups de mer. Je crus qu'il allait se rompre. Je me disposais à me jeter à la nage, sans trop savoir de quel côté je gouvernerais pour sauver ma pauvre carcasse. Le navire évita et vint se longer le long de la bande des roches. Il présentait le devant aux coups de mer.

Nous nous réfugions sur le derrière. Alors nous apercevons la lueur de la lampe de la chambre, suspendue à la claire-voie. L'eau ne l'avait pas encore éteinte.

— Enfants, dit le capitaine, allons vite dans la chambre, prendre un morceau de biscuit et un verre d'eau-de-vie, pour nous donner des forces et du courage, s'il en est encore besoin.

Sacrebleu, quand nous fûmes là, assis autour de la table, attendant la mort, avec des figures blêmes que la mer avait déjà lavées et qu'éclairait la pâle clarté de la lampe oscillante, nous ressemblions à des hommes retirés de l'eau, bien plus qu'à des marins qui allaient se noyer. Et quand il fallait penser qu'avant dix minutes peut-être, tous, tant que nous étions là, nous aurions filé notre grand câble par bout, il y avait de quoi songer au pays vraiment. A entendre les craquements du pauvre navire, heurté le long des roches, on eût dit un malheureux à qui l'on brisait les côtes et qui jetait les hauts cris.

Livrés à toutes nos réflexions, nous ne pouvions avaler notre morceau de biscuit; pour le verre d'eau-de-vie, il passait. Mais pas un murmure, pas une plainte; chacun savait bien que c'était peine perdue et qu'il valait autant rire que pleurer. Aussi, un vieux flibustier, buvant, fumant, et riant jusquau bout, nous fît-il encore rire comme lui. Il y avait dans une cage à poules un coq qui se noyait et criait comme si on l'eût rôti vif.

— Chante ton *oremus*, mon pauvre coqueret, disait le flibustier, tout à l'heure nous allons chanter le nôtre.

Et, tandis qu'il s'y préparait, le navire dérapa et sauta comme un cabri sur les roches.

Quand je fus un peu remis sur mes jambes et désaveuglé, je regardai si mes camarades étaient toujours à leur place et les vis tous bien amarrés.

Le choc qui devait nous perdre, nous avait sauvés.

Le navire étant défoncé ne flotta plus, ne donna plus de secousses et la mer, en passant par-dessus le devant, s'amortissait en tombant dans la cale et ne venait plus nous rouler sur le corps.

Nous restâmes huit heures dans cette position, huit heures qui nous parurent huit années. Enfin le temps s'éclaircit. Nous découvrîmes la terre, la mer commençait à baisser et nous vîmes avec une joie difficile à exprimer que le coq seul avait chanté son *oremus*.

— Comme il nous en a conté, dit l'un des auditeurs du marin, avec ses sauts de marsouin et ses bonds de cabri sur les roches et son coq et son flibustier!

— Non, il vous a dit l'exacte vérité, répliquai-je à l'incrédule.

A ces mots le marin se retourna de mon côté, et, me reconnaissant, il m'appella son capitaine.

C'était, en effet, le commandant de la *Néréide* qui venait d'entendre raconter son naufrage par un des matelots du navire.

1835. — Naufrage du brick anglais *la Bellissima* et du sloop *le King-Georges*, sur l'île de Sein.

Naufrage des bricks français *l'Actif* et *la Pomone* abordés la même nuit, 12 septembre, par des navires inconnus.

Naufrage du baleinier *Pierre-Louis*, capitaine Seminel, aux îles Malouines.

Naufrage du brick de l'État *le Rusé* et de huit autres bâtiments, le 24 janvier, sur la côte de Bône.

Naufrage du brick *le Désiré*, de Marseille, et de seize autres navires, à Alger, le 12 février.

Naufrage du trois-mâts *le Colbert*, devant Cherbourg.

1836. — Naufrage de la *Pauline*, capitaine Wagnon, sur les côtes du Brésil. Perte de l'*Amiral-Hugon*.

Échouement du *Francis-Depeau*, à portée de pistolet du port du Havre.

Naufrage du bateau de pêche *la Marie-Jeanne*, de Brest, près d'Arcachon.

Naufrage de 78 pêcheurs de La Teste, en vue des côtes.

Épisode de la croisière de l'*Héroïne* dans la mer du Sud.

En vue des îles Crozet, le 25 novembre 1837.

J'ai appareillé de Simon's Bay, le 27 de ce mois, écrit le capitaine de frégate, Cécile, pour me rendre aux îles Marion et Crozet. Favorisé par une belle brise du nord-ouest, je vis que je n'allongerais pas beaucoup ma traversée en passant par les îles du Prince-Édouard, et je me dirigeais vers ces îles.

J'avais la certitude que le paquebot bordelais n° 2 devait se trouver aux îles Crozet, au commencement de novembre. Le capitaine Ligier, qui le commande, pouvait avoir touché aux îles du Prince-Édouard en passant, et s'y être arrêté quelque temps. A cette chance de l'y rencontrer se joignait un autre sentiment qui me décida à faire cette reconnaissance.

Dénué de toute donnée sur les îles Crozet et sachant qu'elles sont fort mal placées sur notre carte générale du globe, qui est la seule où on les trouve, ainsi que sur la carte d'Hosburgh, je cherchai, pendant mon séjour au Cap, à me procurer, sur ces îles, quelques renseignements qui pussent me guider.

J'appris qu'un négociant de cette ville y avait fait

faire la pêche pendant quelques années. J'obtins de lui, sur leur position. quelques détails dont il avait fait mystère jusque-là. Ce négociant m'apprit que depuis longtemps il avait renoncé à ce genre d'industrie à cause des nombreux désastres éprouvés par les bâtiments à ces îles placées dans des parages battus continuellement par des vents violents. D'autres rapports vinrent me confirmer les dangers de cette pêche. L'événement arrivé il y a quelques années à l'*Harmonie* de Bordeaux et aux treize hommes de son équipage laissés sur ces îles pendant un hiver rigoureux, qui me fut raconté par M. de Lettre, notre vice-consul au Cap, chargé alors de négocier leur rapatriement, me décida à les visiter à tout prix.

Un pressentiment me disait que j'y serais utile à l'humanité. Vous verrez bientôt si ce sentiment était fondé.

Je passe tous les détails de ma navigation aux îles du Prince-Édouard et ceux d'une traversée des plus rudes de ces îles aux îles Crozet, de même que la relation de la reconnaissance que j'ai faite de ces dernières où de grandes difficultés m'attendaient. Car j'ignorais laquelle des quatre îles principales qui composent le groupe des Crozet était l'île de la Possession et dans quelle partie de cette île était placée la baie du Navire, où j'espérais trouver le paquebot bordelais et sa goëlette. Il me fallut donc visiter toutes les îles et les contourner d'assez près pour saisir tous les détails de la côte, afin de ne laisser échapper aucune baie, aucun havre pouvant offrir un mouillage.

Je prolongeais la côte orientale d'une île que je présumais être l'île de la Possession. lorsqu'en dehors d'une pointe qui était devant nous, nous aperçûmes deux pirogues qui venaient à notre rencontre. Bientôt elles furent à bord. Elles étaient montées par des Américains et chacune d'elles était commandée par un capitaine de cette nation.

J'appris par le capitaine Barnum, ex-commandant de l'*Atlas*, qu'arrivé à la baie du Navire, le 28 septembre dernier, le 4 octobre suivant, un violent coup de vent du sud-est, donnant en plein dans la baie, avait fait casser les chaînes et jeté son navire à la côte où il avait été brisé. Le capitaine Randal, du schooner *Colossus*, arrivé dans la baie un mois auparavant, avait subi le même sort, mais avec cette particularité que, le schooner ayant été couché sur la côte et le feu de la cuisine étant dans la cale, le navire s'embrasa et sauta en l'air lorsque le feu eut atteint les poudres. Tout a été perdu. Une partie des équipages était heureusement à terre, les hommes qui étaient à bord, à l'exception d'un seul, se sont sauvés dans leurs excellentes pirogues, mais sans effets et sans vivres. Les navires brisés et aux trois quarts ensablés n'ont laissé échapper de leurs flancs que quelques rares barils de farine, de salaison et de biscuit qui ont été recueillis après coup sur la plage.

J'appris en même temps que le paquebot bordelais n° 2 était mouillé dans la baie du Navire, depuis le 6 novembre. Il s'y était présenté dès le 30 octobre, mais il lui avait été impossible de prendre le mouillage, à cause du mauvais temps.

J'arrivai à travers de la baie où je vis, en effet, le paquebot et les restes de l'*Atlas*. Il n'y avait plus de trace du schooner. Je mouillai par 23 brasses d'eau et je pris toutes les dispositions pour appareiller dans la nuit en cas de besoin. Le capitaine Ligier vint à bord et nous confirma le rapport du capitaine américain. Il ajouta quelques détails intéressants sur cet épisode qui fait honneur au capitaine Barnum.

Ainsi les naufragés, au nombre de 36, jetés sans vêtements et sans vivres sur ce rocher désert, au milieu de l'Océan, à 500 lieues de toute terre habitée, ne se sont pas découragés. Ils ont tout perdu, fors l'espérance qui est restée au fond des cœurs. Le peu de vivres sauvés est mis en réserve pour les cas extrêmes. En attendant, on se nourrira d'oiseaux de mer, de leurs œufs et de poissons.

Une maison est bâtie avec les débris de l'*Atlas* et du *Colossus*. Elle servira d'abri contre les rigueurs du long hiver. Les projets les plus hardis sont mis en délibération. Il ne s'agit rien moins que d'élever de quelques pouces les bords d'une pirogue, de la ponter de planches légères, de la charger d'une partie des vivres sauvés. Alors l'intrépide marin qui commande l'*Atlas*, le capitaine Barnum, accompagné de quelques hommes dignes de s'associer à son courage, doit s'embarquer sur cette frêle embarcation, se frayer un passage à travers les tempêtes habituelles de ces mers jusqu'au cap de Bonne-Espérance, et revenir avec un navire, recueillir ses compagnons d'infortune restés sur l'île.

Mais la Providence conduit dans ces parages le capitaine Ligier, qui, oubliant les embarras que doivent lui causer 36 hommes, tombant tout à coup en supplément sur son petit navire, se trouve heureux de leur offrir l'hospitalité. Ce mouvement d'humanité si naturel de sa part méritait aussi sa récompense, et l'*Héroïne* arrive à propos pour partager la noble tâche du capitaine Ligier.

Les secours de l'*Héroïne*, offerts aux capitaines et aux équipages naufragés, ont été acceptés avec reconnaissance. Il a été décidé que les deux capitaines et 23 hommes passeraient sur la corvette ; 4 ou 5 passeront à bord du paquebot bordelais lorsqu'il se rendra au cap de Bonne-Espérance, au mois de mars prochain, et 6 ou 7 resteront sur l'île, avec les vivres sauvés, jusqu'à l'année prochaine. Ils y pêcheront pour le compte du capitaine de l'*Atlas* qui viendra les reprendre avec un nouveau navire. Mais le capitaine Barnum, reconnaissant des procédés du capitaine Ligier, défend à ses hommes de tuer un seul éléphant de mer, tant que le paquebot sera dans la baie.

La baie présentait un spectacle vraiment extraordinaire. L'esprit était frappé de l'aspect de ces montagnes sauvages, couronnées de neiges éternelles, et dont les flancs dénudés ne présentent d'autre végétation que dés-mousses d'un vert jaunâtre et d'un ton gris brun, à travers lesquelles percent les pointes des rochers noirs ; de ces débris du naufrage de deux navires épars sur cette plage déserte. Au milieu de cette destruction, on voit une goëlette en construction, prête elle-même à être lancée sur ces mers orageuses. Non loin de là paraît une maison improvisée par les naufragés, et où la hiérarchie sociale se trouve établie comme dans un pays européen : ici, la chambre du capitaine et des officiers, là celle des matelots, toutes deux aussi bien distribuées que les circonstances l'ont permis et peut-être beaucoup plus confortables que beaucoup de nos chaumières bretonnes.

Devant cette maison s'élève un espars portant à son extrémité supérieure un lambeau d'étamine où l'on reconnaît l'étoile américaine : la patrie a passé du navire sur le rocher. A côté, les ruines d'une case, restes d'un ancien bâtiment abandonné, relevées et transformées en cuisine ; au milieu de la baie, le paquebot bordelais occupant audacieusement cette place, il y a quelques jours si désastreuse ; et toute cette scène si sauvage, naguère si silencieuse, animée aujourd'hui par la présence de 300 hommes, occupés bruyamment de travaux divers, comme sur le port d'une ville de commerce.

En recueillant la majeure partie des naufragés à bord de l'*Héroïne*, je ne devais pas oublier que j'avais une longue croisière à faire avant d'arriver à Hobart-Town. Je dus donc chercher à faire le plus d'eau qu'il m'était possible et mon grand canot en fit un chargement. Le lendemain, grâce à l'activité des officiers, je complétai non-seulement toute l'eau de la corvette, mais j'en remplis encore douze pièces sauvées du naufrage que je plaçai dans la batterie, entre les postes de canon.

Je suis sous voile à huit heures du soir. Tout était en bon ordre à bord du paquebot bordelais. Le capitaine Ligier, resté seul sur ces îles par l'effet du naufrage des deux bâtiments américains, a toutes les chances de faire une prompte et abondante pêche. J'ai remis à ce capitaine une barrique d'eau-de-vie, et un peu de salaison dont il avait besoin.

Je dirige la corvette vers le nord, où j'espère trouver nos pêcheurs, entre 34 et 38° de latitude sud, et 74° de longitude est.

1837

Une affaire de piraterie.

MM. Michel Marsaud et Cie, de Bordeaux, armateurs du navire l'*Alexandre*, du port de 295 tonneaux, l'expédièrent en juin 1837 pour Batavia.

L'équipage était composé de dix-sept hommes. Louis Bouët, dit Dubois, qui, depuis longtemps, jouissait de la confiance de ses armateurs, et la méritait à tous égards, était le capitaine; Benoît Marsaud, cousin de Michel Marsaud, commandait en second le navire. Aucune mésintelligence n'éclata entre eux pendant la traversée, et l'*Alexandre* arriva à Batavia le 2 octobre. Le 29, il en partit pour compléter son chargement à Samarang, d'où il appareilla le 15 novembre, avec une cargaison d'environ 600,000 francs de valeur.

Huit ou dix jours furent employés à passer le détroit de la Sonde. Enfin on gagna la pleine mer, et le 27 novembre 1837 les premiers rayons du soleil éclairèrent l'épouvantable drame que nous allons essayer de raconter.

L'infortuné Bouët, capitaine du navire, prit le quart à quatre heures du matin. Une demi-heure après, il appela le cuisinier Leclair, et lui donna ordre de faire le thé. Celui-ci se rendit à sa cuisine, et il en sortit bientôt pour prendre de l'eau au charnier. Au même moment, plusieurs hommes de l'équipage se portèrent sur le pont. Un grand bruit se fit entendre, et le capitaine fut saisi à l'improviste et jeté à la mer. C'était un coup monté : le maître d'équipage, André, qui venait d'être témoin de l'attentat, descendit précipitamment pour chercher main-forte. Il trouva la cabine du lieutenant Morpain barricadée : il l'ouvrit, s'empara d'un couteau et annonça à Morpain que le capitaine venait d'être tué. Le lieutenant s'arma d'une barre de sabord, et tous deux montèrent sur le pont. Un instant auparavant, un coup de pistolet avait été tiré, et le tumulte paraissait à son comble ; le lieutenant s'approcha de la dunette et demanda à Marsaud où était le capitaine ; la même question fut adressée en même temps à Marsaud par le mousse Bally, qui le prit par le pan de sa capote. Marsaud, sans rien répondre, écarta le mousse, saisit Morpain par les reins et le jeta par-dessus le bord, avec l'aide des matelots Audrezet, Sandey et de l'Anglais Gording. Le lieutenant ne tomba pas de suite à la mer : il s'accrocha des pieds et des mains au plat-bord, mais Marsaud lui fit lâcher prise, et le malheureux fut bientôt englouti.

Les assassins se portèrent immédiatement du côté de tribord, se saisirent du matelot Bertrand Andouy, qui faisait quelque résistance, l'entraînèrent violemment sur l'arrière et le jetèrent à la mer du haut de la dunette.

Le maître André accourut armé de son couteau ; une lutte affreuse s'engagea entre lui et les assassins du capitaine, Gording l'assommait à coups de crosse de pistolet, un autre le piquait avec un orin, Andre-

zet et Sandey prêtaient main-forte et ne tardèrent
pas à mettre André hors de combat; il réussit à blesser un de ses bourreaux. Quand il vit couler le sang
de Sandey: — Maintenant, s'écria-t-il, vous pouvez me
jeter à l'eau. Ses vœux furent bientôt exaucés. Gording lui arracha son couteau et le précipita dans la
mer.

Après ce quatrième meurtre, Gording courut sur
l'avant et cria d'une voix forte à ceux qui se trouvaient dans le poste : — Allons, vous autres, montez !
Le novice Dosset monta, et Gording le conduisit à
l'arrière pour le jeter par-dessus le bord; ce jeune
homme se prosterna à genoux, lui demanda grâce,
offrit une obligation de 20,000 francs à ses bourreaux,
supplia de lui laisser le temps d'écrire à sa famille.
— Non ! non ! répondit Marsaud; et, malgré le désespoir de cet enfant, Gording et Audrezet le lancèrent
dans les flots, où il disparut sans faire un mouvement.

Ces horribles exécuteurs se dirigèrent ensuite vers
Lemoine, autre enfant de dix-sept ans, qui implora
la pitié de Marsaud, en disant qu'il n'avait rien
fait. Quelques mots s'échangèrent alors en anglais
entre Marsaud et Gording. Lemoine fut épargné pour
cette fois.

Il était temps de prendre haleine; Marsaud ordonna qu'on servît le thé; on y mit beaucoup d'eau-
de-vie. On était descendu à la chambre, chacun se
vantait de ce qu'il venait de faire. Là, on apprit que
c'était Marsaud, Audrezet et Gording, qui avaient
pris le capitaine sur la dunette, et qui l'avaient jeté à
la mer ; que le capitaine en tombant s'était accroché à un montant de tente, et que, pendant que

Marsaud lui détachait les mains, il l'appelait à son secours, en lui disant : *Marsaud, ce sont mes mains que tu largues;* qu'enfin, c'était Raymond, novice de dix-neuf ans, qui avait tiré le coup de pistolet sur le maître André, au moment où celui-ci descendait dans la chambre et venait délivrer le lieutenant Morpain.

Le 2 décembre, le navire l'*Alexandre* éprouva un coup de vent. Ses voiles furent défoncées ou emportées. Le navire ne gouvernait que difficilement. Une grande quantité d'eau avait pénétré par la chambre et les sabords et causé des avaries à la cargaison. Pour faciliter la manœuvre, il fallut jeter à la mer des cafés et de l'étain.

Cet événement fournit à Marsaud le moyen d'expliquer plus tard la mort des hommes jetés à la mer le 27 novembre. Il fut ainsi convenu qu'on pourrait dénaturer et exagérer ces faits.

Mais ils ne se décidèrent à rédiger l'acte de décès des hommes assassinés qu'après avoir commis un nouveau crime sur la personne du jeune Lemoine, victime réservée. Le 5 décembre, vers les sept heures du soir, cet infortuné jeune homme, qui avait toujours les yeux pleins de larmes, était dans la chambre avec Leclair, Bailly et le blessé Sandey, lorsque Marsaud l'appela, le fit monter sur le pont et lui ordonna de retirer la barre d'anspect qui était sur la dunette. Mais au moment où le malheureux enfant se baisse pour obéir à Marsaud, il est saisi par Gording qui le précipite dans la mer.

C'est alors seulement que fut dressé par Marsaud l'espèce de procès-verbal qui attribue à un coup de mer du 2 décembre la mort des six hommes assassinés.

Le lendemain, 6 décembre, l'horrible Gording dut subir la peine du talion. Il avait manifesté l'intention de réduire l'équipage à trois personnes, savoir : lui Gording, Marsaud et Andrezet ; mais ses complices le prévinrent. En le faisant boire plus qu'à l'ordinaire un mélange de vin et d'eau-de-vie, ils rendirent plus facile l'accomplissement de leur dessein. Vers le soir Marsaud commanda une manœuvre, et pendant qu'il l'exécutait, le matelot Lagardère et lui forcèrent Gording à lâcher prise et à tomber à l'eau en dehors du couronnement. Cet Anglais nageait à merveille ; il supplia de lui faire grâce, en criant : *Marsaud ! Marsaud ! je ne boirai plus.* Mais il ne put atteindre le navire et il disparut à son tour sous les flots.

Le même jour et avant la mort de Gording, Marsaud et Raymond coupèrent le grand mât de l'*Alexandre*, sans autre nécessité que celle de simuler des avaries, pour justifier le procès-verbal mensonger du 2 décembre. Quelques jours après, Marsaud fit ouvrir, dans la même intention, une voie d'eau à babord, au-dessous de la ligne de flottaison. Il fit aussi jeter à la mer ou endommager quelques objets mentionnés comme avariés ou perdus.

Aussitôt après l'assassinat des premières victimes, leurs dépouilles et les effets à leur usage furent distribués à ceux qui avaient pris une part active aux attentats. Marsaud prit le commandement du navire et le novice Raymond devint son lieutenant.

Mais à la vue de l'île Maurice, où il y avait nécessité de relâcher pour réparer les avaries faites, Marsaud jugea prudent de remettre dans les sacs des hommes assassinés une partie de leurs effets, afin de pouvoir au besoin représenter leurs inventaires.

Toutes ces précautions prises, le navire l'*Alexandre* arriva à Maurice le 15 décembre. Le lendemain, les actes de décès furent fabriqués, et on les soumit au vice-consul de Port-Louis qui les visa sans difficulté.

Là, le navire fut réparé : les dépenses s'élevèrent à 75.000 francs. Un emprunt à la grosse fut contracté. Une partie de la cargaison fut vendue au préjudice des armateurs et en fraude des droits de douanes, de compte à demi et d'intelligence avec les employés de l'administration. Enfin Marsaud obtint du vice-consul un supplément d'équipage, et fit passer par-dessus le bord trois Anglais déserteurs, un Américain et deux femmes de couleur, au nombre desquelles était **Adeline Paris**, qui est venue le rejoindre à Brest.

L'*Alexandre* quitta Maurice avec ses papiers de bord visés pour Bordeaux. Mais Marsaud fit effacer sur le rôle le mot Bordeaux et substituer par **Raymond**, à ce mot, ceux de Boston et autre port. Il se dirigea vers Newport où, espérant ne pas trouver de consul, il pensait pouvoir se défaire plus facilement de sa cargaison et de son navire.

Le 20 mai 1838, il mouilla devant cette ville. Là, contre son attente, Marsaud trouve, dans la personne de M. Gouraud, un vice-consul plein d'intelligence, de courage et d'énergie, sans lequel tous les crimes qui viennent d'être racontés fussent demeurés inconnus et impunis.

Cet agent consulaire apprit à la douane que **Marsaud** n'avait ni manifeste, ni acte de francisation, et des bruits sinistres coururent aussitôt sur son compte. M. Gouraud, ne le voyant pas venir à son consulat, alla au-devant de lui et lui demanda ses papiers. Dès qu'il les vit, il reconnut que le rôle avait été falsifié.

Marsaud voulut partir aussitôt pour Boston. Le vice-consul s'y opposa et obtint qu'une goëlette américaine fut embossée près de l'*Alexandre*, pour rendre impossible le départ de ce navire. Marsaud l'accabla d'injures et de menaces de mort. A l'occasion de ces menaces, le vice-consul obtint contre Marsaud un ordre d'arrestation, et saisit son navire au nom du roi. La fille Paris, sous prétexte de chercher à bord quelques effets à l'usage de Marsaud, emporta de sa chambre un sac d'or du poids de 45 à 50 livres, et deux boîtes de diamants d'une valeur de 25 à 30,000 francs ; mais elle les confia à un Hollandais nommé Seyler qui faillit en dépouiller Marsaud.

Poursuivi à temps, il restitua l'or, mais il remit les diamants à la douane, espérant en avoir la moitié comme dénonciateur ; et par ce moyen, grâce aux soins de M. Gouraud, les diamants ont été conservés pour les héritiers du capitaine Bouët, qui en était propriétaire.

Le 4 juin, M. Casy, commandant du vaisseau l'*Hercule* arriva à Newport. Il fit sommation à Marsaud et à son équipage de rejoindre leur bord pour retourner en France. Marsaud refusa en se faisant retenir en prison pour une prétendue dette envers le geôlier ou ses avocats ; et, pour sauver l'*Alexandre* et sa cargaison, M. Casy en donna le commandement à son neveu qui le ramena à Bordeaux et en fit la remise aux armateurs.

Dès que l'*Hercule* fut parti, les complices de Marsaud, détenus pour dettes imaginaires, furent remis en liberté et se rendirent à New-York, où on eût pu les faire arrêter comme déserteurs ; mais à cette époque, la France n'avait dans ce port aucun bâtiment de guerre. Il fallut donc attendre, et pendant ce temps Sandey, Andrezet, Lagardère et Vallée, matelots de l'*Alexandre*, disparurent.

Marsaud, qui avait été mis en liberté sous la prévention de piraterie dirigée contre lui, par suite de l'incompétence déclarée par le juge du district de Providence, mais qui était toujours détenu, faute de caution, sur la demande que le vice-consul avait imaginé d'intenter contre lui en paiement d'une somme de 130,000 francs, faisait aussi des efforts pour s'évader. Raymond lui avait acheté une embarcation pour l'enlever à Newport.

Ces tentatives échouèrent. Raymond et les deux mulâtresses se rejoignirent à New-York. C'est alors que la frégate la *Didon*, commandée par M. La Grandais, arriva sur rade. Marsaud, libéré de l'action civile qui le retenait à Newport, se rendit auprès de Raymond. M. le comte de Laforest, consul général, ne perdit pas un instant, et obtint un mandat d'amener contre Marsaud, Raymond et Bally, qui, conduits aussitôt à bord de la *Didon*, furent plus tard transférés sur la *Bergère*, qui les a déposés enfin dans la maison d'arrêt du port de Brest.

Tels sont les faits à raison desquels une accusation capitale est portée contre Benoît Marsaud, âgé de vingt et un ans, et Jean Raymond, âgé de trente-deux ans.

Marsaud est un homme de haute stature ; sa figure exprime une fierté farouche ; son attitude est raide ; son teint est jaune et cuivré ; d'épais favoris noirs entourent son visage ; ses sourcils sont larges et bien arqués. Un de ses yeux est beaucoup plus grand que l'autre et porte une large taie. Il s'exprime avec facilité et joint un geste énergique à sa diction.

Dans l'information écrite, il a tout nié. Aujourd'hui il change complétement de système; il avoue les assassinats, les vols, les faux commis, mais il dit n'avoir été que l'instrument des chefs du complot. On l'a chargé de tuer Gording, et Gording est le seul qu'il ait jeté à l'eau. Raymond a dirigé tout le reste. Raymond, ajoute-t-il, ne dira pas le contraire devant moi, c'est lui qui, étant de quart avec le capitaine, vint me dire : Levez-vous vite, les matelots se révoltent. Je l'ai vu courir sur le maître avec un pistolet. Bellegon avait aussi un pistolet. Gording et Andrezet le secondaient; c'étaient des hommes de force athlétique, et ils m'avaient inspiré une telle terreur, que, dans la crainte d'être moi-même leur victime, après les avoir vu jeter à la mer les six premiers hommes, je me décidai à leur donner un gage de mon alliance, en consentant à participer moi-même au meurtre du matelot anglais Gording. C'était le plus redoutable de tous. Raymond nous dit : Je vais prendre un bon moyen pour nous en défaire; et il fut chercher de l'eau-de-vie.

Marsaud ajoute qu'après la mort de Gording, il fut résolu de partager, entre l'équipage, le navire et la cargaison. Il y eut plusieurs débats sur le règlement des parts; chacun voulait avoir 30,000 francs. Raymond exigeait 50,000 francs. Tous avaient arrêté que la vente se ferait en fraude des lois. Aussi, à Maurice, tout le monde s'occupait de cette vente, le cuisinier lui-même; et l'argent était remis à Marsaud.

Raymond est d'une taille ordinaire ; ses traits sont doux et calmes ; ses grands yeux noirs sont baissés ; sa figure est pâle et maigre ; il s'avance d'un air modeste, il est vêtu d'une redingote bleue.

L'accusé persiste dans son premier interrogatoire.
Il présente les faits comme il les a déjà racontés à
M. le commissaire rapporteur. Il entre dans tous les
détails des crimes; il avoue avoir tiré le coup de pistolet, mais c'est Marsaud qui lui a commandé d'agir,
et il a tiré de manière à ne pas atteindre le maître.
Il n'a pris part à aucun des assassinats; toutefois, pour
ne pas être sacrifié lui-même, il a fait tout ce que lui
a prescrit Marsaud. C'est ainsi qu'il l'a aidé à couper
le mât d'artimon, qu'il a percé le navire pour prati-
quer une voie d'eau. qu'il a falsifié le rôle, etc. Du
reste, le récit de Raymond concorde presque en tous
points avec les déclarations écrites du mousse Bally
et du cuisinier Leclair.

1838

Massacre de l'équipage du *Jean-Bart*.

La corvette l'*Héroïne*, commandée par M. Cécille, capitaine de vaisseau, et qui avait appareillé de la Baie des Iles, le 20 mai dernier, a jeté l'ancre dans celle d'Akaroa, le 8 juin.

Quatre navires baleiniers français, le *Nil*, le *Gustave*, le *Cosmopolite* et le *Gange*, s'y trouvaient en ce moment mouillés. Deux autres, l'*Adèle* et la *Pauline*, pêchaient dans la petite baie de Pireka, et le *Cachalot*, l'*Asia*, l'*Angeline*, le *Souvenir* et la *Dunkerquoise*, étaient à Port-Cooper.

Le premier soin de M. Cécille fut de faire connaître aux capitaines de ces navires l'arrivée de la corvette et de leur offrir les secours dont ils pouvaient avoir besoin. Il employa le temps du séjour que la corvette fit à la presqu'île de Banch, à visiter les différentes localités où se faisait la pêche, et il s'assura qu'elle avait eu, pour la majeure partie des navires baleiniers qui s'y étaient adonnés, de bons résultats.

Déjà même l'*Élisabeth* avait fait route pour rentrer en France, et M. Cécille apprit que le *Faune* était parti d'Otago, ayant 2,400 barils d'huile à bord.

Cet officier supérieur usa de son autorité pour
rétablir l'ordre à bord de deux navires où quelques
symptômes d'insubordination s'étaient manifestés,
et il se rendit à Tokolabo pour réclamer six déserteurs français faisant partie des équipages baleiniers,
et qui avaient trouvé un refuge à bord du trois-mâts
américain *Bowditch*. Vingt et un navires baleiniers
avaient fait la même route que l'*Héroïne*; et déjà à
cette époque, M. le capitaine Cécille en avait rencontré seize. Il avait trouvé le *Cousin* à Cloude-Bay;
la *Manche* et le *Jean-Bart* à la Baie des Iles, d'où il
devait faire route pour Otaïti vers le commencement
de septembre. Il apprit là par le baleinier américain
Rebecca-Sims, que l'équipage du *Jean-Bart* avait
été massacré à l'île Chatam. Accompagné du baleinier français l'*Adèle*, capitaine Walch, et de la
Rebecca-Sims, il se rendit immédiatement à Chatam.
Les trois navires entrèrent dans la grande baie de
l'île, le 17 octobre; vingt hommes de la corvette,
commandés par un officier, passèrent sur chacun
des deux baleiniers; ils eurent ordre de se tenir
cachés, et de faire prisonniers tous les insulaires
que les capitaines pourraient attirer à leur bord par
l'appât du commerce. Les deux baleiniers se rendirent au mouillage et la corvette reprit le large
afin de ne pas donner des soupçons aux habitants;
elle ne devait rentrer que le lendemain dans l'après-
midi. Le but du commandant Cécille était de prendre
quelques chefs, afin d'avoir des otages qui lui ré-
pondissent des Français qui étaient restés dans l'île,
et diminuer d'autant le nombre d'hommes qu'il
aurait à combattre à terre. Mais la défiance des
Zélandais empêcha ce plan de réussir : personne

ne voulut aller à bord, à moins qu'on ne laissât des otages à terre.

Cependant le capitaine américain Rey parvint à attirer à son bord le chef de la tribu, sa femme, deux hommes, quatre jeunes femmes, et l'Anglais Coffec, marié avec l'une de ces femmes. Il était alors huit heures du matin; à midi, tous voulurent absolument retourner à terre; comme il n'y avait pas de chances d'en attirer d'autres avant l'arrivée de la corvette, on les arrêta. Dans le tumulte que cette arrestation occasionna, la femme du chef parvint à s'échapper et à se jeter à la mer. Elle gagnait la terre à la nage, quand un matelot l'aperçut, et, la prenant pour un homme qui se sauvait, la tua d'un coup de fusil. Le coup de feu sonna l'éveil; déjà beaucoup de naturels, inquiets de l'absence de leur chef, s'étaient répandus, en armes, dans les buissons d'un monticule qui est près du mouillage. Ils commencèrent aussitôt un feu de mousqueterie sur les navires, qui dura une heure et demie; beaucoup de balles arrivèrent à bord, percèrent les pirogues, mais personne ne fut atteint. Le capitaine Walch fit cesser le feu en lançant quelques boulets sur la hauteur.

La corvette arriva à trois heures après midi, les prisonniers furent envoyés à son bord. Le lendemain, cent hommes descendirent pour combattre les insulaires, mais tous s'étaient sauvés dans les bois, où il fut impossible de les atteindre. Les habitations ont été détruites par le feu, ainsi que sept pirogues. A quatre heures après midi, il ne restait plus que des cendres de tout cet établissement, dont l'étendue pouvait avoir un quart de lieue. On a trouvé dans les *pas* une grande quantité de pommes de terre et de cochons. Tout a été recueilli.

L'incendie de leur village et le pillage des provisions ont été les représailles de l'incendie du *Jean-Bart* et du pillage de ce navire.

On s'attendait à ce que le chef et ses deux compagnons seraient fusillés ; le commandant a pensé qu'on obtiendrait un meilleur résultat en les conduisant en France, où, après les avoir retenus quelque temps, et leur avoir fait juger par eux-mêmes combien la nation est puissante, et avec quelle facilité elle pourrait les détruire tous, on pourrait les renvoyer dans leur pays avec de nouvelles idées ; peut-être commenceront-elles la civilisation de ce peuple.

Eïtonna, c'est le nom de ce chef, est résigné ; il a, par l'entremise des femmes qui ont été renvoyées à terre, donné de sages conseils aux hommes de sa tribu ; il les a engagés à bien recevoir les étrangers, à les traiter en amis, et à ne jamais les tuer quand ils auraient à se plaindre d'eux mais plutôt à les garder prisonniers, afin de les représenter si on venait les réclamer, et demander justice aux chefs. En général Eïtonna a intéressé à son sort ; il nie avoir pris part au massacre des Français, et il assure que deux seulement ont été tués, que tous les autres se sont sauvés dans les pirogues, tandis qu'il y a eu vingt-neuf Zélandais de tués par eux et vingt blessés. Mais il ne faut aucunement se fier à la véracité de ces sauvages.

Le commandant Cécille, après avoir visité l'île de Pitts, crut comprendre par le récit des insulaires qu'une partie de l'équipage du *Jean-Bart* s'était ré-

fugiée dans une île voisine. M. Cécille parcourut
l'île désignée, sans y trouver aucun habitant; il retourna à l'île Chatam et détruisit un second village
situé sur la rive opposée de la baie, en faisant mettre
le feu aux maisons et en rasant les petites fortifica-
tions qui l'entouraient, mais il ne put faire aucun
prisonnier dans cette seconde expédition, car tous
les habitants s'étaient enfui dans des bois d'où il
serait devenu impossible de les débusquer.

1838

Naufrage du *Courrier de la Vera-Cruz*, **au cap des Florides.**

Le 6 septembre 1838, écrit l'un des passagers, M. A. Poullain, dont nous abrégeons notablement le récit, nous quittâmes le port de la Havane par le plus beau temps du monde. Nous faisions voile pour Bordeaux. Le *Courrier* avait à son bord neuf hommes d'équipage et sept passagers. Par une petite brise de terre, nous côtoyions à distance l'île de Cuba, délicieux jardin jeté sur les eaux par la main de la Providence.

Arrivé à la hauteur du fort Morro, notre modeste bateau fit le salut d'usage, auquel le bronze imposant du fort répondit par plusieurs détonations que multipliait l'écho du rivage. Bientôt nous cinglons, vent arrière, et nous saluons d'un dernier regard la terre de Cuba.

Au zénith pas le plus petit flocon nébuleux. L'horizon est du plus fin azur ; la mer, un peu festonnée à sa surface, annonce le mouvement et la vie. Il vente bon frais. Tout nous promet la plus heureuse traversée.

Le bâtiment file environ six nœuds. A l'arrière, le capitaine et les passagers, assis sur le banc de quart, se laissent aller en délicieuses causeries qu'ils interrompent parfois pour suivre dans l'air la bouffée de fumée qui s'échappe de leur bouche, et s'abandonner aux douceurs du *far-niente*. A l'avant, le matelot joue et rit à pleine gorge, ou couché sur le pont, laisse voguer sa pensée comme le flot qui la berce. Ainsi s'achevait une de ces bonnes journées que l'on goûte quelquefois dans la vie du marin.

Cependant, au dire de notre maître d'équipage (il était connu sous le sobriquet de Sabord), le coucher du soleil n'avait pas été aussi beau qu'on eût pu le souhaiter. Il avait remarqué que les derniers rayons avaient une teinte plus rougeâtre que de coutume, ce qui, selon lui, était dans ces contrées un présage presque infaillible de gros temps. D'ailleurs il était persuadé que toutes les fois qu'un navire perd son capitaine, il y a toujours du guignon à bord — et le capitaine du *Courrier* était mort au moment de s'embarquer et avait été remplacé par le second. — Oui, s'écria Sabord en se frappant le front, quelque chose me dit que nous ne sommes pas débouqués de cette chienne de mer.

Ces paroles, prononcées avec l'accent de la conviction, firent impression sur l'esprit superstitieux des matelots. Toutefois nous atteignîmes minuit sans encombre.

Passagers et matelots, tous reposent en sécurité, malgré les oracles de Sabord, quand tout à coup l'homme de quart crie : — Un grain! Au même instant le maître d'équipage, qui n'avait pu dormir, tourmenté qu'il était par l'idée de quelque sinistre, saute sur le pont, avertit le capitaine et fait carguer les voiles.

Ce n'était là qu'un signal d'avertissement. Ce grain est suivi d'un second qui sévit avec plus de violence. Le ciel se couvre d'épais nuages, que déchire parfois la bourrasque et qui laissent voir à travers leurs flancs entr'ouverts quelques rares étoiles, comme des paillettes d'or semées sur un crêpe funèbre. La rafale siffle dans les cordages et les voiles à demi carguées. La mer bat les flancs du navire et fait voler des flocons d'écume, qui courent le long des bords comme un flambeau phosphorescent, à la lueur incertaine duquel nous apercevons tout à tour l'abîme qui peut nous engloutir et la montagne mobile qui menace de nous entraîner dans sa chute roulante. Le capitaine fit mettre à la cape.

L'embarras devint encore plus grand. Le bruit des manœuvres, les secousses du bâtiment avaient éveillé en sursaut les passagers dans leur cabine. Ils se lèvent en désordre, dans un accoutrement qui ferait rire en tout autre occasion, mais qui est effrayant dans celle-ci. Ils courent, s'agitent en tous sens, crient, pleurent, s'enquièrent au capitaine, aux matelots du danger qui les menace. Et le capitaine et les braves marins ne répondent à ce tumulte que par un héroïque sang-froid et des manœuvres habilement exécutées.

Nous fûmes pendant trois mortelles heures ballottés par cette horrible tourmente. Enfin, vers le déclin de la nuit, il vint une accalmie. L'épais rideau du ciel se déchira et nous vîmes apparaître le jour avec un sentiment de joie inexprimable. Nous nous crûmes sauvés. Cependant la houle s'agitait encore à la surface, ce qui arrive toujours après la tempête, mais au lever du soleil, la nature s'est rassérénée.

Hélas! nous étions trop près de l'équinoxe pour oser nous flatter de sortir sans encombre du canal de Bahama. Nous fûmes encore confirmés dans cette opinion par un augure qui ne ment jamais. Des oiseaux vinrent se reposer sur les vergues et les cordages de notre navire. Fatigués par la tempête et prévoyant, par instinct, qu'il leur faudrait essuyer encore l'orage avant d'arriver à la terre, ils venaient nous demander l'hospitalité.

Leur instinct ne les trompait pas. Dans l'après-midi les eaux commencent à moutonner, la lame devient plus courte et clapoteuse. La figure des matelots se rembrunit, et maître Sabord, l'œil fixé à l'horizon, hoche lentement la tête, interroge du regard le capitaine qui l'a trop bien compris.

Nous étions alors au vendredi soir. Les matelots avaient à peine eu le temps de réparer les désastres de la nuit passée qu'il faut se préparer à essuyer les caprices de celle qui va commencer. Elle se passa tout entière pour l'équipage en pénibles manœuvres, pour les passagers à prier, gémir et pleurer.

Grâce aux savantes manœuvres du capitaine et à l'intrépidité de Sabord qui n'abandonna pas la barre un seul instant, nous revîmes le jour. Mais cette fois il n'y eut pas de trêve avec les éléments. La mer était toujours furieuse. Durant cette lutte à outrance, notre bâtiment avait horriblement souffert. Il avait perdu son foc et son hunier. Les coutures de sa coque s'étaient un peu lâchées; elle faisait eau. Comme la brume était assez épaisse, il était difficile de savoir exactement par quel degré nous nous trouvions. C'était un sujet de contestation entre le capitaine et le second. Sabord confessait ingénument qu'il avait perdu la tramontane, que les vents affolés de la nuit lui avaient fait faire tant d'évolutions qu'il ne savait plus par quelle aire il gouvernait.

Tout cela n'était guère rassurant pour nous, mais les émotions de la nuit nous avaient épuisés, les dangers étaient moins imminents, nous n'avions plus guère que de l'indifférence. Cet état de torpeur ne fut pas de longue durée. Sur les six heures du matin, on entendit crier : Terre. Ce cri d'alarme fut pour nous presque une voix de délivrance. Plus de mer ! la terre, oui la terre, à quelque prix que ce soit.

Le capitaine braqua aussitôt sa longue vue. C'étaient les Florides. D'un brusque mouvement, sans tenir compte de nos exclamations, il commanda de virer de bord. Le bâtiment, emporté par une grande vitesse, n'obéit pas à l'évolution. Son petit hunier resta quelque temps masqué ; ne sentant plus son gouvernail, il demeura en butte aux caprices des vagues qui viennent se briser contre son étrave et inonder son gaillard d'avant. Il cula à une assez grande distance et il allait infailliblement talonner sur les bas-fonds qui se trouvent à la pointe des Florides, quand le capitaine fit amarrer la grande voile pour le remettre en aire.

Un moment incertain, comme un cheval que son cavalier rompt trop rapidement dans une volte, il reprend son allure et nous gagnons le large. Mais le *Courrier*, tout bon voilier qu'il est, ne peut résister à tant d'assauts. La voie d'eau devient plus abondante et les pompes jouent en permanence. Les matelots, déjà exténués de fatigue, n'ont même pas le temps de prendre un peu de nourriture. Ils avalent à la hâte quelques verres de tafia que leur sert le mousse du bord. Pour comble de malheur, le flot grossit toujours. La vague, en déferlant, vient d'enlever la claire-voie de l'arrière et d'inonder les passagers dans la chambre, et ce n'est encore là que le prologue de cette nuit de deuil qui va se dérouler en affreuses péripéties.

Le jour tombait triste et sombre. L'ouragan se levait avec le soir. Un morne silence gagne par tout le navire. Le plus profond désespoir règne dans tous les cœurs. Au milieu de la consternation générale, le capitaine Julian, après un instant de réflexion, releva brusquement la tête et d'un ton d'inspiré nous dit :
— Mes amis, du courage. Le danger n'est pas aussi grand que vous le faites. Celui qui nous a sauvés durant deux nuits nous sauvera encore la troisième.

Puis il fait mettre la barre au vent pour soulager le bâtiment qui ne peut plus tenir à la cape. Les marins savent combien cette manœuvre est périlleuse et combien de dangers l'on court sous cette aventureuse allure.

Le capitaine a choisi le moment où les lames paraissent rouler avec moins de furie. Le foc est hissé. Le vent frappe la voile qu'on lui présente, l'enfle, la tord avec rage. La toile violemment froissée fait entendre d'effrayants claquements. Le foc ne peut longtemps résister à ce délire de la rafale; il se déchire en lambeaux. Mais le navire arrive; le vent le jette loin de son point d'évolution et le pousse sur chacune des lames qui le prend par l'arrière. Cette montagne d'eau qui s'élève jusqu'à la hauteur de ses hunes, menace de l'écraser en s'écroulant. A son approche la poupe se soulève. Le navire, en s'apiquant, va plonger verticalement dans l'abîme où

touche déjà son beaupré ; mais la vague, en déferlant
le long des bords, le relève au passage et va se dérouler au loin devant lui, en creusant un immense sillon.

C'est dans une position aussi délicate que le timonnier tient dans ses mains le sort de l'équipage. Un
coup de barre donné à faux, par la maladresse, la
peur ou quelque distraction, peut mettre le navire
par le travers, le faire sombrer, ou du moins l'exposer à être défoncé par la mer. Toute l'habileté, tout
le sang-froid d'un bon marin sont souvent insuffisants
pour préserver d'un malheur le bâtiment qui fuit
ainsi à mâts et à cordes.

Le capitaine a fait reprendre courage aux matelots.
Il les encourage de la voix et de l'exemple. Il se porte
à l'avant, à l'arrière, il est partout en même temps ;
il se multiplie pour faire face à tout. Son caractère,
ses forces grandissent à la hauteur du péril. On
dirait que le navire a une âme, qu'il se meut par
sa volonté propre, tant il y a d'harmonie dans les
divers mouvements opérés par tant de bras.

Sabord occupait le poste de timonnier. L'œil fixe,
l'oreille attentive au moindre signal, il devance plutôt qu'il ne suit le commandement. Malgré les secousses violentes de la roue, qui lui résiste, il est im-
passible comme le roc. C'est avec effort pourtant
qu'il lutte contre l'indocilité du gouvernail. Le capitaine s'élance à son aide. Au même instant un coup
de vent les prend par le travers et les jette par-dessus
le bord. On entend crier de toutes parts : — Perdus !

La tête tourne à l'équipage. On court à la barre !
on veut mettre la chaloupe à flot pour les sauver !
Mais la première lame va submerger le frêle esquif.
Tout secours est impossible. Il faut laisser périr là

sous les yeux deux hommes qui seuls peuvent sauver la vie de tous. Les matelots demeuraient immobiles dans leur indécision. Cependant, le bâtiment, privé de son pilote, chancelle comme un homme ivre, se couche sur le côté et est sur le point de chavirer. Mais, mon Dieu, soyez béni ! on entend crier : — Sauvés !

Par un de ces hasards qui tiennent du miracle et qui ne sont pourtant pas sans exemple dans l'histoire de la marine, le capitaine et le maître sont rejetés à bord par le ressac de la lame. Sabord en tombant avait eu le bonheur de saisir une drisse, à l'aide de laquelle il s'était tenu dans une position parallèle au navire ; le capitaine s'était accroché à sa jambe ; et cela les sauva tous deux.

Ces hommes intrépides, secouant leur tête inondée d'eau, reprennent leur sang-froid habituel. Mais que peut le courage du marin contre cette conjuration du ciel et des flots. Le *Courrier* ne sent plus le gouvernail. On ne peut parvenir à le remettre d'aplomb sur sa quille ; il bat l'eau de sa mâture. Nous allons périr, lorsqu'une voix crie : — Coupe le grand mât. Tout aussitôt la hache frappe à coups redoublés, et le mât croule avec fracas sur le sabord en entraînant dans sa chute le perroquet et le cacatoès du mât du misaine.

Le vent n'ayant plus de prise, le navire se redresse. Mais il ne lui reste plus que sa misaine. Ainsi désemparé, il est drossé par le vent et nous voguons à l'aventure. N'étant plus soutenu par ses voiles, il fatigue beaucoup dans sa carène ; on ne peut plus franchir les pompes ; nous sommes exposés à couler bas. Dans notre ignorance, nous étions loin de comprendre l'importance de ce danger que le capitaine nous dissimulait de son mieux.

Mais la nuit est ténébreuse. Où sommes-nous ? Nul ne le sait. Tout à coup une forte secousse se fait sentir dans la membrure du bâtiment. Vite la sonde ! il n'y a plus de doute, nous touchons terre.

Le navire était poussé avec tant de force par la lame qu'il labourait la grève en y faisant sa fouille. Un coup de mer des plus violents le soulève encore, il est remis à flot un instant ; mais il retombe de toute sa masse pour ne plus se relever. Les arrimages se sont dérangés dans ce choc, et la cargaison penchant sur un côté, tient le navire sur le flanc. La mer plus furieuse encore vers le rivage où vient expirer sa rage s'acharne sans pitié sur le cadavre de notre malheureux navire. Ses flancs sont en travers et l'eau entre de toutes parts. Il faut fuir. A l'eau la chaloupe et sauvons-nous. Mais les matelots, en coupant avec trop de précipitation les saisines qui la retiennent, la laissent tomber. Elle se brise sur le pont.

Il y eut un moment de silence effrayant. La foudre tombant à nos pieds nous eût causé moins de stupeur que la chute de cette coquille dont nous attendions notre salut. Le coup était trop fort pour qu'il se fît sentir à l'instant même, mais la crise de réaction fut déchirante. Les pleurs, les lamentations, les hurlements de désespoir se mêlent aux râlements de la vague, aux sifflements de la rafale. Un brave matelot se jette à la nage, après s'être attaché à une amarre, pour s'efforcer d'établir un va-et-vient entre le navire et le rivage. Inutiles efforts, les flots le roulent et l'engloutissent. Alors l'hésitation saisit les plus habiles nageurs.

Le navire s'engrave toujours; il sera submergé dans quelques minutes. Que faire? Gagner la terre qui est à peine à une encablure! On peut périr mille fois dans ce court trajet. On entend retentir le cri : — Sauve qui peut! Le capitaine, le maître, les matelots, se jettent à la mer.

J'étais le seul des passagers qui sût nager. J'hésitais encore, retenu par les pleurs et les prières. d'une femme. C'était une jeune veuve qui venait de perdre son mari dans la colonie et s'en retournait en France dans sa famille, avec l'unique fils qui lui restait. Malgré la mélancolique pâleur de son visage, elle était encore jolie, mais elle me parut d'une beauté ravissante. lorsque à genoux sur le tillac, les mains jointes, les yeux levés sur moi, elle me suppliait de sauver au moins son enfant. Le petit avait environ six ans; il se débattait, il criait à fendre le cœur; effrayé, il cachait sa jolie figure rose dans ses petites mains et se tenait fortement appuyé contre sa mère. La pauvre femme s'exhalait en amers regrets et les cris de l'enfant redoublaient avec les sanglots de la mère. Bientôt, elle comprit que mon dévouement serait inutile et pressait son enfant dans de convulsives étreintes, comme pour l'arracher aux flots. — Mourons, dit-elle, puisque Dieu ne veut pas nous sauver.

Je m'élançai à la mer. Je n'entendis plus que le bruit de la vague qui grinçait à mes oreilles, avant de me rouler sur le rivage ; je n'y retrouvai que six de mes compagnons. Nous nous jetâmes dans les bras l'un de l'autre, sans pouvoir proférer une parole. Nous pleurions comme des enfants. La joie d'avoir échappé comme par miracle à une mort certaine, la douleur de n'avoir pu sauver nos malheureux frères, li-

vraient dans nos âmes un étrange combat de sentiments.

La torpeur succéda à ces violentes émotions. Nous
étions restés là immobiles, guettant la vague, plutôt
par instinct que par raison, pour voir si elle nous apporterait quelques malheureux naufragés. Nous attendîmes longtemps en vain. Quelques cris d'alarme
nous arrivaient par intervalles, à demi étouffés par la
tempête ; puis nous n'entendîmes plus rien. Le navire
s'était abîmé.

Quand nous eûmes la certitude que tout espoir
était perdu, il nous fallut songer à chercher un abri
pour passer la nuit. Mais où tourner ses pas, dans
l'obscurité, sur une plage inconnue ! Une pluie froide,
tombant par torrents et chassée par la bourrasque
fouettait impitoyablement nos corps nus et glacés.

Après avoir erré quelque temps, à la grâce de Dieu,
dans le désert, sans rencontrer un seul abri, nous
nous blottîmes derrière une petite dune de sable, en
attendant le jour. Mais le froid devenant plus âpre,
nos membres tremblaient et nos dents claquaient horriblement. Nous serions morts en cet endroit, si nous
ne nous étions imaginés de nous coucher l'un sur l'autre pour nous réchauffer. Nous formâmes trois piles,
côte à côte, chacun passant successivement dessus et
dessous et servant tour à tour de lit et de couvertures. Cet exercice nous sauva.

Enfin le jour attendu avec tant d'impatience se leva
et nous reconnûmes les Florides, que nous avions
fuies la veille.

Notre première pensée fut de nous traîner au rivage pour mesurer l'étendue de notre infortune. La
pluie était apaisée, le vent était calme, et si quelques

débris, qui gisaient dispersés sur la rive, n'avaient attesté une catastrophe récente, on n'eût jamais pu croire à la possibilité d'un naufrage.

Le premier objet qui s'offrit à nos yeux fut le corps du courageux marin qui voulut établir une voie de communication avec la terre. Il était encore attaché à la corde fatale. Notre premier soin fut de l'ensevelir; à défaut d'instruments, nous creusâmes de nos mains sa tombe dans le sable ; nous adressâmes à genoux des prières au ciel, pour le salut de son âme; des larmes sincères furent son oraison funèbre et tout fut consommé.

Un peu plus loin, nous retrouvâmes la dunette, le gouvernail et quelques autres pièces de notre navire. Nos yeux se mouillèrent encore à la vue de ces tristes débris. Nous cherchâmes sans succès les corps des autres naufragés. C'était le dimanche dans la matinée. Nous nous réchauffions au soleil des Florides, dont la douce influence rendit à nos sens quelque vigueur. Alors, pour la première fois depuis plus de vingt-quatre heures d'abstinence absolue, nous sentîmes les aiguillons de la faim. Devant nous l'océan, derrière nous des plaines sans bornes; de quelque côté que nous tournions nos regards, l'œil se perdait dans l'infini, sans rencontrer un objet où il pût se reposer.

Exténués par tant de fatigues et de tribulations, sans aucune arme, il ne nous était pas facile de nous diriger vers l'intérieur des terres. Le capitaine savait qu'il nous fallait plus d'un jour de marche à travers le sable pour arriver dans les savanes et que, là, les arbrisseaux enlacés l'un dans l'autre, les lianes grimpant d'arbre en arbre et formant par leurs guirlandes entremêlées un labyrinthe inextricable, nous ferme-

raient la marche à chaque pas. La plupart d'entre nous
auraient succombé avant d'avoir atteint quelque hutte
de sauvages. D'ailleurs trouverions-nous l'hospitalité
parmi les Indiens restés fort hostiles aux blancs.

La mort se présentait donc encore à nous, mais
cette fois avec toutes les horreurs de la famine. Nous
enviions le sort de ceux qui étaient morts sur le navire. Mais voici Sabord. On dirait que sa figure calme
rayonne d'un reflet de joie. — Sacrebleu, capitaine,
vive la cambuse, cria-t-il.

— Elle est morte aussi, la cambuse, dit le capitaine
en poussant un profond soupir.

— Nom d'une caronade, avant de mourir la vieille a
eu soin de nous laisser par testament une bonne barrique de vin rouge et des raisins secs. Il n'y a pas gras,
mais à la guerre comme à la guerre. Suivez-moi, je
vous invite à déjeuner dans ma case des Florides.

Nous nous précipitons sur ses pas pour profiter de
son heureuse découverte. C'était une minime fraction
de nos provisions, que la mer avait rejetée. Ce repas
tout frugal qu'il était, ranima nos forces.

Le capitaine, en chef prévoyant, posa deux sentinelles à la garde des vivres ; le reste de la troupe le
suivit, en se dirigeant vers l'intérieur.

A peine avions-nous cheminé l'espace d'un quart
d'heure, que nous aperçûmes un homme nu qui semblait fuir. Nous hâtâmes le pas. Voyant que nous ga-
gnions sur lui, il se cacha derrière un monticule de
sable. Nous allâmes à lui. Il se jeta à genoux en demandant grâce en langue espagnole.

Il nous apprit qu'embarqué à bord d'un pêcheur
américain, son bâtiment avait fait côte dans la nuit,
et que, seul de quatorze hommes d'équipage, il avait

été sauvé. Un coup de mer ayant emporté le débris
où il se tenait cramponné, il avait été jeté à terre sur
ce radeau providentiel.

Le malheur rend frères. Nous lui tendîmes la main
qu'il baisa avec transport. Il nous avait pris pour des
Indiens, et il savait qu'ils ne lui feraient aucun quartier. Ce qu'il nous en dit nous enleva l'idée de pousser
plus loin. Nous conduisîmes John — c'était le nom de
notre Américain — à notre poste de ravitaillement.
Il y fit grand honneur, car il se mourait de faim.

Ne sachant plus à quel saint nous vouer, flottant
d'indécision en indécision, nous marchions le long
du rivage, sans but et au hasard. Arrivés à la pointe
des Florides, nous apercevons un petit bâtiment à
demi échoué. C'était une bonne fortune. Nous y re-
cueillîmes quelques vêtements, un grand lambeau de
voile, une barrique d'eau, un peu de légumes et des
instruments de charpentier, dont Sabord eut soin de
s'emparer.

Plus loin, une chaloupe un peu fracassée était à sec
sur le sable. Il nous sembla que c'était là notre salut.
Nous tirons l'épave au sort, et, revêtus l'un d'une
grossière chemise, l'autre d'une casaque, celui-là
d'un cotillon goudronné, nous nous mettons au travail. Sabord, tout à l'heure cambusier est devenu
constructeur.

— Allons, à la besogne, s'écria-t-il. Plantez-moi là
cette perche, puis cette autre, puis ce bout de mât.
Bien! La toile dessus. Et voilà une tente dressée sur
la barque pour nous préserver de l'ardeur du soleil!
Du courage et de la bonne humeur! Toi, effile-moi
ce bout de filasse, ça nous fera de l'étoupe. Toi, arra-
che ces clous, rabote-moi cette planche!

Et tout le chantier travaillait sous ses ordres, et en quelques heures le radoub est achevé.

Durant notre construction, il nous vint un message extraordinaire : c'étaient un petit porc et Courrier, le chien de notre ancien capitaine. Ces pauvres animaux, que nous croyions perdus, attirés sans doute par le bruit du marteau, accoururent vers nous. Courrier se roulait à nos pieds, nous léchait les mains, en poussant des aboiements de joie. Nos caresses ne lui firent pas faute. Quant au porc, ventre affamé n'a pas d'oreilles, nous fûmes insensibles à ses grognements, et sa mort fut résolue à l'unanimité. Sabord l'assomma d'un coup de hache. Avec un verre de télescope, je parvins à allumer des débris de bois. On mit griller l'animal sur ce brasier. Cette carbonade en plein air avait un fumet digne de flatter l'odorat de Brillat-Savarin. Nous la dévorions de l'œil, nous accusions le charbon de lenteur, lorsque John, qui était au guet, poussa un cri d'alarme :

— Des Indiens, là-bas! les voyez-vous accourir. Ils sont une armée !

— A flot! cria le capitaine! Éloignons-nous !

Vite, nous poussons la chaloupe qui repose sur deux morceaux de bois. Mais elle ne roule pas. Nous sommes au moins à cent pas de la mer. Notre tentative est infructueuse.

Les Indiens viennent à nous. Que faire ? — Nous sommes flambés, s'écria Sabord. Mais nous sommes Français. Mourons comme nous sommes. En avant!

Et nous courons au-devant des Indiens. A la distance de vingt pas, nous nous jetons à terre en demandant pitié pour des Français naufragés. Les Indiens étaient cinq, armés jusqu'aux dents. Pour toute réponse, ils arment leurs fusils et nous mettent en joue, et, sans déranger le bout du canon, ils délibèrent sur notre sort. Il est impossible de rendre les transes que nous éprouvâmes pendant les cinq minutes que dura cette cruelle délibération. Enfin, ils mettent la crosse en l'air, en signe de paix, et nous nous relevons pour aller les remercier de la grâce de ne pas nous avoir tués.

Pour nous les rendre favorables, nous leur offrîmes du vin et quelques raisins. Mais dès qu'ils eurent connaissance de nos chétives provisions, ils nous firent comprendre en mauvais espagnol qu'elles leur appartenaient par droit de conquête, et que nous devions nous estimer assez heureux d'avoir la vie sauve. Et, sans vouloir entendre aucune explication, ils nous pillent impitoyablement tous nos vivres. Nous vîmes, à notre grand désappointement, que nous avions des maîtres et non des hôtes.

Le moment eût été mal choisi pour avoir de la fierté. Nous les prions de vouloir bien au moins nous aider à mettre notre chaloupe à la mer; ce que quatre d'entre eux font d'assez mauvaise grâce, tandis que le cinquième garde les armes. Pour nous prouver leur adresse à tirer le fusil, ils ajustent notre pauvre Courrier et l'étendent raide mort, au moment où il s'élançait après nous dans la chaloupe. Puis d'un coup de pied, ils nous poussent au large.

Il nous fallut pourtant endurer toutes ces avanies, car on voyait qu'ils étaient décidés à nous tuer au premier signe de mécontentement. Nous nous éloignâmes donc en silence, en nous donnant bien de garde de faire aucune démonstration.

Lorsque nous fûmes hors de portée de fusil, nous

changeâmes la destination de nos avirons, l'un nous
servit de mâture, l'autre de gouvernail et notre tente
de voile. Sabord exhalait sa fureur contre les Indiens,
en termes dont l'énergie ne peut être racontée. Il se
promettait bien de prendre sa revanche à la première
occasion. Mais en attendant la terre nous est inter-
dite. Il est quatre heures du soir et notre embarcation,
calfatée à la hâte, commence à faire eau.

Nous scrutons des yeux la mer, seul point d'où
puisse nous venir assistance. Nous apercevons, à la
fin, un petit bâtiment pêcheur vers lequel nous faisons voile. Nous lui fîmes longtemps des signaux en
agitant en l'air nos guenilles. Il passa sans nous voir.

Alors le découragement nous prit et nous allâmes
jusqu'à blasphémer le ciel. Mais la douleur physique
nous rendit bientôt au sentiment de l'existence. Le
jour tombait. L'eau pénétrait avec plus d'abondance
dans la chaloupe, il nous fallait l'épuiser, chacun à
notre tour, avec un vieux chaudron qui nous servait
d'écope. Nous roulâmes ainsi la mer, fort avant dans
la nuit. John, qui avait navigué longtemps dans ces parages, était notre pilote. Nous succombions sous le
poids de la fatigue. Malgré les dangers que nous
offrait la terre, nous sentîmes si impérieusement le
besoin de repos que nous abordâmes au cap même
des Florides.

Là, nous descendîmes dans le plus grand silence, et
John nous découvrit une retraite assez avantageuse
où nous nous promettons de rester jusqu'au jour.
Comme nous avions débarqué sur une petite émi-
nence, John nous fit observer qu'au réveil nous pourrions bien trouver notre chaloupe à sec. Force fut donc
d'aller terrir plus loin dans une eau plus profonde.

Notre tente est dressée dans un lieu, cette fois, moins commode, et malgré les tourments de la faim, malgré la piqûre des moustiques et des maringouins, nous cédâmes à l'accablement du sommeil.

Nous reposions à peine depuis une heure que John vient jeter l'alarme parmi nous. Nous entendîmes en nous réveillant un bruit de course précipitée, comme des broussailles craquer sous des pas. Nous pensâmes que c'était un troupeau de bisons effrayés par des serpents. Ce pouvait être aussi des Indiens. Dans une ou l'autre supposition, il n'était pas sûr de demeurer à terre. Nous nous embarquâmes, pour attendre le jour, à quelque distance du rivage. Les pieds dans l'eau jusqu'à la cheville, nous étions occupés à combattre cet ennemi ; sous une autre forme, c'était le supplice de Danaïdes, en sens inverse.

L'étoile du matin se leva dans un ciel pur et nous apparut plus radieuse que jamais. Nous nous mîmes au large. Dès l'aube du jour, nous découvrîmes au fond de l'horizon un petit point blanc, à peu près comme l'aile d'une mouette. A mesure que le ciel s'éclaircit, le point grandit. Pour les uns, c'est une voile, pour d'autres une roche, car nous savions de John que la mer est semée d'écueils vers le cap des Florides. La contestation s'échauffa. Nous avancions toujours. Le lever du soleil vint éclaircir nos doutes et nous mettre d'accord.

C'était, en effet, un navire. Nous nous hâtâmes de le joindre. Arrivés à portée de la voix, nous le hêlâmes de toutes nos forces. Il ne nous fit point de réponse. Comme il avait mis en panne, nous l'approchâmes de plus près. Notre voile amenée, nous lui demandâmes l'hospitalité des naufragés. Le capitaine nous examina quelque temps avec hésitation, et voyant à notre équipage que nous n'étions rien moins que des pirates, il nous fit signe d'accoster.

Autant il avait mis de réflexion à nous recevoir, autant il nous prodigua ensuite d'égards. C'était un Américain nommé Norphée, commandant le sloop *Charles-Premier*. Il nous transporta à Key-West, lieu de son arrivage, où nous trouvâmes le capitaine Rousseau, qui commandait le *Tampico*, en destination pour Bordeaux. Il avait fait des avaries pendant la tempête qui nous avait été si funeste et il avait été obligé de relâcher à Key-West pour se réparer.

Le capitaine Rousseau, en bon compatriote et en vrai marin, fit tout ce qu'il put pour adoucir les rigueurs de notre position. Outre notre santé délabrée et notre moral épuisé, nous étions réduits au plus affreux dénûment. Il nous donna, de sa bourse, les vêtements et la nourriture nécessaires. Il voulut aussi donner un banquet aux autorités en réjouissance de notre sauvetage. Nous y tînmes le principal rôle. Chacun se plaisait à nous faire raconter notre aventure. Je dois le dire, à la louange des habitants de ce petit port qui, marins par état, sont plus vivement touchés des périls de la mer, je vis couler des larmes sur plus d'un visage.

A la fin du repas, les Américains portèrent un toast à notre heureux retour dans notre pays, nous leur répondîmes par un toast à leur hospitalité. On ouvrit en notre faveur une petite souscription dont on partagea le produit entre nous. John s'embarqua sur un bâtiment de sa nation. Il était, lui, en pays de connaissance. Mes six compagnons revinrent en France avec le capitaine Rousseau. Pour moi, je fus forcé de les quitter pour retourner au Havre sur une goëlette américaine.

Notre séparation fut des plus touchantes. L'adversité nous avait unis si étroitement, qu'il semblait que nous dussions toujours vivre ensemble.

Arrivé à la Havane, je fus accueilli avec la plus grande cordialité par plusieurs habitants qui mirent à ma disposition leur maison et leur bourse, et je pris passage sur le *Yucateco*, capitaine Laveau, en partance pour le Havre.

1838

**Épisode de l'expédition des navires l'*Astrolabe* et la
Zélée, commandés par Dumont-d'Urville.**

L'expédition partit de Toulon le 7 septembre 1837.
Après avoir visité le détroit de Magellan, les deux
navires firent route vers l'extrémité orientale de la
Terre des États.

Le 15 janvier 1838, dit le capitaine Dumont-d'Urville, par 59 degrés de latitude et 58 degrés de longitude ouest, on rencontra les premières glaces. Ce
n'étaient encore que deux blocs isolés, dont le plus
gros n'avait pas plus de 200 pieds de longueur, et
environ 80 pieds au-dessus des eaux.

Le 21, on avait atteint le 63ᵉ degré de latitude et
le 48ᵉ degré de longitude ouest.

La zone que nous venions de traverser était par-
semée d'îles flottantes ou montagnes de glace de
grandes dimensions. Les mesures trigonométriques
.donnèrent pour quelques-unes un mille de long et
150 à 200 pieds au-dessus de la mer. Toutes ces
glaces provenaient sans doute des archipels des
Shetland, des Powel, Sandwich, ou des Terres de
Palmer. Le temps fut toujours sombre et froid ; la
mer, battue par les grandes brises du S.-O. et du
N.-O., était très-dure. Des brumes épaisses rendaient

la navigation très-difficile au milieu des îles flottantes qui nous entouraient. Obligés de conserver la *Zélée* à moins d'une encablure de distance, dans la crainte d'une séparation, il fallait à bord des deux corvettes une extrême vigilance et assez de bonheur pour éviter les abordages dans les évolutions qu'exigeaient les sautes de vent, ou l'apparition subite des dangers. Souvent on n'était averti du voisinage des glaces que par le bruit de la vague qui venait s'y briser. Souvent on ne doubla ces écueils de cristal qu'en passant dans la lame qui écumait à leur base. Quelquefois les brumes devinrent si fortes, si durables, que nos jours de vingt heures se convertissaient en une véritable nuit qui cernait notre horizon jusqu'à 25 toises autour du navire. On passa très-près des îles Shetland sans pouvoir distinguer leurs hautes montagnes.

Le 22, le temps fut très-beau et assez doux, quoique le thermomètre marquât zéro dans l'air et dans l'eau. La chaîne d'îles de glaces dont nous étions entourés s'était resserrée. La mer jouissait d'un calme inaccoutumé. Une petite brise d'O. nous poussait au S.-E. sur la route du capitaine Weddell. Nous croyions déjà toucher à ce pôle mystérieux. Cependant les glaces s'épaississaient toujours et formèrent bientôt devant nous une longue traînée qu'il fallut traverser. A deux heures du matin, une vive clarté resplendissait à l'horizon du côté du S.-E.; nous n'étions plus qu'à une heure de la plaine solide, par 63° 50′ de latitude et 47° de longitude. La mer était au loin couverte d'une croûte de glace dont la hauteur au-dessus des eaux était d'environ 4 à 5 pieds. Des blocs immenses, aux formes variées,

nuancés d'un beau vert, d'azur ou de violet, étaient
jetés çà et là sur cette plaine éblouissante. Un archipel d'innombrables îles flottantes nous cernait du
côté du N. et de l'O. Toutes ces masses de cristal
se présentaient à nos yeux enchantés sous la forme
de palais aux flèches élancées. Lorsqu'un léger rideau
de brume amortissait les rayons qui étincelaient sur
la plaine, il nous semblait voir dans un lointain va-
poreux une ville avec ses tours et ses monuments,
une campagne riante avec ses côteaux, ses fermes et
ses ruisseaux. Les jeux de la lumière variaient sans
cesse les illusions de ce panorama.

Mais, lorsque chacun eut fatigué ses yeux à con-
templer tant de splendeur et donné un libre cours à
son enthousiasme plus ou moins poétique, il fallut
bien songer au pôle, où nous attendaient encore de
rares merveilles. On chercha vainement, dans la
plaine, un canal navigable pour gagner au S. On
n'y distinguait que quelques filets d'eau où un canot
n'eût pas facilement évolué. Devant nous s'étendait
une côte de glace qu'on se mit à longer comme un
nouveau continent. On espérait que la banquise, se
reployant vers le S., nous ouvrirait la route du pôle,
mais il n'en fut rien ; c'est en vain qu'on explora tous
les golfes au fond desquels on pouvait supposer un
passage : partout le même rivage, le même labyrinthe d'îles qui nous serrèrent quelquefois de très-
près. La banquise remontait toujours vers le N.

Le 26, le temps se couvrit : une forte brise d'E.
romp't une pointe de la banquise que nous cherchions à doubler. En peu d'instants, les deux corvettes furent cernées par plusieurs files de fragments
en dérive, dont nous eûmes de la peine à nous ga-

rantir. On ne parvint à gagner la mer libre qu'en s'é-
chappant par une passe étroite où il fallut louvoyer
toute la matinée. Le soir, on reconnut les Orkney ou
Fowel. La plaine de glace se termina là en blocs
énormes qui paraissaient fraîchement détachés de la
terre. L'un d'eux, percé de trois arches bordées
de festons et de cannelures transparentes, est posé
sur les eaux comme un arc de triomphe. Il résiste
à la mer, qui en sape la base, sans éprouver d'oscilla-
tion sensible ; mais la lame roulera bientôt les débris
de ce fragile monument.

C'est un bien triste rivage que celui des Orkney,
un vaste pâté de neiges et de glaces où pointent à
peine quelques rochers noirs et pelés.

Après avoir longé la barrière solide qui soudait le
groupe des Orkney aux terres australes de Palmer,
on chercha un passage plus à l'E. entre les Orkney et
les terres de Sandwich.

Le 4 février, nous avions déjà coupé de nouveau,
le 62° parallèle ; les îles flottantes étaient clair-se-
mées et peu volumineuses, les plus grandes attei-
gnaient à peine 30 pieds d'élévation. Nous cinglions
sous le 39° méridien, qui était l'une des routes suivies par Weddel, en 1833. Nous étions pleins d'espoir.

Cependant, à dix heures du matin, la vigie signala
dans le S. une longue traînée de glaçons épars. On
franchit sans difficulté cette faible dérive suivie
de plusieurs files de glaçons spongieux et sans con-
sistance. Nous crûmes n'avoir affaire qu'à la dé-
bâcle de la vieille banquise qui doit, en hiver, cerner
tous les archipels ; mais cette avant-garde des lé-
gions polaires fut bientôt suivie d'un corps d'armée plus compacte. Une ligne étincelante et con-

tinue embrassait l'horizon du S. à l'E., et se perdait
au loin dans la brume ; cette nouvelle barrière semblait néanmoins peu profonde. On crut même apercevoir derrière elle la mer libre. A midi l'*Astrolabe*, suivie de près par sa fidèle conserve la *Zélée*,
donnait hardiment dans cette digue de glaces, choi-
sissant les canaux les plus libres et manœuvrant
pour éviter les blocs. Mais la brise du N. fraîchit et
chassa des tourbillons de neige qui nous aveuglaient.
L'épaisseur de la banquise allait toujours crois-
sant. Les corvettes ne pouvaient déjà plus évoluer
dans ces canots étroits et sinueux. Elles abordèrent
souvent de fortes glaces qui ébranlèrent la mâture
et donnèrent à la coque de terribles secousses. En
peu d'instants nous fûmes emportés au milieu des
champs de glaces où nous perdîmes l'éperon de
bronze dont le taille-mer était armé. La *Zélée* éprouva
aussi la même avarie. Notre conserve s'efforçait en
vain de naviguer dans le sillon que nous creusions
si péniblement ; souvent les chaînes de glaçons, se
refermant derrière nous, lui présentaient une nouvelle barrière ; quelquefois même nous la perdions
de vue au milieu des raffales de neige.

A trois heures du soir, nous atteignîmes ce que
nous avions d'abord supposé la mer libre ; ce n'é-
tait en réalité qu'un bassin cerné de toute parts,
où nous fûmes rejoints par la *Zélée*. La brise du N.
au N.-O. soufflait avec violence ; la brume et la neige
nous enveloppaient, il fallait bien donner quelque
repos aux équipages.

On amarra les deux corvettes au N. du bassin, sur
de gros glaçons qui leur servirent d'ancre flottante.
Pendant la nuit, le temps fut mauvais.

Nous dérivâmes avec nos glaçons qui n'avaient guère que cinquante pieds de large sur quinze à vingt pieds d'épaisseur. Nous fûmes acculés sur la banquise compacte qui formait la partie sud du bassin. Toutes les chaînes de glace qu'on avait traversées la veille se rabattirent peu à peu vers le sud, et tinrent les corvettes étroitement bloquées. Des madriers et des bourrelets de cordages préservèrent le gouvernail et les bordages de la flottaison ; mais, malgré ces précautions, le doublage en cuivre fut bien endommagé.

A quatre heures du matin, la brume se dissipa par intervalles ; mais ces éclaircies de peu de durée ne servirent qu'à nous montrer les vastes champs solides qui cernaient tout l'horizon. On ne distinguait sur cette mer figée que quelques flaques d'eau et des canaux étroits. On profita cependant d'une faible brise d'ouest-sud-ouest pour faire voiles, et tâcher de faire une trouée vers le nord, en refoulant les glaçons. Des amarres élongées sur la plaine servaient à touer les corvettes. On écartait avec des espars les glaçons qui nous barraient le passage. Quelques-uns furent attaqués à la pioche et à la pince, et démolis pièce à pièce. Ceux-ci étaient coulés de force sous l'étrave du navire. Ceux-là, plus volumineux que la corvette, étaient tournés et évités par de longs détours.

Après six heures d'un travail opiniâtre, l'*Astrolabe* et la *Zélée* avaient creusé dans cette plaine compacte un sillon d'un mille de longueur. On apercevait déjà la pleine mer ; nous touchions presque au terme de nos efforts ; mais à midi, le ciel prit un aspect menaçant : le vent ayant repris au nord avec une force toujours croissante, souleva une grosse houle qui fit onduler toute la plaine. Les glaces amoncelées autour des corvettes commencèrent à faire bélier sur leurs carènes. Nos navires, malgré leur solide construction, ne pouvaient résister longtemps à de pareils chocs, qui ébranlaient toute la charpente. Il était surtout à craindre que la *Zélée*, dont la membrure n'avait pas reçu le remplissage des mailles, ne fût écrasée. Il valait mieux courir les chances d'un blocus prolongé, et peut-être d'un hivernage forcé en s'enfonçant dans la banquise, que de rester plus longtemps exposé à une destruction probable.

On travailla sans retard à mettre le cap au sud, ce qui n'est pas chose aisée, au milieu des glaces qui nous pressaient. Les voiles et le gouvernail étant impuissants pour effectuer cette évolution, on lui donna pour auxiliaires le cabestan, les espars et les pioches. Il fallut plus d'une heure pour mettre l'*Astrolabe* en voie de retraite. Le soir nous avions mis entre la mer et nous une digue assez épaisse pour amortir la houle. Malgré l'incertitude d'une pareille position et la rigueur du temps, les équipages conservèrent la même confiance dans l'avenir. Les rares instants qu'on put soustraire aux travaux du halage et aux soins de garantir la carène et le gouvernail contre les chocs furent employés à assommer les phoques qui se vautraient sur la neige. L'huile et la chair de ces amphibies nous offraient quelques ressources en cas d'hivernage; il restait à bord du pain pour neuf mois et des salaisons pour treize mois.

La journée du 6 février fut assez belle. Un soleil tout jaune, tout rouillé, perça parfois l'épaisseur de la brume et sembla vouloir réchauffer un peu notre atmosphère. La banquise entra en grand travail, et l'on entendit les craquements du dégel. Mais vers le soir le ciel reprit son voile sombre ; tout devint solide autour de nous, et l'on cheminait sur la mer à pied sec. Deux maîtres envoyés en reconnaissance vers le nord firent deux milles sans apercevoir la mer libre ; ils trouvèrent la plaine très compacte et hérissée de blocs de quinze à vingt pieds d'élévation.

Les 7 et 8 février, mauvais temps, gros vent du nord, neige incessante, se résolvant en pluie par intervalles. La houle du large se fait sentir jusqu'à nous et rend à chaque instant notre position plus critique. Le choc des glaces menace de nous démolir pièce à pièce, et sa compression de nous écraser. Le 8 au matin, le charpentier a sondé une brèche de six pouces faite dans l'étrave à trois ou quatre pieds au-dessous du tirant d'eau ordinaire. La corvette est en ce moment émergée de trois pieds par compression. La rigueur du climat et l'extrême fatigue commencent à exercer sur l'équipage une fâcheuse influence. Le nombre des malades augmente.

9 Février. — Le vent saute au sud-sud-est, forte brise. Mais la banquise ne paraît pas ébranlée. La température baisse rapidement jusqu'au 5° sous zéro. Une pédicule de glace se forme sur les petits filets d'eau qu'on peut apercevoir. La neige, qui tombe très serrée, va peut-être combler toutes ces ornières et niveler la plaine. Il faut tenter un dernier effort pendant qu'il en est temps encore. La *Zélée* commence à sept heures son mouvement vers le nord ; l'*Astrolabe* appareille peu après pour se frayer un passage de vive force ; mais les huniers et la misaine sont en vain déployés au vent ; la mâture ploie, mais la corvette n'avance pas d'un pouce. Des haussières

sont alors allongées sur la plaine, amarrées aux grands blocs et virées au cabestan. Nos sapeurs, armés de pinces et de pioches, attaquent les blocs amoncelés devant nous jusqu'à la hauteur des écubiers. On brise autour du navire la croûte de glace qui forme les soudures. Après de longs efforts, la corvette s'ébranle enfin, en chassant devant elle un monceau de débris. Mais, après avoir parcouru quelques toises de chemin, tous les débris refoulés se dressent en s'arrêtant sur un nouveau bloc qui s'arrête à son tour. Il faut encore saper ou bien tourner cette roche de cristal. Le vent, qui souffle déjà grand frais, nous vient en aide en chassant la corvette, qui fait craquer au loin la banquise devant elle. La mer libre n'est plus qu'à deux milles de nous ; on distingue déjà quelques canaux de six à huit pieds où l'*Astrolabe* se jette en prenant une vitesse toujours croissante ; cédant à l'irrésistible impulsion du vent, elle se rue souvent sur les plus gros glaçons, qui la font pirouetter souvent sur elle-même, hors de sa route, heureuse quand la rencontre d'un nouveau bloc la ramène dans le droit chemin.

Mais le plus souvent sa vitesse s'amortit sur ces masses plus volumineuses qu'elle-même. Ce n'est qu'après de longs travaux qu'on parvient à doubler ces glaces dont la crête s'accroche aux bossoirs et aux porte-haubans du navire. Quelques travailleurs restés sur les blocs dans les abordages coururent de grands dangers.

A cinq heures du soir, après neuf heures de labeurs et de fatigues, nous avions laissé la plaine solide derrière nous. Les deux corvettes flottaient enfin sur une mer liquide. On prit la cape. Il nous eût

été impossible de manœuvrer plus longtemps avec
des toiles et des cordages gelés. Le froid était des plus
vifs. La vague qui battait les flancs des navires s'y
gelait aussitôt. L'*Astrolabe* et la *Zélée* conservèrent
ainsi jusqu'au 15 février une riche parure de neige
et de cristal. Dès que le temps le permit, on atta-
qua de nouveau la banquise, dont les contours
furent explorés à petite distance jusqu'aux environs
de la terre de Sandwich ; mais tant d'énergie, tant
de persévérance du chef ne servirent qu'à convaincre tous ceux qui ont pris part à l'expédition,
que les fameuses routes de Weddell, vraies ou imaginaires, sont barrées par une côte de glace continue
que nous avons parcourue à vue dans une étendue
de 200 lieues. Une digue aussi longue doit avoir
une épaisseur considérable pour pouvoir résister aux
flots de l'Océan. Un navire ne pourrait donc songer
à la franchir, puisque, avec un coup de vent dans
nos voiles et les bras de nos intrépides équipages,
nous avons employé neuf heures à parcourir une
lieue de son étendue.

Le 16, on fit route pour les Orkney, dont la reconnaissance fut terminée du côté du nord.

Le 24, on longea la bande sud des Shetland, dont
l'hydrographie fut rectifiée, et l'on courut vers le sud,
à la recherche des terres vaguement annoncées par
les baleiniers.

Le 27, par 63° de latitude et 68° de longitude ouest
on aperçut des montagnes très élevées appartenant à
une grande terre cernée par les glaces, qui comblaient
les vallées et permettaient à peine de distinguer le re-
lief du terrain. Une double chaîne d'îlots et de rochers
entoure cette terre et en défend les approches.

Entre ces terres australes et l'archipel des Shetland, existe un large canal fréquenté par les baleines. Quoique ces cétacés n'appartiennent pas à l'espèce *franche*, il est probable que, vu leur grand nombre, les pêcheurs y trouveraient leur compte. D'ailleurs la baleine, chassée des côtes du Chili et de la Nouvelle-Zélande par plusieurs centaines de navires, ne tardera pas à gagner les hautes latitudes ; nos pêcheurs feront donc bien de se préparer à la poursuivre dans le canal des Shetland.

Le 7 mars, on double la pointe ouest des Shetland, faisant route pour le Chili. Le scorbut attaque la moitié de nos équipages. Nous arrivons sur la côte d'Amérique en un bien triste état.

Le 7 avril, on mouille au port de la Conception, où une longue relâche nous permettra de radouber nos navires délabrés et de guérir nos malades. La frégate anglaise le *Président* nous a fourni le cuivre nécessaire à la carène. L'amiral Ross et ses officiers nous ont fait l'accueil le plus aimable. En voyant le délabrement de nos corvettes, nos ponts jonchés de malades, ils ont compris les fatigues que nous avions éprouvées. Suivant des yeux sur la carte la carrière de 200 lieues d'étendue que nous avons parcourue sous le 61ᵉ et 62ᵉ parallèle, examinant des terres nouvelles, dont quarante lieues ont été reconnues et décrites, ces étrangers ont eu une juste idée des travaux de l'expédition australe.

Le 15 mai, nos navires sont remis en état de prendre la mer ; nos malades sont à peu près rétablis ; deux d'entre eux ont succombé. Dans quelques jours nous serons à Valparaiso, d'où nous ferons route pour l'Océanie.

1838

La frégate la *Terpsichore*.

Le 11 janvier, à trois heures de l'après-midi, dit
M. L. X. Eyma, auquel nous empruntons ce récit,
M. l'amiral de Mackau, gouverneur de la Martinique,
s'embarqua avec sa famille, à bord de la *Terpsichore*.
Après les salves d'artillerie, auxquelles répondit la
belle frégate, elle s'ébranla, les voiles se hissèrent et
elle plongea sa proue dans la mer, comme pour saisir
les flots qui depuis deux ans la reconnaissaient reine.
De fait, elle l'était, car elle portait le pavillon amiral.
Le fort Royal disparut peu à peu et bientôt la nuit
voila la terre à nos yeux. Le lendemain matin, ce fut
La Dominique que nous aperçûmes et à midi la *Terpsichore* était devant la Basse-Terre (Guadeloupe) où
M. de Mackau passa quelques heures. Le soir, nous
reprîmes de nouveau notre route.
Après trois jours, nous avions débouqué avec un
rare bonheur, et la *Terpsichore*, digne de son nom,
glissait sur les flots avec une rapidité merveilleuse.
Nous avions laissé toute terre derrière nous, et nous
nous trouvions en pleine mer, guidés par les étoiles
du ciel, les sciences humaines, une aiguille aimantée,
et à la volonté de Dieu.
Je n'ai rien à dire sur les commencements de cette

traversée qui furent des plus heureux. Les traversées se ressemblent toutes quand elles sont belles : Des voiles qu'on aperçoit au loin et qu'on salue avec joie, comme des amis que l'on rencontre au milieu d'un immense désert ou dans l'exil ; de l'admiration et de l'extase au milieu de cet infini de l'Océan ; de la joie sur tous les visages à chaque bond du navire ; des calculs sur la probabilité de la durée du temps ; des projets déçus et des illusions, comme l'homme s'en fait toujours. Ainsi, nous allions depuis treize jours, laissant derrière nous de longs rubans de queue, comme disent les marins, c'est-à-dire faisant nos 60 et 70 lieues par jour.

Si l'on conçoit quelle devait être notre joie de courir ainsi les mers avec la rapidité du vent, il est bien aisé de se rendre compte de notre désappointement lorsque, le 24 janvier au soir, les vents refusèrent et nous prirent debout. C'était une petite bourrasque. Mais adieu toutes nos espérances ! Déjà nous avions calculé à peu près le jour de notre arrivée à Brest. Nous n'étions plus qu'à 120 lieues des Açores ; nous comptions les doubler dans deux jours. Puis des Açores à Brest, il n'y a que 480 lieues. C'était pour nous l'affaire de six jours.

Quelle terrible déception ! Nous retournions sur nos pas ! un si bel espoir détruit ! Nous restâmes ainsi deux jours à la cape, en maudissant les chances de la navigation. La mer fut assez forte pour enlever la poulaine de la frégate et deux embarcations. Les voiles, un peu vieilles, ne résistèrent pas au premier choc et furent emportées.

Deux jours après, nous étions de nouveau en route. Le 16, un bâtiment que nous aperçûmes au large, ma-

nœuvra pour laisser arriver sur nous. Nous l'attendîmes. Il nous passa en poupe. C'était la *Clio* de
Dunkerque. Elle avait quatre-vingt-seize jours de
mer. Il lui restait des provisions pour trois jours à la
demi-ration. La force de la mer ne permit pas de lui
donner les vivres qu'elle demandait. Elle avait le
temps d'ailleurs d'arriver aux Açores. Nous lui donnâmes notre latitude et elle changea de route, se dirigeant vers le groupe des îles.

Nous étions tout consolés de nos contrariétés et
la frégate regagnait largement le temps perdu. Nous
regardions cela comme un défi jeté à notre belle cou-
reuse. Elle l'accepta, et fila jusqu'à treize nœuds.

Le 3 février, nous étions à quatre-vingts lieues de
Brest. Le temps semblait fait ; et nous avions toutes
chances d'être, au moins, à Ouessant le lendemain.
Hélas ! mieux vaut encore bâtir sur le sable que compter sur le vent, et j'engage ceux qui se mettront en
mer à ne jamais croire aux aspects du ciel.

Le 3, à trois heures du matin, le vent passa au nord-
est et ce fut le début d'une cruelle tempête. Nou
tînmes la cape toute la journée, sous le grand hunier,
aux bas ris et la misaine. Mais le vent fraîchissait de
plus en plus. Nos voiles furent emportées.

Le bâtiment prit la cape sous le foc d'artimon dans
l'après-midi, et demeura ainsi immobile, battu par
les flots qui inondaient ses larges flancs. Le second
jour, le danger devint plus grave. La mer augmentait
de fureur et le vent aussi. Les pompes commencèrent
à jouer. Nous n'avions guère alors que trois pieds
d'eau dans la cale.

Le 6, nous fûmes réveillés à quatre heures du matin par ces cris : « Il y a douze pieds d'eau dans la

cale, les pompes sont engagées. » Le bâtiment était envahi de toutes parts. Le premier soin fut de songer à sauver les vivres. Mais vainement. Le biscuit seul fut préservé. A l'exception de deux caisses, toute notre eau douce était perdue. L'équipage entier fut employé aux pompes. Elles ne suffisaient pas. Plusieurs fois, elles se brisèrent ou se trouvèrent engorgées. Des puisards et des chaînes furent établis. Pendant vingt-quatre heures les efforts réunis de 560 hommes ne purent triompher de cette masse d'eau. C'était une lutte avec la mort. Car elle menaçait à chaque instant.

Les hommes s'épuisaient, le froid gagnait; mais les fatigues ne purent l'emporter sur le courage et l'énergie de ces braves marins. Ils étaient si bien excités par l'exemple de leur commandant, M. Le Tourneur, que son activité portait partout, par celui de leurs officiers qui ne reculaient pas devant les plus durs et les plus pénibles travaux et qui, de l'avis d'autorités plus compétentes que la mienne, donnèrent toutes les preuves de l'expérience et du sang-froid qu'on doit attendre d'hommes de mer. Ils étaient encouragés surtout par la présence d'un amiral qui, faisant violence à ses affections les plus chères, abandonnant sa femme et ses enfants, ne songeait plus qu'au salut commun. Les passagers eux-mêmes remplacèrent le manque d'habileté dans le métier par un courage et un entraînement qui ont eu quelques résultats utiles. Et, chose étonnante! ces hommes n'avaient pas un vêtement à se mettre sur le corps, pas d'autre nourriture que des biscuits, pas d'autre boisson que de l'eau-de-vie et un peu de vin; trois heures de repos sur vingt-quatre et pas un endroit sec où prendre un peu de sommeil. Voilà quelle était la situation.

Il était urgent de songer aux moyens d'alléger le bâtiment. M. l'amiral convoqua un conseil composé de M. le commandant et des six lieutenants embarqués sur la frégate. Il y fut résolu qu'on jetterait à la mer quinze caronades, les deux ancres de bossoirs et tous les projectiles. Ce qui fut immédiatement exécuté. La frégate se trouva soulagée. Les pompes firent effet. Nous commençâmes à gagner un et deux pouces d'eau par heure. Enfin le 7, nous étions à peu près maîtres de l'eau.

Les vigies signalèrent un bâtiment vent à nous. On hissa immédiatement le pavillon amiral au mât de misaine et le pavillon français en serre. On l'appuya d'un coup de canon qui fut renouvelé toutes les dix minutes en signe de détresse. Cruelle déception ! Nous perdîmes de vue le bâtiment. Il n'avait rien entendu !

Un jour de plus et c'en était fait de nous. Heureusement le vent changea un peu. La mer n'était plus aussi forte, mais le danger toujours imminent.

Le 8, nous aperçûmes de nouveau une voile. Même manœuvre. Cette fois, le bâtiment entendit le canon et courut sur nous. C'était un transport anglais. Le commandant essaya de lui parler du bord. Mais le bruit de la mer couvrait sa voix. Il fallait se dévouer. Un canot fut mis à la mer. Deux officiers s'y embarquèrent. Douze matelots de bonne volonté se présentèrent. Ils ne parvinrent pas sans danger à accoster le transport.

Ces messieurs étaient chargés d'expliquer au capitaine la position critique du bâtiment, l'impossibi-

lité de gagner les côtes de France, et enfin de lui
demander une pratique ou une carte pour nous guider vers l'Irlande, la seule terre qui fût à notre portée. Les officiers de la frégate revinrent avec une
carte d'Irlande et nous nous dirigeâmes vers le baie
de Cork.

Le 9 après midi, nous aperçûmes terre. C'était le
cap Clare. Nous courûmes sus jusqu'à six heures du
soir. Le temps était épouvantable. Malgré nos coups
de canon et notre pavillon serré, aucun pilote ne put
venir à bord. Il était imprudent de tenir la côte. Un
changement de bord fut commandé. Mais au moment de l'exécuter, la drosse du gouvernail cassa et
la frégate courait sur terre, vent arrière. En vingt minutes, elle pouvait se briser sur les rochers.

L'équipage donna une nouvelle preuve de zèle et
d'activité. En peu d'instants, le gouvernail fut réparé
et la *Terpsichore* regagna le large. Nous crûmes un
instant que le bâtiment avait touché.

Quand nous eûmes couru environ vingt milles au
large, nous virâmes de bord. Le bâtiment fatiguait pro-
digieusement. Il avait viré debout et faisait beaucoup
d'eau. Nous courûmes ainsi de nouveau sur terre.

A six heures du matin, le 10, le temps était magnifique. Un pilote vint à bord. Il nous traita d'une
manière inhumaine. Il marchanda notre vie et nous
demanda 50 livres sterling pour entrer dans la baie
de Cork. Il n'y avait pas à balancer. On passa par
toutes les conditions. Ce pilote se donna comme le
meilleur de la côte et on le hissa à bord.

Tout le jour, il fit calme plat et son rôle se borna
à vider des bouteilles d'eau-de-vie. La nuit, il faillit
nous perdre deux fois. La frégate fut forcée de mouil-

ler d'abord en pleine côte, puis dans le goulet de
Corre. Nous avions mauvaise idée des Irlandais et
leur avarice nous soulevait le cœur. C'était peu de
chose encore.

Un bateau à vapeur se fit offrir pour remorquer la
frégate jusqu'au mouillage. Tous les moyens faciles
devaient être adoptés. On convint du prix de six gui-
nées. Une fois que nous fûmes arrivés, ils nous ré-
clamaient 525 guidées. Ils prétendaient que la frégate
allait périr et considéraient leurs services comme un
sauvetage. Cela est faux. La frégate était mouillée
dans un endroit sûr et ne courait plus le moindre
danger. Le fait a été prouvé.

Le 11, la frégate fut amarrée à un corps-mort à
Correa-de-Cork. Pendant deux jours le temps fut magnifique et permit de débarquer les malades, les femmes, les passagers. Le premier soin de M. de Mackau
fut de faire conduire à terre sa femme et ses enfants.
Lui quitta le navire le lendemain quand il crut la
frégate en sûreté.

Mais la série des malheurs n'était pas terminée. Le
14 février un furieux coup de vent du nord-est souffla.
Au dire des habitants du pays, jamais, depuis plus
de quarante ans, tempête n'avait eu des effets plus
terribles. Il y eut quinze bâtiments anglais qui se perdirent dans la baie.

La *Terpsichore* était amarrée au corps-mort par un
anneau très fort et sa chaîne d'amarre avait sept bos-
ses. L'anneau se brisa, et bien que les deux dernières
ancres qui restassent à bord fussent mouillées, le bâtiment chassa et alla faire côte sur un fonds de vase.

Quand le coup de vent fut passé et la mer haute,
la frégate s'est retirée seule et sans le secours des

bateaux à vapeur qui firent de nouveau offrir leurs secours. Le brave équipage s'est encore montré cette fois infatigable.

L'on n'a pas encore pu déterminer la nature des avaries de la frégate. Elles sont graves pourtant, car le navire fait six pieds d'eau au mouillage et par beau temps. Pauvre *Terpsichore*, elle fait peur à voir maintenant !

1838. — Naufrage du brick *Eugéne et Amélie*, de Marseille, dans le golfe de Valence.
1838. — Naufrage du *Persévérant*, aux îles Malouines.
1839. — Naufrage de la *Jeune-Pauline*, de Nantes, capitaine Bayme, à l'île Rodrigues.
1839. — Naufrage du *Bien-Aimé*, de l'*Espérance*, du *Favori*, sur les côtes de l'Algérie.

1840

Naufrage de la *Delphine.*

Nous partîmes du Havre pour Valparaiso — écrit
M. Dalu, l'un des passagers — le 30 mars 1840, sur
le navire français trois-mâts, la *Delphine*, capitaine
Coisy, avec 16 hommes d'équipage et 4 passagers.

En trois jours nous avions quitté la Manche et, poussés
par un vent favorable, nous vîmes bientôt les Canaries, les îles du Cap-Vert et traversâmes la Ligne. Enfin le 29 avril, trente jours après notre départ, nous
nous trouvâmes à la hauteur de Rio Janeiro.

Nous commençâmes alors à être contrariés par les
vents. Nous eûmes quelques gros temps qui nous forcèrent à prendre la cape à plusieurs reprises, avant
d'arriver à la hauteur des Malouines, où nous nous
trouvions le 28 mai.

Le 30, nous passâmes en vue de l'Ile des États et, le
9 juin, nous apercevions le cap Horn et la Terre-de-
Feu.

Malgré quelques coups de cape et la rencontre d'é-
normes glaces flottantes, le 14 juin, nous doublions
les îles Diego-Ramirez.

Le temps était toujours fort mauvais. Cependant, le
12 juin, il y avait eu une éclaircie qui permit de
prendre la hauteur. Ce fut la dernière fois. Du 16 au

17 juin, le vent souffla du Sud et nous nous croyions déja au but de notre voyage; mais il revint bientôt au N.-O.

L'estime seule nous conduisait lorsque, dans la nuit du 18 au 19 juin, à deux heures et demi du matin, nous fûmes brusquement réveillés par l'effroyable frottement de la quille contre les rochers.

— Terre! s'écria aussitôt le second qui était de quart depuis minuit.

En moins d'un instant tout le monde était sur le pont, équipage et passagers.

Les rochers, les brisants, environnaient le navire de tous côtés. On voyait distinctement les montagnes se dessiner à travers la brume.

Il serait difficile de rendre l'effroi général en ce moment. Le navire flottait, mais il avait touché si rudement qu'on pouvait craindre qu'il ne s'emplît et coulât. Cependant les passagers étaient aux pompes et l'équipage à la manœuvre.

En peu d'instants les pompes sont affranchies. On se précipite sur la barre. Le gouvernail était enlevé. Le navire touche de nouveau. Le capitaine ordonne d'orienter les voiles vers la terre et d'enlever les saisines qui retiennent la chaloupe et le canot.

Mais, dès ce moment, le navire heurte sans cesse; il menace à chaque instant d'être mis en pièces. On jette la grosse ancre pour l'arrêter, s'il est possible; elle glisse sur un fond de roc.

Le navire faisait eau de toute part ; il fallait se presser de mettre la chaloupe à la mer. On eut toutes les peines du monde à hisser cette vieille et lourde embarcation qui, à chaque roulis du navire, brisait tout dans ses mouvements et menaçait la vie des hommes. Enfin, elle est mise à flot; on y jette quelques vivres et tous y descendent, le capitaine en dernier.

Il était alors cinq heures du matin. Nous restâmes, en attendant le jour, au milieu des rochers et des goëmons, à observer le navire, qui finit par s'arrêter contre des roches, bordant un îlot.

Au point du jour, nous nous portâmes vers la terre, en nous dirigeant sur une baie de sable que nous apercevions. Nous descendîmes sur des roches attenantes où nous débarquâmes les vivres.

Le capitaine repartit aussitôt, n'emmenant avec lui que les marins, pour sauver, s'il était possible, de nouveaux vivres et les choses nécessaires.

Trois heures après, la chaloupe revint avec le canot, remplis tous deux de ce qu'on avait pu emporter.

Le navire avait été trouvé entre des roches, à une demi-lieue de l'endroit où nous avions débarqué. Toute la cale et l'entrepont, à l'exception de l'arrière, étaient remplis d'eau.

Les rochers sur lesquels nous avions opéré le débarquement, se trouvant, à la haute mer, séparés de la plage de sable, on s'empressa de porter les vivres sur celle-ci. On fit de suite une tente provisoire au milieu de laquelle on alluma un grand feu. On étendit autour les toiles à voiles que l'on avait sauvées et qui nous servirent de lits pour passer la nuit.

Le lendemain, on sauva de nouveaux vivres. On dressa une nouvelle tente avec la misaine que l'on avait rapportée.

Dans la nuit du 21 au 22, il survint un violent coup de vent, pendant lequel la chaloupe, qui était vieille et en mauvais état, se défonça, de sorte qu'on fut obligé de l'échouer.

Quinze jours s'écoulèrent ainsi, pendant lesquels on allait au navire avec le canot, chaque fois que le temps le permettait.

Le capitaine ayant pris hauteur, nous nous savions par 49° 8′ de latitude S.. Nous acquîmes la certitude que nous occupions une île d'environ deux lieues de longueur, séparée par un étroit canal de la grande île de Campana et comprise dans l'espace pointé sous ce nom sur la grande carte anglaise que le capitaine avait pris soin de sauver, ainsi que le sextant et deux compas, dès le premier jour du naufrage.

Tout rendait, malheureusement pour nous, un long séjour dans ces passages, inévitable : l'hiver où nous entrions, les vents du Nord qui soufflent continuellement dans cette saison, la distance qui nous séparait de tout établissement, le manque de moyens pour nous y rendre.

Nous avions pour trois mois et demi de vivres, tant en biscuit qu'en farine. On pensa que l'on ne pouvait mieux faire que d'attendre que la mauvaise saison fût passée pour aller chercher des secours avec la chaloupe qui serait réparée et que le capitaine jugea à propos de faire ponter.

Le capitaine pensa qu'il fallait surtout mettre la santé des hommes à l'abri de l'intempérie du climat. Il fit dresser avec la grande voile une tente nouvelle plus vaste que la première et nous organiser de manière que les lits fussent élevés au-dessus du sol.

Ce travail fut promptement exécuté à l'entrée d'un bois qui dominait la baie ; et dans les premiers jours de juillet, quinze jours après le naufrage, nous nous y installâmes. Il fit aussi, malgré le peu de moyens dont nous pouvions disposer, construire dans l'ancienne tente un four qui permit de faire du pain.

Des indices non équivoques nous avaient induits à penser que l'île où nous nous trouvions était quelquefois fréquentée par des sauvages. Nous avions trouvé dès notre arrivée, dans divers endroits, des huttes formées de branches d'arbres, au milieu desquelles on voyait des restes de coquillages et des os d'animaux.

Peu de jours après notre installation, le chien du capitaine gronda toute la nuit sans qu'il fût possible de le faire taire. Nous étions sur le qui-vive, quand le lendemain on annonça qu'on voyait des empreintes de pieds nus, marquées sur le sable. Nous savions qu'alors parmi nous personne ne marchait sans chaussures. Ces traces annonçaient des individus courant en fuyant du bois où nous étions installés. Nous en conclûmes que nous étions observés.

En effet, le lendemain 9 juillet, pendant qu'une bordée était allée dans le canot pour le sauvetage, un des passagers qui se trouvait à quelque distance, revint annoncer qu'il avait vu des sauvages.

On s'arma à la hâte de ce-qui se trouvait à portée, et le capitaine, s'étant avancé avec quelques hommes, les aperçut bientôt. Ils étaient neuf, sans armes, n'ayant pour tout vêtement qu'une peau de phoque sur le dos : ils hésitèrent d'abord à nous approcher. Mais nous voyant venir avec des démonstrations amicales, ils devinrent de suite familiers. On leur fit quelques présents. Mais on ne les laissa pas venir jusqu'à la tente, comme ils paraissaient le désirer.

Après être restés quelque temps encore avec nous, ils partirent. Depuis, ils vinrent souvent, accompagnés de leurs femmes. Plus tard, on les admit dans la tente, et nous allâmes maintes fois les visiter dans les différentes îles où ils se transportent, à l'aide de pirogues qu'ils dirigent adroitement. Leurs huttes étaient semblables à celles que nous avions vues dans notre île, mais couvertes de peaux.

Ces sauvages sont généralement d'une taille moyenne, forts et bien constitués. C'est évidemment la même race d'hommes que les Indiens de Chiloë. Ils ont toujours avec eux une grande quantité de chiens qui leur servent à chasser le phoque. Ils mangent la chair de ces animaux, et se nourrissent principalement de coquillages. Cette nourriture doit souvent leur manquer dans les gros temps, lorsqu'ils ne peuvent pas tenir la mer avec leurs pirogues.

Quand ils venaient nous visiter, ils nous demandaient souvent à manger. C'était là leur principal but et peut-être aussi celui de nous voler quelques objets, comme ils faisaient souvent.

En résumé, ils nous ont paru fort misérables, indolents, paresseux à l'excès.

Pendant la première période de notre séjour dans l'île, le temps se passa d'une façon très uniforme. La bordée qui restait à terre approvisionnait la tente de bois. Il s'en faisait une énorme consommation pour alimenter, jour et nuit, un grand feu, précaution indispensable dans un climat aussi pluvieux. On s'occupa toujours avec activité du sauvetage. Chaque jour on allait avec le canot, pour retirer de l'eau les marchandises qu'on pouvait atteindre.

Le lieutenant de l'Épine dirigea toujours avec zèle et courage les matelots dans ce travail pénible, tant sur le navire que sur les îlots environnants, lorsque la mer eut enfin démoli la *Delphine*.

Cependant le mois de septembre approchait. Le

charpentier avait fini de réparer et de ponter la chaloupe qui fut gréée en goëlette.

Quoique le temps fût toujours le même, nous espérions qu'il ne tarderait pas à s'améliorer. Le capitaine Coisy résolut de mettre à exécution son projet de se transporter, avec quelques hommes seulement, à San Carlos de Chiloë pour y chercher les moyens de nous retirer de la position critique où nous nous trouvions.

On fit en conséquence tous les apprêts nécessaires; et le jeudi, 3 septembre, la chaloupe fut mise à la mer pour qu'on pût profiter du premier vent favorable. Quel ne fut pas notre désappointement quand nous vîmes qu'elle s'emplissait d'eau à vue d'œil! On chercha d'abord à remédier au mal en la laissant à flot; mais, voyant qu'on ne réussissait pas, on fut forcé de l'échouer de nouveau. On défit une partie du ferrage, on visita avec soin le bordage, on calfata, on boucha toutes les apparences d'ouverture, et le samedi soir, à la haute mer, l'embarcation fut lancée.

On la trouva le lendemain à moitié pleine d'eau. Le capitaine n'en persista pas moins dans son projet. Il fit vider l'eau, et répondit à ceux qui s'inquiétaient que le bois se reserrerait à la mer. On prit, comme lest, une certaine quantité de pièces de drap qui devaient en même temps servir de lit, et l'on décida que l'on viderait l'eau sans cesse.

On embarqua des provisions, pour huit jours de vivres, du vin et des spiritueux. Le maître, quatre matelots et le lieutenant de l'Epine devaient accompagner le capitaine.

Le même jour, 6 septembre, à deux heures de l'après-midi, on mit à la voile par une forte brise du S. Il faisait, par exception, un très bon soleil ce jour-là.

Nous restions treize dans l'île. Nous regardâmes longtemps du haut des rochers et des mornes, s'éloigner ces compagnons dont dépendait notre sort. La journée était très avancée quand nous perdîmes de vue la chaloupe.

Nous retournâmes à la tente, avec un sentiment de tristesse fort facile à comprendre. Car, même sans songer à la perte de ceux qu'emportait la chaloupe, événement fort à craindre et qui était notre perte à nous aussi, n'avions-nous pas à redouter que les sauvages, encouragés par notre petit nombre, ne voulussent se procurer, de vive force, le peu de vivres que nous possédions, et les objets qu'ils convoitaient avidement?

Un accident attira bientôt tout le monde hors de la tente. Le feu venait de prendre à une petite maison en bois et en mousse qu'un passager et un matelot avaient construite à une petite distance. Malgré notre empressement à éteindre l'incendie, la maison fut consumée, ainsi que beaucoup d'objets sauvés du naufrage. Cet événement termina la soirée et chacun alla se jeter sur ce qu'il appelait son lit.

Le lendemain, on éloigna toute autre pensée pour ne s'occuper que de ce qu'il y avait à faire dans les circonstances présentes. Dans les derniers temps, avant le départ de la chaloupe, la ration de biscuit pour chaque homme était de huit onces par jour. A ce compte, nous n'avions pas pour trois semaines de vivres, et nous ne pensions pas pouvoir être délivrés avant un mois au plus tôt. Nous nous rationnâmes à six onces, et pour le vin, nous nous mîmes à un quart par jour. Quant aux spiritueux, nous en avions une assez grande quantité et l'on continua pour tous la ration ordinaire des matelots. Nous pensions aller de cette manière plus d'un mois.

Les sauvages vinrent nous visiter comme par le passé. Ils ne changèrent pas de procédés à notre égard. Ils se contentaient de venir se chauffer au feu de la tente, et nous avions soin qu'il restât toujours quelqu'un d'entre nous quand nous étions à la pêche.

La plus grande partie du premier mois se passa ainsi. Le biscuit diminuait rapidement, la ration fut mise à quatre onces pour chaque homme.

Vers le milieu de la première semaine d'octobre, on commença à s'inquiéter. On se rappela que, trois jours après le départ de la chaloupe, un grand vent du N. s'était déclaré : n'était-il pas à craindre qu'elle ne se fût perdue? Et sans mettre les choses au pis, n'était-il pas à craindre que le capitaine n'eût pas trouvé à Chiloë les secours qu'il espérait? Une prolongation de séjour dans l'île devait, en tous cas, résulter de cette dernière supposition, on décida une nouvelle diminution de ration qui ne fut plus que de deux onces par homme, juste ce qu'il fallait pour une soupe par jour. On fit aussi comprendre aux sauvages que, s'ils nous apportaient de la nourriture, on leur donnerait certains objets qu'ils convoitaient. Ils commencèrent alors à nous apporter des œufs d'oiseaux.

Nous allâmes ainsi jusqu'au milieu d'octobre. Nous étions dans la sixième semaine depuis le départ de la chaloupe. Les inquiétudes augmentèrent et l'on commença à penser aux moyens de se tirer soi-même d'affaire. On avait déjà recueilli les planches et les bois provenant du navire. Nous songeâmes à construire une embarcation capable de nous conduire tous, et l'on recommanda à ceux qui allaient pêcher avec le canot de recueillir les mats, les vergues, les planches qu'ils rencontreraient. On eut bientôt réuni une certaine quantité de pièces de bois. On fit un plan d'embarcation et le charpentier se mit à travailler la quille, à laquelle on donna trente pieds.

Dès le 15 octobre, nous n'avions plus cette bien petite ressource de deux onces de pain par homme. Nous étions réduits à ces mauvais coquillages, aux œufs presque toujours couvés que les sauvages nous apportaient et aux oiseaux que l'on tuait de temps en temps.

Nous avions demandé aux sauvages de la chair de loup marin ; mais soit que la saison ne fût pas favorable à la pêche, soit qu'ils la gardassent pour eux, nous ne pûmes jamais en obtenir. Ils nous donnèrent quelques chiens que, malgré notre répugnance pour la chair de cet animal, nous mangeâmes, ce qui parut fort étonner les Indiens.

Vers la fin d'octobre, nous n'avions plus d'espérance qu'en nous-mêmes. Une partie des hommes s'occupait à aller chercher la nourriture et le bois nécessaire à l'embarcation ; l'autre travaillait sans relâche à la construire. Ce travail allait lentement ; nous étions très affaiblis ; il faisait souvent tellement mauvais qu'on était obligé d'interrompre le travail, et nous avions très peu d'outils.

C'est ainsi que se passa le temps jusqu'au 11 novembre.

Nous eûmes tous la dyssenterie. Cependant, malgré les pluies continuelles, l'humidité qui en résultait, et bien que la plupart fussent sans chaussure, personne ne fut assez malade pour être retenu à la tente. L'espoir de nous sauver soutenait notre courage.

Quoique ce fût lentement, on voyait avancer l'embarcation. On avait établi un chantier solide, avec l'inclinaison nécessaire pour le lancement à la mer. La quille sur laquelle était solidement fixés l'étrave et l'estambot était déjà depuis longtemps en place ; une grande partie des membrures était faite, on coupait journellement dans les bois celles qui restaient à faire, sans cesser en même temps de recueillir les planches pour le bordage.

Le 12 novembre au matin, pendant que le mauvais temps retenait à la tente, on entendit un matelot qui venait de la quitter, crier de toute sa force :

— Navire ! Navire !

Quoique ce même matelot, trompé par une fausse apparence, eut déjà, un mois auparavant, fait entendre à tort le même cri, chacun sortit précipitamment, en courant sur le rivage.

Cette fois l'annonce n'était pas trompeuse ; nous vîmes une grande chaloupe mouillée dans la baie. La pluie qui tombait empêchait de voir distinctement. Nous crûmes qu'elle appartenait à un bâtiment de guerre.

En un instant le canot est mis à l'eau ; quelques hommes y montent et sont bientôt à bord, non pas de la chaloupe d'un bâtiment de guerre, mais d'une lanche du San-Carlos.

Ce n'étaient pas des inconnus qui la montaient, c'était le capitaine Coisy, c'était le lieutenant Lépine, c'étaient nos matelots qui venaient nous délivrer et nous apporter des vivres.

Il est inutile de dire la joie de se retrouver ensemble et quel empressement on mit à savoir ce qui s'était passé de part et d'autre.

Le capitaine, le lieutenant et les cinq hommes partis de l'île, le 6 septembre, par un vent du S., malgré le mauvais état de la chaloupe, qu'il fallait que deux hommes vidassent sans cesse, et après avoir vu cette embarcation couverte par les lames, la première nuit de leur départ, avaient dépassé, le cinquième jour, le cap Taitachaohoun. L'intention du capitaine était de doubler l'île qui se trouve au N. de ce cap, lorsqu'un coup de vent du N. se déclara et les força d'entrer dans le canal formé par la pointe de Taitachaohoun et de l'île du N. où ils mouillèrent pour passer le coup du vent.

Le lendemain, le vent diminua, mais comme il était toujours N. il fallait louvoyer et ils reconnurent bientôt l'impossibilité de le faire avec la chaloupe qui dans une mer unie perdait sur tous les bords. Force fut de mouiller de nouveau en attendant le vent du S. Les vivres diminuaient beaucoup. Pour perdre moins de temps, ils firent route à l'E. en ralliant le N. le plus possible. Le dimanche soir, ils entrèrent dans le grand canal qui sépare l'Archipel Chonos de la Cordillière.

Il faisait complètement calme. Ne pouvant gagner à l'aviron, on amarra jusqu'à minuit, où, le courant venant à changer, on reprit l'aviron jusqu'au matin. On continua ainsi le voyage, tant à la voile qu'à l'aviron, mouillant quand on ne pouvait faire route, et allant à terre, aussitôt que la chaloupe était mouillée pour chercher le long des rochers des coquillages qu'il fallait faire cuire avant de s'embarquer ; car, malgré l'économie qu'on y avait mise, il ne restait presque plus de biscuit.

Telle était le 17 septembre, douze jours après leur départ, la position de nos matelots, lorsqu'ils aperçurent une fumée vers laquelle ils se portèrent, en prenant toutefois la précaution de s'armer, dans la crainte de rencontrer des sauvages.

Elle provenait uniquement du feu d'un pêcheur nommé Mick, qui, lorsqu'il eut su leur position critique, partit pour leur chercher des vivres à sa case située à trois heures de là. Ils passèrent la journée, en attendant dans la baie.

Après plusieurs mouillages dans cet archipel, ils le quittèrent pour passer dans celui de Chiloë, par un vent favorable d'O. qui devint très fort et tourna au N. pendant la nuit.

Le 20, ils relâchent dans la baie marquée sur la carte Velasco, port où ils sont forcés par le mauvais temps de rester neuf jours, sans autre nourriture que des coquillages et quelques mauves qu'ils tuent, jusqu'à ce qu'ils rencontrent un autre pêcheur qui leur donne un peu de poisson, des pommes de terre et de la farine pour deux jours.

Ils partent de cet endroit, le 29 septembre, pour prendre le grand canal, mais ils sont bientôt forcés de rentrer dans l'archipel, pour se mettre à l'abri d'un coup de vent.

Le 3 octobre, ils appareillent et arrivent le 4 au matin à Chiloe, relâchent à la première maison pour faire des vivres et partent de là pour San-Carlos, où ils arrivent enfin le 10 octobre, trente-cinq jours après leur départ de l'île que nous occupions. Pendant cette longue traversée, il y avait eu plus de vingt-sept jours de pluie.

Aussitôt après son arrivée, le capitaine fit les démarches nécessaires auprès de l'agent consulaire qui le seconda de tout son pouvoir. Malheureusement aucun bâtiment de guerre ne se trouvait là. Il n'y avait pas non plus de goëlette à pouvoir fréter. Il n'y avait que des mauvaises lanches du pays, qui n'auraient pu supporter le voyage.

Après s'être bien assuré qu'il n'y avait aucune em- arcation convenable, le capitaine part pour un petit port à vingt-cinq heures de là, où on lui apprend qu'il trouvera une lanche beaucoup plus forte. Mais c'était un bateau encore en construction. Il revient à San Carlos où il se décide à prendre une lanche plus grande, qui était arrivée en son absence.

Ces sortes d'embarcations qui ne servent qu'au transport du bois et des pommes de terre, des îles de Chiloë à San-Carlos, ne sont pas pontées. Il était indispensable que celle-ci le fût. Elle ne put être prête qu'à la fin d'octobre.

Le capitaine avec l'assistance du consul, se pourvut de deux mois de vivres pour vingt hommes, et il s'embarqua avec le lieutenant et quelques hommes, le maître étant trop malade pour faire le voyage.

Le 30 octobre 1840, la lanche gréée en flambard et ayant à sa remorque une pirogue baleinière partit, de San Carlos. Le vent d'O. força de louer deux embarcations pour hâler au vent. Une fois dans le canal, la brise fut belle, et le lendemain, on relâcha à Tenaoun par un beau temps.

Après avoir complété les vivres, la lanche partit le 1er novembre et passa le lendemain le cap San Pedro. Le grand vent d'O. força de faire route par le canal de Tres Montes, où l'on mouilla le soir. Quelque temps avant, la pirogue avait été remplie par les lames et avait eu son arrière enlevé, mais on put la vider et la raccommoder à peu près.

Le samedi 7, on sortit des îles, pour se mettre à la mer. Le vent du N. conduisit presque par le milieu de la péninsule de Tres Montes. Là il y eut calme, puis grand coup de S.-O., très grosse mer qui fatigua beaucoup la pirogue qu'on était obligé de vider toutes les heures.

On reprit la route par un grand vent de N.-O. ; les bordages de la pirogue se larguèrent, et malheureusement on fut obligé de couper les remorques.

Après avoir mis à la cape le mercredi soir, on fit route le jeudi 12 novembre à cinq heures du matin, et à sept heures, on reconnut les approches de notre île, par un grand vent et une pluie battante. A onze heures la lanche était mouillée dans nos bords.

Le retour inespéré du capitaine, après soixante-treize jours d'absence, nous mit dans l'abondance ; mais nous n'en désirions pas moins partir promptement. Il était pourtant impossible de sortir de nos rochers par le grand vent du N. qui soufflait sans cesse. Nous attendîmes encore vingt et un jours, avant de pouvoir nous mettre en mer.

Le jeudi 3 décembre, nous appareillâmes à trois heures de l'après-midi, par un vent de S.-O., traînant à la remorque notre canot, conservé avec un si grand soin.

Nous eûmes un vent variable et plusieurs mauvais temps jusqu'au cap Taitachaiohoun que nous relevâmes le 6 décembre à midi, au N.-N.-O. Ayant viré de bord pour le doubler, nous reçûmes un violent coup de vent du N. pendant lequel nous perdîmes notre canot qui s'était empli plusieurs fois, la veille. Cette perte était cruelle, car elle rendait toute relâche bien difficile, et nous ôtait toute chance d'échapper si nous étions jetés sur des rochers.

Le vent continua de souffler avec violence, en venant du N. à l'O., jusqu'au mercredi 9 décembre.

Nous étions presque toujours à la cape pendant ces temps, pensant à chaque instant être engloutis par des masses d'eau qui tombaient sans cesse sur le pont, et pénétraient souvent dans l'espace étroit où nous étions entassés et forcés de rester couchés.

Le vent augmenta encore dans la journée du mercredi, et le soir la tourmente devint épouvantable. La mer était terrible, les lames se croisaient de tous côtés et déferlaient avec furie sur notre malheureux bateau. Notre perte nous paraissait certaine. Nous étions résignés à la mort, quand, vers le point du jour, le vent diminua sensiblement.

Où étions-nous? A tout événement le capitaine fit gouverner sur une terre que nous venions d'apercevoir. Quel fut notre étonnement de reconnaître les rochers qui avoisinaient notre île.

Nous avions dévié de 60 lieues en quatre jours!

Ce fut un vrai bonheur pour nous de pouvoir rentrer dans un lieu que nous avions tant aspiré à quitter. Le 10 décembre la lanche était mouillée dans la baie d'où elle était partie huit jours auparavant.

Nous n'avions point de canot. Il fallut faire un radeau qui conduisît à la terre, au moyen d'une corde fixée d'une part au bateau et de l'autre à un rocher. Nous retrouvâmes notre tente que les sauvages n'avaient pas encore détruite. Mais ils avaient déjà déterré les pommes de terre que nous avions plantées pour leur créer une ressource.

Le vent du N.-O. dura pendant tout le mois de décembre et ne nous permit pas de songer à partir. Comme il n'y avait plus de lits, une partie d'entre nous allait chaque soir coucher à bord, au moyen du radeau. Le temps, au lieu de s'améliorer, empirait à mesure que la saison s'avançait. Nous étions couverts de vermine.

Nous voyions arriver le moment où nous manquerions de nouveau encore de vivres, lorsque le 2 janvier 1841, nous pûmes mettre à la voile par un vent variable du S.-O. à l'O.

Nous ne sommes pas plutôt en mer qu'un coup de vent du N. survient, qui nous force de rester à la cape. Ce n'est pas assez, notre gouvernail se brise. On le rattache avec des cordes qui sont toutes usées. Le capitaine se décide à faire couper les brasses de la petite chaîne de la lanche et le 5 janvier, notre gouvernail est rattaché avec solidité.

Jusque-là, toujours mauvais vent et grosse mer. Enfin, le 6 janvier, la brise devient S.-O.. et nous pousse avec force pendant deux jours. Le 7 au soir, nous avions dépassé le cap N. des Tres Montes et le 8 nous entrions dans les îles de ce nom. Une fois dans ces îles, nous nous regardions comme sauvés.

Nous eûmes en effet, depuis lors, un beau temps constant. Le 14 nous doublions le cap de San Pedro de Chiloë, d'où nous allâmes relâcher à Teraoun, le 17, pour prendre des vivres frais, dont nous avions le plus grand besoin.

Nous arrivâmes enfin le 20 janvier à San Carlos, dix-huit mois après notre dernier départ de l'île, sept mois et un jour après notre naufrage, sans qu'aucun des naufragés ait péri, grâce aux mesures prises par le capitaine Coisy, grâce à sa résolution, à son habileté et à sa persévérance.

A leur arrivée à San Carlos, M. Pauché, agent consulaire de France, qui avait déjà si bien secondé le capitaine, fournit à ses compatriotes le moyen d'arriver tous à leur destination.

1840

Naufrage d'une goëlette norwégienne devant Douarnenez.

La goëlette *la Bolette* de soixante-cinq tonneaux, capitaine Holtsen, six hommes d'équipage, sortie de la rivière de Douarnenez, le 30 janvier 1840, était restée au mouillage devant ce port. Mais, dans la nuit du 3 au 4 février, une tempête terrible se déclara. Vers huit heures du matin, la goëlette fut enlevée de son mouillage, quoiqu'elle eût deux ancres avec deux fortes chaînes, ainsi qu'un bon câble et un grappin.

Elle voulut mettre quelques voiles dehors. Rien ne put résister à la violence du vent. Elle fut jetée à neuf heures et demie, à la côte sur la plage du Riz, à une demi-lieue de Douarnenez. La mer furieuse déferlait sur le navire et le couvrait de ses houles. Les six hommes s'étaient cramponnés à ce qu'ils avaient trouvé sur le pont. Mais les secousses qu'éprouvait la goëlette, déjà en partie défoncée, les menaçaient d'une mort prochaine. Leur situation était affreuse. Les habitants du Douarnenez, les marins du port, la douane, la gendarmerie, étaient accourus pour porter secours.

Le danger est immense. Mais la vue des naufragés anime tous les courages. L'élan se communique. On s'avance en masse dans la mer. Les hommes qui sont à la tête de la colonne de sauvetage, approchent assez près du navire. Ils crient qu'on leur jette une amarre. Ils la manquent à deux reprises. Ils la saisissent enfin, non sans un grand danger, et la passent vivement aux autres sauveteurs qui forment la chaîne.

Dans ce moment, une houle affreuse, déferlant avec fureur sur la *Bolette*, couvre en même temps les sauveteurs et les renverse. Heureusement, ils se tenaient fortement au va-et-vient. Ils se relèvent et encouragent l'équipage à se glisser le long de l'amarre.

Quatre des hommes sont sauvés. Mais le capitaine, désespéré, refuse de quitter son navire. Le second, empêché par une grave blessure, n'en a pas la force. Enfin les sauveteurs, couverts par la mer, sont, à regret, forcés de s'éloigner.

C'est alors que le malheureux capitaine, quand il est devenu impossible de le secourir, se décide à saisir le va-et-vient. Mais la mer, poussée par le flot qui couvrait tout de ses énormes houles, arracha et engloutit l'infortuné, qui disparut bientôt sous les lames et le sable, dans un remous épouvantable.

Jusqu'à six heures du soir, le second put tenir et résister sur le navire à demi démoli. On entendait du rivage les cris de désespoir ; c'était déchirant. Alors M. Albert Broquet, cédant au sentiment généreux que partagent toutes les personnes présentes, veut se jeter à la mer, et voler à son secours. La nuit augmentait le danger. Mais il persiste dans sa résolution. A peine peut-il consentir à prendre une ceinture de sauvetage.

Il s'élance, il arrive, monte sur le bâtiment. A la vue d'un sauveur qu'il n'attendait plus, le naufragé jette un cri de joie. M. Broquet le dégage, et aidé par

MM. Bresson, Largeterre, Villars, qui l'avaient suivi, i
il l'enlève du bord, et profitant du moment où les e
lames se repliaient sur elles-mêmes, il sauve d'une ɔ
mort certaine un malheureux qui avait tenu comme ɔ
par miracle sur un pont défait en partie et mena- ↲
çant de s'écrouler entièrement.

1840

Naufrage de la *Lise*, au cap des Aiguilles.

Le mystère qui, dès les premières nouvelles reçues
de ce naufrage, entoura la catastrophe, les soupçons
qui surgirent immédiatement, la contradiction qu'on
remarquait entre la conduite de notre consul et les
précautions prises par la justice anglaise du Cap de
Bonne-Espérance, donnèrent à cette affaire un intérêt exceptionnel.

Un journal d'alors, *le Temps*, annonça, au commencement de juillet 1840, qu'il venait, selon toute apparence, de se passer aux environs du Cap, un horrible
drame, aussi sombre que les plus affreux qu'eussent
enregistrés les Annales maritimes.

Un navire, la *Lise*, allant de Maurice à Bordeaux,
avait fait naufrage, en février 1840, au cap des Aiguilles près du Cap de Bonne-Espérance. Ce navire
connu pour sa solidité et commandé par un marin
expérimenté, le capitaine Lecacheux, transportait un
grand nombre de passagers.

On ne connaissait pas encore les détails du naufrage; mais, on était frappé de ceci : tout l'état-
major, les passagers, les domestiques de chambre
avaient péri, l'équipage avait été sauvé, notamment
un matelot qui avait la cuisse cassée avant l'événe-

11

ment. Un seul passager avait reparu, c'était un passager du gaillard d'avant, qui frayait avec les matelots. Les effets des matelots et de ce passager semblaient avoir été préservés exclusivement à tous autres. En arrivant au Cap, les matelots paraissaient fort munis de numéraire. Enfin la mer avait rejeté sur le rivage les corps des passagers et du capitaine, et l'on avait retrouvé des traces de blessures faites à coups de couteau.

La justice anglaise s'était émue tandis que notre consul restait fort calme. Voilà les premières nouvelles.

Une autre feuille, le *Journal du Havre*, répondait au *Temps* qu'il concluait un peu vite et trop bruyamment. L'affaire était connue depuis longtemps et, en effet, il avait couru de mauvais bruits. Mais, bien qu'il y eût dans l'aventure des détails peu explicables, rien ne semblait autoriser l'hypothèse d'une révolte. *Le Temps* donnait d'ailleurs des renseignements inexacts. Ainsi le matelot à la jambe cassée était un mousse qui était resté dans le navire où on l'avait trouvé et sauvé le lendemain. Quant aux blessures, elles avaient fort bien pu être faites par les pointes des roches et des coraux sur lesquels les cadavres avaient roulé.

Le Temps ripostait en annonçant que les matelots de la *Lise* étaient venus à Nantes où la justice les avait saisis.

Le Courrier de Bordeaux, port auquel appartenait la *Lise*, prenait la parole de son côté. Il annonçait que quatre matelots de la *Lise* étaient arrivés à Bordeaux, six à Nantes ; deux étaient restés au Cap. L'un des passagers avait embarqué 10,000 piastres en or, et deux sacs d'or ; on n'avait retrouvé que 5,000 piastres. Le passager d'avant, dont il a été parlé plus haut, venait aussi de débarquer à Bordeaux. C'était un boulanger nommé Ratineau ; il avait perdu pendant le naufrage 200 balles de café, et pourtant, disait *le Courrier*, il paie son hôtel en souverains d'or.

Il se trouva que ce Ratineau était né à Nontron. Là-dessus *l'Union* de Nontron entra dans la lice. M. Ratineau se plaignit vigoureusement « des calomnies atroces qu'on répandait contre un laborieux artisan qui avec un modeste pécule rentrait avec transport dans sa ville natale, où, au lieu d'être reçu à bras ouverts par ses amis, ses parents, sa mère, sa vieille mère, il est considéré comme un objet d'épouvante et d'horreur. » Il annonce qu'il court à Bordeaux, poursuivre les calomniateurs.

Immédiatement *le Temps* reconnut que les marins de la *Lise* étaient de braves gens et que les soupçons n'avaient pu planer sur eux que parce que les faits avaient été mal connus, mal rapportés.

Le Courrier de Bordeaux avait déjà publié un récit du naufrage, écrit par un matelot avec une candeur qui pénétrait jusqu'au cœur même du style et qui rendait à la fois l'innocence des accusés fort claire et la phrase des plus obscures.

Le 9 mars, la *Lise* ayant à son bord une douzaine de passagers se rendait à *Table Bay*. A quatre heures on apercevait la terre. Le capitaine croyait avoir doublé le cap des Aiguilles, si fertile en naufrages. Chacun se réjouissait. On se croyait à l'abri de tout danger et, le soir venu, on rentra dans les cabines, en s'entretenant, dit notre matelot, dans la douce espérance d'avoir achevé la plus dangereuse partie de la traversée. Vain espoir !

On s'était éloigné de la terre aperçue dans l'après-midi. A dix heures, on la signala encore, et on avertit le capitaine qu'on apercevait un feu. Le capitaine répondit que c'était impossible. Toutefois il monta et aperçut, en effet, la terre. Il cria immédiatement au matelot Perronneau, qui tenait la barre :

— Barre à tribord.

Le bâtiment vint au S.-O un quart O. Un quart d'heure après, le capitaine vint ordonner au matelot de mollir la barre pour éviter le tangage.

— Malheureusement, capitaine, dit Perronneau, ce n'est pas un coup de tangage, mais un coup de talon.

Le capitaine hésitait à croire, lorsqu'un second coup vint ébranler le bâtiment. Aussitôt le reste de l'équipage et les passagers, demi-nus, montent sur le pont. La quille continue de frapper avec violence sur le rocher. On cargue le grand perroquet et la misaine et on amène les huniers pour soulager le navire.

On tire quelques coups de canon en signe de détresse. Bientôt le gouvernail est emporté. Rien ne peut dégager le navire, qui se trouve sur le flanc. La mer déferle avec fureur sur le côté que la *Lise* lui présente et emporte les hommes avec les débris. Le navire s'entr'ouvre, la dunette manque sous les pieds. Officiers, passagers, matelots, sont précipités, renversés et se relèvent plus ou moins blessés. Ils se rendent sur la partie du navire qui est encore hors de l'eau.

Mais chacun comprend le sort qui l'attend, et les cris de désespoir et d'adieu, les plaintes, les gémissements, se mêlent au sifflement du vent, au bruit de la chute des mâts, aux craquements du navire et aux rugissements de la mer furieuse.

Une des passagères, femme d'un riche commerçant qui l'accompagne sur le navire, madame Rey, est montée des premières. Comme il fait très froid, un matelot lui offre sa capote. La courageuse femme la donne à son mari qui se désole :

— Tiens, bon Rey, mon ami, prends courage ; quant à moi, je n'ai pas peur.

En effet on l'entend sans cesse encourageant les matelots et les engageant à ne pas trop s'exposer. Un coup de mer l'entraîne, un matelot la retient, mais un second coup les prend et les enlève tous deux. M. Rey se désespère.

— Votre fortune vous perd, lui dit le second.

En effet, c'est à cause de son chargement qu'on a débarqué au Cap, et quelques mois auparavant un navire anglais, chargé également par lui, a fait naufrage au même endroit. Bientôt M. Rey, puis le second, puis le capitaine, puis à peu près tout l'équipage disparaît.

On n'aperçoit plus qu'un vigoureux matelot, Pierre, qui, renversé de la hune, se dirige vers l'avant du navire. Il appelle, personne ne lui répond. Il appelle encore. Il entend une voix qui crie :

— Nous sommes quatre sur le mât d'artimon.

Il appela encore, la voix cria :

— Nous ne sommes plus que deux.

Il appela encore, rien ne répondit plus.

Le jour va paraître, Pierre entend une voix faible qui crie dans une autre partie du navire :

— J'ai la jambe cassée, secourez-moi.

— Prends courage, répond Pierre, qu'un autre gémissement appelle près du bord. Il voit un de ses compagnons, jusque là pendu à un reste de bastingage

et que la mer emporte. Il le ramène dans le petit îlot
de planches qui émerge encore hors de l'eau et il se
précipite de nouveau au secours du blessé que la
mer avait aussi saisi et qu'il ramène auprès du premier compagnon.

Le jour est venu, Pierre se jette à la mer pour gagner le rivage.

— Ne nous abandonnez pas, ah ! ne nous abandonnez pas, lui dirent les deux malheureux qu'il a
sauvés.

— Soyez tranquille, je vais chercher du secours.

Mais toute sa crainte est de tomber sur une côte
déserte, ou pis encore, au milieu des sauvages dont la
férocité lui est connue. Dans le trajet, il voit quelques-
uns de ses compagnons qui essaient aussi de gagner
le rivage. Un jeune novice dispute aux lames une
pièce de bois qui lui échappe sans cesse ; furieux,
épuisé de fatigue, il demande au boulanger Ratineau,
le seul passager qui survive, et qui nage à côté de
lui sur un débris, il lui demande un couteau pour
mettre fin à son angoisse.

— Que dis-tu, malheureux ! s'écria le brave boulanger ; ah ! ne nous abandonnons pas, Dieu aura
pitié de nous. Pense comme moi à ta mère.

Le novice fou et furieux appuya sa gorge contre un
gros clou, mais le flot balance la pièce de bois où
tient le clou et le malheureux ne peut parvenir à se
blesser. Tous deux arrivent au rivage.

Un autre naufragé, affolé comme le novice, mais
d'une folie joyeuse, le mousse, est assis tranquillement sur le bout d'une vergue, il chante au milieu
des lames furieuses, il se laisse bercer par la mer
exaspérée et il arrive au rivage sans le moindre effort.

Bientôt treize naufragés sont réunis dans une cabane trouvée non loin du rivage. Le vaillant boulanger court au bord de la mer chercher dans les débris quelques provisions qui puissent nourrir ses compagnons. Pierre avise à sauver les deux malheureux restés sur le navire.

Jusqu'au 24 les survivants de la *Lise* vivent là, en disputant leur vie et leur nourriture aux sauvages et aux Hollandais qui sont venus piller le navire. Au bout de ces quinze jours l'agent consulaire français, — averti par une lettre du mousse, qui a retrouvé sa raison et le seul qui sache bien écrire — arriva et emmena les naufragés au Cap.

Les corps du capitaine, de M. et madame Rey et de la plupart des victimes ont été rejetés sur le rivage et enterrés là. « Une simple planche marque leur dernière demeure. Que la terre leur soit légère ! » conclut le matelot.

Un autre de ces matelots, Perronneau, dont je parlais plus haut, adressa une lettre au *Temps* qui l'imprima. Il confirme dans ses principaux détails le récit précédent.

Une vague, écrit-il à la fin de son récit, m'emporta dix minutes avant que le navire ne sombrât. Je saisis au hasard quelques débris, et après de longs efforts j'arrivai sur le rivage, non sans avoir entendu bien des cris de désespoir.

Je gravis avec peine des rochers sur lesquels je tombai à chaque instant. J'avais une blessure à la jambe droite.

A quelque distance du rivage, j'aperçus une hutte en paille où je me refugiai. Elle était déserte. J'y tombai sans connaissance. Je revins à moi quand trois de mes compagnons d'infortune arrivèrent. De ce nombre était le boulanger. Celui-ci, en furetant, trouva dans la case un pantalon et un gilet sec. Il s'en couvrit et s'en retourna au rivage au-devant des autres compagnons qui pourraient s'y sauver également.

Nous rencontrâmes dans ces parages l'équipage et le capitaine du navire anglais qui avait fait naufrage peu de jours avant, et à peu près au même endroit. Ils nous accueillirent comme des frères, et mirent à notre disposition leurs bâtiments et leurs provisions et nous aidèrent à préserver du pillage les débris de notre navire.

Perronneau termine par une invocation à madame Rey, l'idole de l'équipage, à l'épouse du capitaine Lecacheux, et proteste avec indignation contre les accusations dont l'équipage de la *Lise* est victime.

L'ensemble des faits et ces protestations paraissent avoir convaincu les contemporains de l'innocence des matelots et du vaillant boulanger.

1840

Naufrage de la *Jeune-Apollonie*.

Le 23 novembre, à deux heures de l'après-midi, écrit M. Houard, capitaine du navire, nous quittâmes le port d'Alger, à destination de Philippeville. Après une horrible traversée, mon navire échoua à l'E. de Gigelli sur un banc de sable.

Immédiatement nous nous mîmes en route pour Gigelli. Nous ignorions la distance qui nous en séparait. Après six heures de marche précipitée, accompagnée d'une pluie continuelle, nous parvînmes, en suivant la côte, en face d'une rivière. Il était impossible à quelques-uns d'entre nous de la franchir, je tournai vers le S. afin d'atteindre la ville par le pied des collines. C'était le seul moyen de ne pas rencontrer de rivières.

Quand nous eûmes franchi la montagne qui domine la mer, le jour paraissait. Nous aperçûmes Gigelli à une distance d'environ deux lieues à vol d'oiseau. Cette vue nous rendait l'espérance, lorsque tout à coup nous entendîmes des cris furieux. Nous vîmes paraître deux Kabyles, le fusil armé, le yatagan nu. Accablés de fatigue, épuisés de souffrance et désarmés, nous ne pouvions songer à nous défendre. Nous

invoquâmes la protection de Dieu, seule puissance
qui pût nous protéger.

Les Kabyles nous dépouillèrent de tout ce que nous
possédions en argent, nous enlevèrent nos vêtements
et nous déposèrent dans une de leurs soi-disant cabanes, où l'on n'est même pas à l'abri du plus léger
zéphyr.

Assis par terre, transis de froid et de crainte, nous
avions pour gardien la femme de Saala, l'un de ceux
qui nous avaient arrêtés. Celle-ci, plus féroce encore
que son mari, après nous avoir couverts de crachats
et roués de coups, acheva de nous dépouiller.

Bientôt nous entendîmes une voix de stentor jeter
des cris d'appel et nous fûmes bientôt entourés d'une
foule de gens armés. Ils se jetèrent sur nous. Les uns
nous plaçaient leur yatagan sur la nuque, les autres
nous lançaient des coups de massue sur les reins, les
autres nous frappaient les flancs de la crosse de leurs
fusils, avec tant de force que nous croyions avoir les
côtes enfoncées. Nos cris de douleur excitaient en
eux la joie la plus folle et nous comprîmes bientôt
qu'il fallait nous taire pour voir cesser notre supplice.
En effet, quand ils nous virent silencieux, ils se fatiguèrent de nous torturer.

Ils nous quittèrent bientôt pour se rendre sur le
lieu du naufrage. Déjà les indigènes, ceux de Collo
comme ceux des Beni-Mammer, près de Gigelli, s'y
étaient transportés. Ils passèrent toute cette journée
et celle du lendemain à piller. Puis ils revinrent à nous
et nous demandèrent des douros. Nous n'avions rien.
Ils nous firent comprendre que si je n'écrivais pas au
commandant de Gigelli et si celui-ci n'envoyait pas
une forte rançon, l'on nous couperait la tête. Avec

une plume de roseau et du charbon pilé avec de l'eau,
j'écrivis.

M. Piccolo, lieutenant-colonel, commandant la
place, envoya un rais (capitaine) pour exhorter les
Kabyles à terminer cette affaire au plus tôt. Mais le
mauvais temps empêcha les Arabes de se rendre au
lieu indiqué pour traiter de notre rançon. Le lieutenant-colonel inquiet écrivit à l'un des chefs influents
en l'engageant à ne pas souffrir qu'aucun mal nous
fût fait, et à hâter notre délivrance. Il n'avait pas
assez de troupes pour chercher à nous délivrer sans
rançon. Il fallait patienter.

Les pluies cessèrent. Les Kabyles se rendirent dans
une tribu voisine de Gigelli, tribu soumise à la
France. Ils venaient chercher la rançon, prétendant
l'avoir avant notre délivrance. Les Arabes demandaient un million, sans savoir ce que c'était qu'un
million. Puis ils réclamèrent une pleine charge de
mulet en pièces de cinq francs. Enfin ils consentirent
à accepter six aunes de pièces de cinq francs mises
bout à bout.

Mais un événement inattendu vint rompre les né-
gociations. Pendant les quelques jours de captivité,
une des passagères de la *Jeune-Apollonie* s'était
faite aux mœurs arabes, s'était attachée à un Kabyle
qu'elle ne voulait plus quitter, disait-on. Le chef de
la tribu insista pour que tous les prisonniers fussent
rendus. Les indigènes se révoltèrent. Il y eut un combat
pendant lequel on nous transporta plus loin, à quatre
heures de marche, à travers de hautes montagnes.
Arrivés à notre destination, l'on nous divisa par cou-
ples et l'on nous logea dans des bâtiments séparés.
Pour moi on m'envoya dans l'endroit le plus éloigné

et l'on me faisait changer de résidence deux fois par jour.

C'était sur moi aussi que tombaient les punitions quand quelques-uns d'entre nous déplaisaient à leurs maîtres, et notamment je reçus un jour une terrible flagellation, parce que l'un des passagers se voyant sur le point de périr sous les coups, se décida à tout risquer. Il se sauva et après des fatigues incroyables, à la suite d'une série de hasards que les habitants de Gigelli regardèrent comme un véritable miracle, il arriva dans cette ville.

Notre captivité dura trente et un jours, pendant lesquels nous n'eûmes pas un instant de repos. On nous occupait à fendre du bois, couper de vieux arbres et de fortes racines, broyer du millet, aller chercher de l'eau au loin, piocher la terre, piler les olives, etc. Pour moi, j'eus la fièvre pendant tout ce temps. Néanmoins il fallut chaque jour aller au travail, pieds nus et le corps à peu près dans le même état, car nos chemises étaient en lambeaux. Chaque jour, quand nous rentrions du travail, les chiens nous déchiraient la chair. Notre corps était en suppuration et la vermine pullulait dans nos plaies et nous rongeait nuit et jour. Si l'on s'approchait du feu, la chaleur réveillait les poux qui nous parcouraient tout le corps ; si l'on s'éloignait, l'on était gelé. De toute façon c'était toujours le martyre.

Nos matelots refusaient souvent la nourriture, et pour que, affamés comme ils l'étaient, elle leur répugnât, il fallait qu'elle fût bien mauvaise. Pour mon compte, je me suis nourri uniquement de chicorée, de champignons, d'escargots, de glands, que mon mousse allait recueillir et que je faisais rôtir sur la braise.

Mes compagnons d'infortune virent bientôt qu'il fallait en venir là pour pouvoir subsister, car ils ne pouvaient avaler le pain de millet mêlé de pierres, de terre et de cendre. C'était du reste la nourriture des Kabyles, qui ne changeaient rien à leur ordinaire, et n'en augmentaient pas la quantité, même quand ils avaient quatre captifs de plus à nourrir.

Dans cet état de misère, les uns se résignaient, d'autres cherchèrent à s'évader. Un matelot et un passager y parvinrent, mais ils furent repris dans les tribus voisines. Ils furent rendus à leur maître et terriblement punis. Cette tentative exaspéra les Kabyles qui craignaient de perdre leur butin. On prit des mesures plus violentes encore. On nous emmena plus loin dans la montagne et l'on nous forçait à coucher tout nus. C'était une souffrance atroce. Nous passions onze heures de nuit, assis sur de la terre, sans rien pour nous coucher. Les vents effroyables qui descendaient du haut de ces montagnes couvertes de neige, remplissaient notre tente à grand bruit. Nos plaies, envenimées par le froid et par toutes nos souffrances, nous arrachaient des cris de douleurs.

Deux Juifs qu'on avait enlevés peu de jours auparavant, furent relâchés pour une petite somme. Pour nous, nous fûmes vendus à un chef de l'intérieur, pour six cents pièces d'Espagne de la valeur de 5 fr. 50. Nos Kabyles étaient fatigués de nous nourrir.

Notre nouveau maître vint nous chercher avec une escorte de quatorze esclaves. Nous voyageâmes pendant deux jours à travers des montagnes couvertes de neige. Nous arrivâmes chez notre chef sans chaussures et sans vêtements. Il n'était pourtant pas féroce.

Au contraire, il nous témoigna quelque compassion. Il attendait ceux d'entre nous qui ne pouvaient marcher assez vite. Mais il ne nous garantissait pas contre les violences de ses soldats, qui nous rouaient de coups en sa présence, sans qu'il dît mot.

Nous ne nous trouvâmes point mal dans notre nouveau logis. Il était couvert, et, à condition d'aller chercher du bois dans la montagne, il nous était permis de faire du feu. Nous nous trouvions bien nourris de gourganes et de pain de maïs.

Enfin l'on s'entendit sur le prix de notre rançon. Notre maître reçut 11,000 francs dont 8,000 de M. le lieutenant général Galbois et 3,000 d'un chef de la province de Constantine, chez qui l'on nous mena.

Le jour où il reçut l'argent, il nous régala de viande de chevreau. Le lendemain à cinq heures du matin l'on nous donna, pour la première fois, de la galette faite avec de la farine de blé. Mais ce fut toute la nourriture que nous eûmes jusqu'à cinq heures et demie du soir que nous arrivâmes chez le chef que je viens de dire.

Ce ne fut pas sans courir bien des dangers que nous y parvînmes. Une bande de Kabyles vint pour nous enlever pendant le trajet. Il y eut combat entre elle et notre escorte composée de soixante-six hommes. Les nôtres furent triomphants. Mais ils prirent un autre chemin, tandis que des cavaliers envoyés par le chef de Constantine et le cheik du général Galbois occupaient les Kabyles sur la route que nous avions quittée.

Nous vîmes revenir les deux fils du chef avec leurs douze cavaliers, bientôt le chef lui-même avec ses cavaliers se présenta. Nous comprîmes qu'il s'agissait de nous emmener auprès de l'émir Abd-el-Kader. C'était pour nous une menace de ne jamais revoir parents ni patrie. Mais M. Rousseau, cheik (chaouch) du général Galbois et ce général lui-même nous sauvèrent de ce nouveau péril.

Le lendemain nous partîmes, escortés par M. Rousseau et quelques cavaliers. Nous arrivâmes à Mila à deux heures après midi. Il nous semblait que nous rêvions quand nous vîmes des soldats français sur les remparts et près des portes. M. Dussaussey, le capitaine commandant la place et l'aide major M. Rouaux nous soignèrent de leur mieux.

Le lendemain à huit heures du matin, nous quittâmes Mila, nous arrivâmes à Constantine à quatre heures de l'après-midi. Tout le commerce de la ville vint au devant de nous à cheval. Je rencontrai parmi ces cavaliers mes amis particuliers. Ils venaient nous chercher pour prendre part à un repas somptueux, préparé dans le but de célébrer la délivrance des naufragés de la *Jeune-Apollonie*.

1840

Naufrage de la frégate la *Magicienne*.

Partie de Singapore le 29 octobre, mais contrariée par les vents et les calmes, la *Magicienne*, commandée par le capitaine de vaisseau Roy, n'arriva à la hauteur des îles Balabac et Palawan que le 20 novembre.

Le 27, le vent fraîchit et souffla avec de violentes rafales qui augmentèrent encore d'intensité pendant la nuit.

Le 28, la tempête atteignit toute sa force. Le grand mât, cédant aux violentes secousses que lui imprimaient les lames, tomba avec fracas, entraînant dans sa chute le mât de perroquet de fougue, ainsi qu'une partie de la vergue de misaine.

La frégate était alors engagée au milieu des récifs et sa position était des plus critiques, M. Roy ordonna de la débarrasser de tout ce qui pouvait entraver sa marche et fit rétablir le mieux possible le petit hunier.

Elle fut dégagée des brisants. Mais dans la nuit, les hommes de vigie en signalèrent de nouveaux sur l'avant, et bientôt elle fut jetée par les lames au milieu de rochers de corail sur lesquels bientôt elle se coucha sans espoir de pouvoir la relever.

M'attendant, écrit M. Roy, à voir la mer nous en-vahir de toutes parts, j'ordonnai de dégager de la cale et monter dans les hauts, tout ce que l'on pourrait avoir de vivres et de munitions.

Avant la fin du jour, nous avions hors de l'atteinte des eaux, une assez grande quantité de biscuit arrimée dans des caisses à poudre, de la farine, du vin et des salaisons.

Inondé par la pluie et la mer déferlant par-dessus la frégate, assourdi par le bruit des brisants qui la faisaient de plus en plus monter sur les récifs, j'atten-dais le jour avec une mortelle impatience, afin de mieux juger notre malheureuse position et savoir si nous étions sur l'un des bancs Royal-Charlotte ou Bombay, ou bien si, toujours soumis aux violents courants de la veille, nous nous trouvions sur la côte de Palawan, ce que je ne pouvais croire puisque, au moment de notre naufrage, nous n'avions pas trouvé de fond par soixante-dix brasses.

Le jour tant désiré arrive enfin. Chacun voit avec peine, presqu'avec découragement, que nous sommes loin de toute terre, qui n'est apparue que beaucoup plus tard, très loin à l'E.-S.-E.

Le banc sur lequel nous sommes a une forme ovoïde; son plus grand diamètre paraît être d'un mille et demi. A son centre, existe un bassin d'eaux tran-quilles et profondes, embrassant la moitié de sa sur-face. Le reste se compose d'une ceinture de corail sur laquelle il n'y a pas plus de quatre à cinq pieds d'eau et sur laquelle la mer brise sans relâche. Je ne puis douter que nous soyons sur le banc de Bombay. Les courants nous avaient entraînés de deux milles par heure au N.-N.-E.

La frégate, avariée, est couchée sur son flanc gauche de façon à rendre les ponts presque perpendiculaires, j'acquis la triste certitude qu'aucune force humaine ne pouvait nous retirer de la douloureuse position où nous nous trouvions. Je n'avais plus qu'à m'occuper du salut de mes hommes.

Pendant qu'une partie s'occupait à dégager des soutes et de la cale tout ce qui était nécessaire à notre subsistance, le reste travailla à construire avec nos débris un solide radeau pouvant contenir 130 hommes. En même temps l'on mettait à la mer un petit youyou, notre grand canot et notre chaloupe, les seules embarcations qui nous fussent restées.

Nous réussîmes sans avaries cette besogne difficile. Mais comme il n'y avait plus sur le banc où nous étions échoués que deux pieds et demi d'eau, il fallut, avec beaucoup de difficultés, porter dans le bassin dont j'ai parlé, le canot et la chaloupe que je voulais conserver à tout prix.

La nuit du 29 au 30 novembre fut assez belle. On continua de dégager tout ce dont nous avions un impérieux besoin. Nous mîmes hors de cale, c'est-à-dire hors de l'atteinte des eaux, des munitions, des armes et pour vingt jours de vivres.

Le lendemain je fis construire un second radeau, qui avec le premier et nos canots devait amplement suffire à notre sauvetage.

A onze heures du matin, les hommes placés dans les parties les plus hautes de la frégate annoncèrent deux navires dans le sud, par conséquent au vent à nous. Peu après ils en virent un troisième.

Je fis immédiatement guinder un mât de pavillon beaucoup plus haut que celui que nous avions déjà.

L'on y arbora notre grande enseigne en tirant deux
coups de canon. En même temps, M. Moras, enseigne
de vaisseau, travaillait à tirer notre canot hors du
bassin où il était, pour se porter, avec lui, au-devant
du navire signalé.

Ce canot fut heureusement tiré hors des brisants,
mais, malgré nos efforts, nous ne pûmes jamais
parvenir, à l'aide de notre youyou que les lames déferlant repoussaient toujours en dedans, y mettre les
vivres, l'eau et les armes dont je désirais qu'il fût muni.

Les bâtiments s'approchaient. Bientôt nous distin-
guâmes, outre le pavillon anglais, les signaux que
faisait le premier qui nous eut aperçu, pour rallier
les autres en leur annonçant un navire en détresse.

Notre grand canot atteignit celui-là. M. Moras fut
parfaitement reçu de son capitaine, qui m'envoya
l'un de ses officiers pour me dire qu'il ferait tous ses
efforts pour nous recueillir, mais que le baromètre
baissait, qu'il craignait le mauvais temps et qu'il
fallait procéder immédiatement au sauvetage.

Il me fut facile de le convaincre qu'il me demandait
l'impossible, car nous venions d'acquérir la certitude
que nos ras nous étaient inutiles. Ils ne surnageaient
pas même à vide. Nous convînmes que j'allais faire
immédiatement construire des radeaux plus légers que
j'enverrais, chargés de monde, à mesure qu'ils seraient faits et en signalant leur départ par trois fusées.
J'espérais ainsi et à l'aide que pourraient nous prêter les navires — il y en avait alors cinq, — que nous
parviendrions avant la fin de la journée du lendemain,
à sauver tout le monde.

Cet officier me quitta en m'assurant de nouveau de
la bonne volonté de son capitaine.

Je fis mettre de suite à la besogne pour détruire les grands ras et en construire de plus petits.

A huit heures du soir, l'un d'eux monté sur huit pieux de quatre, étant achevé, on plaça les malades sous la conduite de M. Collas, second chirurgien, les mousses et les hommes nécessaires à la manœuvre, le tout sous les ordres de mon premier lieutenant.

Comme ce ras était le plus fort et en même temps le plus léger de tous ceux que l'on s'occupait à construire, comme il devait déposer à bord de notre grand canot, laissé hors de la barre à cet effet, malades et mousses, je fis mettre dessus une ancre à jet et une forte haussière pour tâcher d'établir un va et-vient entre la mer libre et la frégate. Cela nous eût épargné bien des peines. Mais malheureusement nous ne pûmes réussir, ne pouvant trouver fond aux accores du récif.

A huit heures du soir, un canot nous ayant hélé en français, je ne doutai pas que ce ne fût le nôtre, attendant notre premier ras hors du récif. Immédiatement j'envoyai M. de Bréda.

Toute la nuit, qui fut belle, fut employée à la construction de nos moyens de sauvetage. Au matin nous étions en mesure d'évacuer la frégate.

Le 1ᵉʳ décembre, les vents restés sud depuis notre naufrage, étaient passés au N.-O. Trois des bâtiments, en vue la veille, les seuls que nous vissions en ce moment, avaient été entraînés dans le nord. Mais nous les aperçûmes se dirigeant vers nous vent arrière et sous toutes voiles.

A dix heures, il nous vint un canot léger du trois mâts anglais, le *Mysor*, capitaine Ward. L'officier qui le montait nous apprit que notre radeau, disloqué par les brisants, n'avait pu être recueilli à son bord qu'à cinq heures du matin, et que tout le monde était sauvé. Mais quelle nuit pour ceux qui s'y trouvaient !

Il y avait eu une surprise qui faillit être bien funeste à quelques-uns de nos hommes.

Parmi les bâtiments en vue la veille, se trouvait à une trop grande distance pour que nous pussions distinguer son pavillon, le trois-mâts du commerce français, la *Favorite* de Bordeaux, capitaine La Gravère, qui ayant reconnu un navire naufragé, s'était rendu en toute hâte sur le lieu du sinistre pour aider au sauvetage. C'est son canot qui, la veille au soir, nous ayant parlé en français nous fit croire que c'était le nôtre.

M. de Bréda ne trouva donc au dehors qu'une légère yole de quatre avirons trop faible pour prendre son monde, mais qui lui donna la remorque toute la nuit avec la plus louable persévérance. Elle était commandée par M. Casalie, lieutenant de la *Favorite*.

Après l'arrivée du canot dont j'ai parlé ci-dessus, il nous en vint plusieurs du même navire, ainsi que du trois-mâts anglais, le *Clifford*, capitaine Sharp, puis de la *Favorite* dont le capitaine mettait tout son navire à notre disposition, puis du brick anglais le *Brigand*, capitaine Bardin, qui avait fait de nobles efforts pour nous rallier.

Mais, comme ce dernier navire était très petit, je fis remercier le capitaine de ses offres généreuses, ayant la certitude que la *Favorite*, le *Mysor* et le *Clifford* suffisaient à recueillir les 328 hommes composant l'équipage de la *Magicienne*.

Redoutant le retour du mauvais temps, et craignant que les navires en vue ne fussent les derniers qui, dans la saison, dussent passer par la route de Palawan pour se rendre en Chine ou à Manille, je profitai des embarcations légères et de notre chaloupe, mise comme notre canot, hors de la barre après des efforts inouïs, pour embarquer et diviser sur les bâtiments le plus de monde possible. Je ne gardai près de moi, afin de dégager l'eau et les vivres dont nos sauveurs avaient besoin, que mon second, partie des officiers et élèves, les maîtres et les hommes d'élite.

Toute la nuit fut employée à cette importante besogne.

Le 2 décembre, je fis rouler et porter aux brisants pour être embarqué sur les canots tout ce que nous avions pu sauver. Malheureusement, nous perdîmes encore plusieurs chapelets de barriques entraînées par la mer et les courants. Cependant j'acquis la certitude que chaque navire pouvait avec ce qu'il venait de recevoir, et en se gênant un peu, pourvoir à ses nouveaux besoins.

Alors je rassemblai mes officiers, et fort de leur avis unanime, j'ordonnai que la frégate, brisée dans toutes ses parties et hors d'état de tenir la mer, fût entièrement évacuée. Gabiers, chargeurs, chefs de pièce, seconds maîtres et maîtres, furent conduits par les ras et les canots légers dans ceux qui ne pouvant franchir les brisants étaient restés en dehors.

A cinq heures du soir, je fis amener le pavillon en le saluant d'un coup de canon, et de mes larmes que je ne pus alors retenir, et après m'être assuré qu'il n'y avait plus personne à bord de la *Magicienne*, je la quittai le dernier, me faisant conduire sur le navire français la *Favorite* où je fus parfaitement accueilli.

Je priai le capitaine La Gravère de manœuvrer de façon à tenir les bâtiments ralliés jusqu'au lendemain afin de pouvoir communiquer avec eux et m'assurer de nouveau qu'ils étaient bien en état de faire route pour Manille, et que mon équipage était convenablement distribué sur chacun d'eux, ce dont je n'étais pas bien sûr, vu la difficulté de faire exécuter ses ordres hors de la barre.

Le lendemain, le *Clifford* et la *Favorite* étaient à côté l'un de l'autre, mais ce ne fut qu'à quatre heures du soir que je pus envoyer un canot à bord du *Mysor*.

MM. Hallot, capitaine de corvette, placé par moi à bord du *Mysor* avec 116 hommes, et de Bréda à bord du *Clifford* avec 100 hommes, m'ayant assuré que les capitaines de leurs navires se trouvaient suffisamment approvisionnés, nous fîmes route vers Manille où nous arrivâmes, le 16 décembre, en parfaite santé.

1840. — Naufrage de deux corvettes norwégiennes la *Belette* et le *Félicien* sur la plage du Riz près Douarnenez.

1840. — Sauvetage, par l'*Asie*, de Bordeaux, capitaine Desse, de 112 hommes du navire anglais, *Marquis de Camden*, échoué sur un banc de rocher de la mer de Mindanao.

1840. — Abordage du paquebot français le *Phénix*, par le vapeur anglais *Britannia*, sur la côte anglaise à 20 milles de Dungeness.

1840. — Naufrage du brick anglais l'*Ebenezer*, en vue du Havre.

1841

Perte du trois-mâts le *Caribe*.

Aujourd'hui, 10 juillet, vers quatre heures du soir, écrit un habitant de la Guadeloupe, en revenant de Saint-François, je fis rencontre d'un nègre qui m'apprit que quatre matelots venaient d'être trouvés étendus sur des récifs et recueillis par M. Charles Vesoux, propriétaire d'une sucrerie, sur la lisière des communes du Moule et de Saint-François.

J'arrivai sur cette habitation et je vis, en effet, couchés dans les lits de l'hôpital et soignés par M. Vesoux lui-même, ces quatre malheureux dont les corps sont horriblement mutilés et affaiblis par quatre journées de jeûnes et de souffrances. Ils sont tous Espagnols et quoique M. Vesoux et moi nous ne connussions cette langue qu'imparfaitement, cependant, en y ajoutant un peu d'anglais, nous parvînmes à recueillir les renseignements qu'on va lire.

Le trois-mâts naufragé est américain ou espagnol, chargé de bœufs et parti d'Angostura pour se rendre à Antigoa. Son nom est *Caribe* et celui de son capitaine Sumaric Decos. Il paraît, d'après le dire d'un des naufragés, que l'armateur, M. Thomas Garcin, était aussi à bord.

Ce bâtiment surpris sans doute par les vents violents qui soufflent depuis plusieurs jours, et battu par les vagues, avait reconnu la Desirade, au vent de laquelle il naviguait lorsqu'il fut saisi par une tempête et sombra sous voile.

Le navire avait neuf hommes d'équipage sans compter le capitaine et l'armateur qui ont péri, ainsi que le second, le contre-maître, un matelot et un mousse. Parmi les quatre hommes qui ont échappé à la tempête et à la faim il y a trois hommes de couleur et un nègre, tous libres, je pense.

Ils se nomment, Antoni, Sebion, Gonsales, et le dernier, celui qui a le plus souffert, Miquet ou Miguel.

Voici comment ils échappèrent à la mort.

Au moment du naufrage une des embarcations du navire s'offrit à eux, et quoiqu'elle fût chavirée, ils s'y cramponnèrent, Dieu fit le reste. Les vagues poussèrent l'embarcation sur les bords de la Grand-Terre, et la firent échouer à vingt minutes de l'habitation de M. Charles Vesoux, près d'un petit endroit appelé l'Anse-à-l'eau.

C'est là que M. Vesoux les aperçut gisant à quelque distance les uns des autres, sans force, presque sans mouvement et insensibles à la douleur, aiguë pourtant, causée par les aspérités des cayes qui leur entraient dans le corps.

Je les vis cinq minutes après leur arrivée à l'hôpital et c'était un triste spectacle que l'aspect qu'offraient ces quatre corps demi-vivants, demi-morts, avec leurs blessures béantes.

Deux avaient leurs yeux encore fermés, un autre les ouvrait à peine ; le dernier était assis, les yeux ouverts et pleins de larmes ; moins maltraité que ses compagnons, il semblait remercier mentalement ce-

lui qui les avait sauvés. Et tous quatre, réduits pendant quatre jours à s'humecter les lèvres avec l'eau de
mer pour toute nourriture et toute boisson, avaient
surtout une soif inextinguible, et murmuraient sans
cesse : De l'eau ! de l'eau !

1841

Péril du trois-mâts l'*Alexandre*.

Le capitaine Bilard, commandant le trois mâts, l'*Alexandre* du port de la Rochelle, partit de New-York, le 4 février 1841, avec un chargement de 400,000 francs, espèces, et d'environ 250,000 francs de coton, à destination pour le port du Havre.

Le 9 du même mois, le navire se trouva assailli en mer, par une tempête violente qui continua à sévir jusqu'au lendemain, avec une telle furie que le navire fut vingt fois sur le point d'être englouti. Pour éviter une perte qui, sans cela, eût été certaine, on fut obligé de couper les mâts et de jeter à la mer les divers objets qui embarrassaient le pont.

Dans cette opération, que l'excessive violence des vagues rendait très périlleuse, le second du navire se trouva pris entre le mât de misaine et la chaloupe, et il expira au bout d'une demi-heure malgré les soins que les circonstances permirent de lui donner.

Des deux hommes qui étaient au gouvernail, l'un eut la jambe fracassée, l'autre fut étourdi sous le coup.

Enfin le capitaine lui-même enlevé de dessus le bord par un coup de mer ne dut son salut qu'à la chance qu'il eut de saisir un bout de corde à l'aide duquel il put regagner le pont.

Lorsque la tempête cessa, l'*Alexandre* privé de ses mâts et de son gouvernail, était complètement désemparé. L'équipage exténué de fatigue était plus près de la mort que de la vie. Par surcroît de malheur, le biscuit mouillé par l'eau de mer, était presque entièrement perdu. Pour dix-huit personnes qui restaient à bord, il n'y avait plus que deux barriques d'eau et deux de vin, le tout fortement mélangé d'eau salée.

Après s'être armés de courage, le capitaine et son équipage disposèrent du mieux qu'ils purent un petit mât et un gouvernail. La coque du navire n'avait pas d'avarie, mais il était impossible, dégréé comme il était, de le diriger utilement.

Le 26 février, seize jours après la tempête, un brick parut à l'horizon et s'approcha de l'*Alexandre*. Un canot et deux hommes vinrent à bord. L'un d'eux, qui était le second, demanda au capitaine Bilard s'il voulait abandonner son navire, le dernier lui dit que non, et lui demanda de l'eau et des vivres. Le second répondit qu'on pouvait lui en donner, et qu'il allait en parler au capitaine.

Mais à peine le canot fut-il à bord du brick, qu'il fut hissé et que le navire continua sa route à toutes voiles.

C'était un brick anglais allant à Liverpool (1).

Deux jours après, vers midi, on aperçut un second navire, il était dans les eaux de l'*Alexandre*, bientôt après on le reconnut pour le brick la *Georgette*, capitaine Henry, du port de la Rochelle, venant de New-York.

(1) J'ai fait des efforts pour découvrir et signaler le nom de ce navire. J'ai le regret de n'avoir pu y parvenir.

(CH. D'HÉRICAULT.

Dès que le capitaine vit la déplorable situation de l'*Alexandre*, il vint à bord, apportant de l'eau et des vivres.

Le capitaine Bilard, de l'avis de son équipage, proposa au capitaine de la *Georgette*, de le remorquer jusqu'aux Açores. Cette proposition fut acceptée. Deux passagers de l'*Alexandre*, qui étaient à charge à ce navire, passèrent à bord de la *Georgette*, et toutes les dispositions furent prises afin que l'*Alexandre* pût être remorqué.

Ce travail n'était pas exempt de dangers. On ne put relâcher aux Açores. Ces îles, qui n'ont pas de bord, n'offrant aucune ressource dans l'état de détresse où se trouvait l'*Alexandre*, les deux capitaines, aussi courageux l'un que l'autre, résolurent de faire voile pour le premier port de l'Europe.

Dans cette traversée, on eut un mauvais temps presque continuel ; parfois la grosse mer et le vent faisaient casser la remorque. Dans d'autres moments, il fallait la larguer pour éviter que ces deux navires ne s'abordassent.

Enfin, après des souffrances inouies, le 22 mars, on était en vue de l'île Dieu. Le 26, à six heures du soir, les deux bâtiments entraient dans le bassin à flots de La Rochelle.

Une telle conduite de la part des capitaines de la *Georgette* et de l'*Alexandre* ne pouvait rester sans récompense. Sur le rapport du ministre de la marine, une ordonnance royale leur décerna à tous deux la croix de la Légion d'honneur ; de son côté, la Chambre des assurances de Paris fit don d'un riche chronomètre au capitaine Bilard, au dévouement du

quel on devait le salut d'une cargaison de près de
700,000 francs.

Après avoir été réparé à La Rochelle, le capitaine
Bilard avait fait voile vers le Havre, où le navire était
arrivé sans autre accident.

1841

Naufrage du brick la *Picardie*.

Le 28 juillet, le brick la *Picardie* fut assailli, à
vingt-trois lieues de terre, dans le golfe de Lyon par
une tempête violente. Une voie d'eau se déclara dans
la cale et il devint bientôt évident, que si l'on ne venait pas au secours de l'équipage, il allait être englouti avec le navire.

Sur ces entrefaites deux bâtiments étrangers —
dont il nous a été impossible de connaître les noms,
mais dont l'un était hollandais — vinrent à passer. On
leur fit les signaux de détresse, mais ils n'y répondirent
pas et continuèrent leur route.

Cependant la position de la *Picardie* s'aggravait de
minute en minute. L'eau entrait avec abondance
dans sa cale et elle y montait déjà de deux mètres.

Tout espoir semblait perdu, lorsqu'un navire français apparut au large. C'était le brick la *Marianne* du
port de Vannes. Le capitaine Hervis qui le commandait, comprenant qu'on lui demandait secours, s'approcha le plus près possible du navire en danger.

Mais la nuit était affreuse et le vent soufflait dans
une direction contraire.

N'écoutant que son courage et son humanité, le
capitaine Hervis ordonna de mettre un canot à la

mer et y entra lui-même avec le matelot Hilaire Hervé.

Ils réussirent, à force de rames, à gagner le brick la *Picardie*. Après avoir fait entrer quatre hommes dans leur barque ils les déposèrent sains et saufs sur le pont de la *Marianne*. Trois autres hommes furent sauvés par eux de la même manière.

Le capitaine Hervis se disposait à exécuter pour la troisième fois ce périlleux voyage, lorsqu'il en fut empêché par son beau-frère Layec, second à son bord, qui le voyant exténué de fatigue le pria de lui céder sa place.

Layec partit donc avec l'intrépide matelot Hervé. Au moment où ils arrivaient près de la *Picardie*, ce brick, dans les huniers duquel se trouvait encore un homme, sombra.

Pendant que Layec et Hervé s'efforçaient de sauver le malheureux qui venait de se jeter à la mer, une lame brisa leur barque. On vit bientôt, au bord de la *Marianne*, trois hommes accrochés à des planches, disputant leur vie aux flots sous lesquels ils paraissaient et disparaissaient à chaque instant.

Le capitaine Hervé fit mettre la chaloupe à la mer pour aller à leur secours. Mais à peine fut-elle à l'eau qu'une lame la brisa contre la coque du navire. Il fallut recommencer les manœuvres. Elles furent inutiles.

Durant cinq heures, les trois malheureux naufragés luttèrent contre la mort. Puis les forces leur manquèrent. Ils lâchèrent les planches qu'ils tenaient embrassées. Leur terrible agonie était terminée. On ne les revit plus.

Le brick la *Marianne* gagna Rouen, où le capitaine

Hervis reçut de toute la population nantaise un accueil enthousiaste. Plus tard le gouvernement, pour sa belle conduite en cette circonstance, le décora de la croix de la Légion d'honneur.

1841. — Naufrage de la corvette de charge la *Marne* à Stozza (Algérie).

1841. — Demi-naufrage, sur la côte du Grinez, près Boulogne-sur-Mer, d'un navire hollandais le *Clodius Civiles*, capitaine Groen, qui continua son voyage après avoir débarqué, en perdition, les trois quarts de son équipage.

1841. — Perte du brick de guerre le *Volage*, capitaine Bonard, en vue de Mogador.

1841. — Perte du navire à vapeur le *Pollux*, coulé au milieu d'un incendie, après avoir été défoncé par le *Monte-Gibello*, à la hauteur de l'Ile d'Elbe.

1841. — Naufrage du brick la *Persévérance* de Dunkerque, capitaine Barbier, sur les côtes de la Nouvelle-Hollande.

1841. — Naufrage du trois-mâts la *Bonne-Aimée*, de Bordeaux, dans l'archipel de Bahama.

1841. — Naufrage du brick *Eugénie*, de Bordeaux, capitaine Prouverin, coulé en mer en allant de Pondichéry à Bourbon, dans le voisinage de l'Ile Maurice.

1841. — Naufrage du sloop l'*Auguste-Eugène* de Morlaix, capitaine Nicolas Plock, sur les falaises de Fécamp.

1841. — Naufrage du *Graville*, du Havre, capitaine Laplume, sur les côtes de Charlestown.

1841-1842

Un épisode du voyage de la corvette l'*Allier*.

Le 12 décembre 1841, au soir, écrit — nous abrégeons son récit — le capitaine de corvette du Bouzet,
commandant la corvette l'*Allier*, nous attérîmes sur
Vavao. Nous fûmes retenus sur cette côte pendant
deux jours par le calme. Enfin, le 14, dans l'après-
midi, à la suite d'un grain, nous pûmes doubler le
cap du nord de Vavao.

Le lendemain à sept heures du matin, nous donnâmes dans la passe de l'ouest, la seule qui soit fréquentée par les grands navires. Un pilote anglais, que
je connaissais pour avoir piloté l'*Astrolabe* et la *Zélée*
vint au devant de nous. Grâce à lui, je pus gagner
un bon mouillage, mais à deux heures de l'après-midi
seulement après un pénible louvoyage, car nous
avions à lutter contre de forts courants et des vents
très changeants.

J'appris à mon arrivée à Vavao, que le roi Georges
était absent et résidait depuis longtemps à Tonga-
Tabou, mais qu'on attendait prochainement son retour.

J'envoyai le soir même un officier prévenir le chef
Ossayas, gouverneur de Vavao que j'avais une mission
pour le roi Georges Tahafao, mais qu'en son absence,

je lui en ferais part ainsi qu'aux autres chefs de l'île. Je désirais donc les entretenir le lendemain, à bord de la corvette, à dix heures du matin. Je les priais de m'amener un interprète.

Le lendemain, à neuf heures du matin, Ossayas, accompagné de deux des principaux chefs et de plusieurs insulaires notables, arrivèrent à bord. Ils devançaient l'heure du rendez-vous, et je compris plus tard que c'était pour n'avoir pas à partager avec la foule les cadeaux qu'ils attendaient.

Ils amenaient avec eux, pour interprète, un mulâtre portugais des îles du Cap Vert. Je me défiais de ce mulâtre, on m'avait averti que c'était un déserteur du bâtiment que commandait le vaillant capitaine Powell, quand celui-ci périt dans une attaque qu'il fit contre les pirogues de l'île pour leur reprendre ses déserteurs.

Comme rien dans leurs costumes ne distinguait les chefs des autres naturels, j'eus quelque peine à les admettre. Enfin, ils montèrent à bord, et leurs physionomies fort craintives montraient qu'ils s'attendaient à des reproches.

Je voulus d'abord employer comme interprète un naturel que j'avais à bord et qui parlait très bien l'anglais. Mais il était de la dernière classe du peuple, et il tremblait tellement devant les chefs qu'il fut incapable de nous traduire leurs paroles. Je fus obligé d'avoir recours au mulâtre Joa.

Je dis à Ossayas que j'avais été envoyé par le roi des Français afin de savoir pour quelle cause il avait maltraité l'évêque missionnaire français, monseigneur Pompalier, et pourquoi, contrairement aux usages hospitaliers qu'ils avaient toujours eus envers les

blancs, ils avaient empêché une personne de la suite
de cet évêque de séjourner dans l'île.

Le gouverneur Ossayas me répondit que le roi
Georges avait un pouvoir absolu et que lui seul pouvait rendre compte des raisons qui l'avaient poussé
à expulser de l'île un des missionnaires de l'évêque;
que ni lui ni les autres chefs ne pouvaient rien prendre sur eux, mais qu'il me suppliait de conserver la
paix à leur île.

Je leur répondis que je n'avais pas été envoyé pour
leur faire la guerre, que les Français n'avaient aucune
intention d'imposer leur culte par la force, et que le
roi des Français demandait seulement qu'on ne ren-
voyât pas plus ses sujets que tout autre blanc.

Ces paroles rassurèrent-Ossayas et un cadeau que
je lui fis me gagna toute sa confiance.

Je leur fis servir à déjeuner. Ils dévorèrent le pain
qui était une nouveauté pour eux. Ils l'arrosèrent de
vin, de café, de liqueurs qu'ils trouvèrent bien supé-
rieures à leur kava.

Dès que leur faim fut apaisée, ils me demandèrent
la permission de faire mesurer la corvette, qui était
le plus grand navire qu'ils eussent encore vu. Le naturel chargé de cette besogne vint triomphalement
apporter la corde qui avait servi à cette mesure. Ils
examinèrent, séance tenante, le nombre de brasses
que contenait la corde et en témoignèrent la plus
grande admiration. Ossayas me dit qu'il la garderait
pour la montrer au roi, et qu'il l'étendrait par terre
pour la montrer au peuple, peuple de navigateurs,
très habiles, et s'aventurant au loin sur leurs pirogues, sans autres guides que le soleil et les étoiles.

A midi, le gouverneur me témoigna le désir de me

quitter. Je lui annonçai ma visite pour le lendemain, et lui recommandai de rassembler le plus grand nombre de chefs qu'il pourrait.

Le 17 décembre, dès la pointe du jour, un naturel nommé John, parlant très bien l'anglais, et que j'avais gardé à bord, m'annonça qu'un bâtiment était en vue.

Ce bâtiment était la goëlette l'*Atlas*, qui portait monseigneur Pompalier et le missionnaire M. Simonet.

A huit heures, elle arriva dans la baie. J'envoyai un canot chercher l'évêque et le missionnaire. Nous nous rendîmes à terre, ensemble, et nous arrivâmes à la maison d'Ossayas, où étaient réunis les chefs, les notables et les européens établis dans l'île.

Nous prîmes place à côté d'Ossayas qui était seul, dans l'un des côtés circulaires de la maison, les autres étaient confondus, pêle-mêle, avec le reste de l'assemblée.

Je répétai ce que j'avais dit la veille, en insistant sur cette idée qu'ils ne devaient pas suivre des conseils qui pourraient les exposer aux punitions et à la vengeance des nations dont ils maltraiteraient les membres.

Je laissai dans l'île monseigneur Pompalier et M. Simonet. J'avais l'intention de quitter Vavao le surlendemain, mais l'*Atlas* avait fait des avaries ; il avait été démâté de son petit mât de hune à travers le détroit de Cook et son gréement était à réparer. Je ne pus songer à partir que le 21 décembre.

Le 20, Ossayas était venu à bord, je lui remis une lettre pour le roi Georges Tahafao.

Le 21, au moment où je me préparais à prendre le

large, le vent passa au nord et au nord-ouest. Il
dura ainsi jusqu'au 24, avec de la pluie et des grains.
Tout appareillage était impossible.

Le 24, les apparences devinrent meilleures. Au
matin, la brise s'éleva du nord-est. Nous voulûmes
faire une tentative. La goëlette à qui j'avais fait
prendre les devants avait à peine dépassé la petite
île de Rotouma, qu'elle fut masquée par un grain de
sud-ouest qui remit le temps dans le même état à
peu près que·la veille. Le calme vint ensuite.

Le 25 au matin, la brise souffla de l'est, mais beaucoup trop faible pour que nous pussions nous hasarder au milieu des îles de l'entrée, où règne, par un
tel vent, un calme qui rend la position des bâtiments
périlleuse à cause des courants, du manque de fond
et de l'impossibilité de mouiller. Je restai toute la
journée en appareillage. Le soir, survint un calme
complet.

Enfin le 26, dès la pointe du jour, nous pûmes partir
et gagner le large.

Nous reconnûmes dans la matinée les îles Dougou
et Amargura. Nous aperçûmes le sommet conique de
la plus septentrionale des îles Niouka. La brise d'est
nous porta rapidement vers les îles Wallis. Le 29 décembre à neuf heures du matin, nous les aperçûmes à
neuf lieues de distance.

Dès que nous eûmes atteint la partie nord, nous
vîmes se diriger sur nous des pirogues. J'avais fait
mettre le pavillon car j'avais entendu parler de meurtres, et je voulais faire connaître le plus tôt possible
que la France était là pour les punir.

La première pirogue qui accosta portait un jeune
chef, que je reconnus, au chapelet qu'il portait autour

du cou, pour un des catéchumènes de la mission. Il
me dit en mauvais anglais, qu'il était en effet, un des
catéchistes du P. Bataillon ; que tout le monde dans
l'île, le roi lui-même, reconnaissait le Dieu des chrétiens ; mais que malheureusement il n'en était pas de
même à Futuna, où, ajouta-t-il en pleurant, on avait
tué le P. Chanuel.

Monseigneur Pompalier qui s'était embarqué sur la
corvette, se présenta alors. Rien n'égala la joie que
Salomon — c'était le nom du jeune chef — éprouva
en le voyant. Il lui demanda la bénédiction ; les autres
naturels quittèrent en hâte leur pirogue pour venir
le saluer et tous les visages prirent un air de satisfaction.

J'envoyai de suite cette pirogue prévenir le P. Bataillon et lui demander un pilote. La nuit nous força
à prendre le large.

Le lendemain 30 décembre à dix heures, en ralliant le point que nous avions quitté la veille, nous
vîmes une baleinière se diriger vers nous. Elle portait
un marin anglais nommé Jones qui était alors aux
îles Wallis, occupé à construire une petite goëlette
pour faire le cabotage des îles. Il m'apprit que la
passe était périlleuse pour un navire d'un fort tonnage.

J'envoyai donc la goëlette en avant, elle portait
Monseigneur qui désirait communiquer le plus tôt possible avec les missionnaires, et l'enseigne de vaisseau
Duranty, chargé d'explorer cette passe ; car je voulais
montrer le pavillon français dans ces îles où les Anglais et les Américains avaient assuré aux naturels
que la France n'avait pas de navires. M. Duranty revint le soir et me confirma les grandes difficultés qu'offrait cette passe.

Ce ne fut que le 1er janvier 1842 que je trouvai un vent favorable pour essayer de passer. Nous arrivâmes enfin à mouiller devant Wallis. Mais ce ne fut qu'après bien des difficultés, après avoir toué la corvette avec des grelins et des ancres à jet pendant l'espace d'un mille.

Dans la matinée, j'eus la visite des missionnaires qui me furent présentés par Monseigneur. Le soir, je descendis dans l'île et ma visite aux missionnaires me donna la meilleure opinion des naturels au milieu desquels ils vivaient. Le P. Bataillon notamment, exerçait sur eux la plus grande influence. On eût dit qu'il les avait tous fascinés.

Il lui avait fallu, en effet, un grand mérite pour amener où ils en étaient des hommes aussi turbulents et aussi méchants que l'étaient auparavant les indigènes de Wallis. Il n'avait usé d'autre influence que celle de la parole. Je lui présentai mes félicitations bien sincères.

Le 2 janvier, nous allâmes, Monseigneur et moi, visiter le roi qui demeurait dans un charmant village, à près de cinq milles de l'endroit où nous mouillions. Le roi nous reçut avec la politesse grave, particulière au pays et nous offrit l'indispensable kawa. Nous avions remarqué une fort belle église qui avait été bâtie depuis moins de trois mois. Quant au palais royal il était aussi modeste que la dernière maison du village.

Le roi ne payait pas de mine. Il était très gros et sa figure annonçait la dissimulation et peu d'intelligence. La première impression qu'il fit sur nous fut donc désavantageuse. Je fus fort étonné lorsque je le vis prendre la parole et haranguer pendant près d'un quart d'heure, les assistants avec un calme, une dignité et une facilité remarquables, avec une espèce d'éloquence dont on appréciait le mérite par l'effet qu'il produisait sur les auditeurs.

Après ce discours, le roi me témoigna le désir de se trouver réuni à nous dans l'église de Moua, et de visiter la corvette.

Le dimanche 3 janvier — c'était pour nous le lundi — dès le point du jour, je me rendis à la station de Moua, avec une partie des officiers de l'*Allier* et un détachement de marins. Nous assistâmes ainsi en corps à l'office divin, célébré par monseigneur Pompalier.

Cette cérémonie, à laquelle on avait donné toute la pompe possible, me parut produire grand effet sur les naturels. Nous fûmes frappés de l'harmonie des chants et de la piété des catéchumènes, de la décence qui régnait partout. Les marins de l'*Allier*, à ma grande satisfaction, se montrèrent presqu'à la hauteur d'une scène comme celle-ci. Comme tous les indigènes avaient les yeux sur eux, je me félicitais de ce qu'au moins cette fois, l'exemple des blancs serait utile à la mission.

La messe fut suivie d'un grand kava. Le roi et tous les chefs y étaient réunis. Plusieurs centaines de paniers remplis de viande, de poisson, de raisin, de fruits de toutes espèces avaient été apportés pour le festin.

Le lendemain 4 janvier, vers dix heures mon canot amena à mon bord le roi accompagné du P. Bataillon.

Après cette visite du roi, je considérai ma mission aux îles Wallis comme terminée et je crois que la présence de la corvette aura produit les meilleurs résultats.

Je n'avais pas perdu de vue l'affaire de Futuna.

Monseigneur Pompalier m'avait désigné, pour me servir d'interprète, le frère Marie Nazier, heureusement échappé au sort du P. Channel, dont il était le catéchiste.

D'après son récit, le fils de Nuliki, nom du roi de Futuna s'était converti. En l'apprenant, le roi s'était mis en grande colère et depuis lors, il excitait sourdement les naturels contre le missionnaire.

Le 27 avril, il se rendit auprès de son fils qui habitait un autre village, le conjura d'abjurer la religion chrétienne, et sur son refus, tint conseil avec quelques-uns de ses parents. A la suite de céla, une trentaine de naturels se jetèrent sur les catéchumènes qui se défendirent.

Les agresseurs étaient dirigés par un chef, Moussou-Moussou, qui voulait, disait-il, en finir avec la religion des blancs et qui fut blessé dans le combat. Pourtant les catéchumènes, moins nombreux, avaient été battus et dispersés. Les vainqueurs se rendirent au village qu habitait le missionnaire, à une lieue du champ de bataille.

En arrivant près de la maison du P. Channel, Mousson-Moussou fit cacher dans les plantations, les gens armés de lances, de massues, de haches, pour ne pas effrayer le prêtre.

Il était sept heures du matin.

Le Père était en prières ; il était seul. Il avait envoyé la veille son catéchiste à l'autre extrémité de l'île soigner un malade.

En voyant Moussou-Moussou, le missionnaire lui demanda, avec sa douceur habituelle, ce qui l'amenait :

— Je viens de me battre, répondit celui-ci, je suis blessé, donnez-moi quelque chose pour me panser.

Au moment où le Père allait chercher du linge pour faire un appareil, il reçut sur la tête un coup de massue qui l'étourdit. Mais revenant aussitôt à lui :

— Que me voulez-vous, dit-il, voulez-vous me tuer?

— Non, répondit le sauvage, nous voulons des habits.

— Attendez, je vais vous en chercher.

Dès qu'il revint il reçut, dans le côté, un second coup de massue, d'un indigène qui accompagnait Moussou-Moussou.

Affaibli par ce dernier coup, il alla s'asseoir dans le fond de la pièce. A ce moment, la maison fut envahie par les sauvages qui brisèrent le toit et les roseaux qui constituaient les murailles. Ils pillèrent tout.

Le P. Channel qui s'attendait à la mort, avait pris un livre et priait en lisant. De temps en temps, il essuyait le sang qui coulait de son front.

Le cri de : Tuez les blancs! tuez les blancs! fut poussé à diverses reprises par le chef, mais chacun était trop occupé du pillage. Peut-être aussi n'osaient-il pas en venir là.

Alors Moussou prit une herminette qu'il trouva dans la maison et en asséna un tel coup sur la tête du P. Channel que la partie supérieure du crâne fut séparée du reste. Le prêtre expira à l'instant même.

Presqu'au même moment, le roi Nuliki, dont l'habitation était pourtant fort éloignée, arriva, avec tout ce qu'il fallait pour ensevelir un corps. Il était déjà nu, les assassins se disputaient les vêtements.

Nuliki le lava de ses propres mains, l'oignit, selon la coutume de l'île, l'enveloppa dans une couverture de tapa et l'ensevelit non loin de la maison.

Le jeune catéchiste qui ignorait les événements, était en route pour regagner sa demeure. Il rencontra un indigène, nommé Matala, qui, mécontent de ce le roi lui avait enlevé sa part de pillage lui raconta tout ce qui venait d'arriver. Il l'avertit que le même sort l'attendait, et l'engagea à se rendre avec lui dans une partie opposée de l'île où les chrétiens étaient nombreux.

Arrivés dans cette région, ils trouvèrent chacun désespéré de la mort du missionnaire ; personne n'hésitait à regarder Nuliki comme le véritable coupable, Moussou-Moussou n'était que son instrument.

Les blancs se réunirent au jeune catéchiste, pour échapper à la mort, car ils se savaient menacés. Pendant plusieurs jours, ils se cachèrent dans les bois sous la protection des jeunes chrétiens de ce district.

Nuliki, renommé pour son hypocrisie, vint dans ce village, et déplorant la perte du missionnaire, il engagea le catéchiste à revenir à son domicile. Les indigènes l'en dissuadèrent.

Sur ces entrefaites on vit paraître sur la côte un baleinier américain, le *William-Hamilton*. Les indigènes empêchèrent le catéchiste et les blancs de se rendre à bord, mais une chaloupe étant venue à terre, ils réussirent à s'embarquer, malgré les menaces et les cris de mort.

Ils étaient à peine embarqués qu'un ordre de Nuliki arriva, portant qu'on devait les empêcher de quitter l'île, dût-on massacrer l'équipage de la chaloupe.

D'après ce récit, je craignais bien de ne pas parvenir à attirer à bord soit le roi Nuliki, soit quelqu'autre
des chefs. Je cherchai donc parmi les naturels de
Futuna, présents aux îles Wallis, quelqu'un qui pût
entrer en communication avec Nuliki, sans exciter sa
défiance.

J'avais remarqué un jeune chef, nommé Sam Ka-
letoné, qui avait beaucoup voyagé. Il avait pris un
grand amour pour les Européens, leurs usages, et il
comprenait à merveille tout ce qu'il y avait de bas
et de grossier dans les usages et les mœurs de ses
compatriotes.

Je le décidai à venir avec moi à Futuna.

Le 6 janvier à onze heures du matin, nous mîmes à
la voile. Le 7 dans l'après-midi, on aperçut les deux
îles de Futuna et d'Allofa, dont les sommets élevés
peuvent se voir de quinze lieues. Elles sont à 43 lieues
des îles Wallis.

Le 8 janvier, nous approchâmes de la côte, mais
à ma grande surprise aucun naturel ne se montra.

Arrivés assez près de la pointe de l'entrée du canal,
entre les deux îles, un violent grain du N. nous assaillit, accompagné d'une telle pluie qu'on ne vit plus ni
terre ni canal.

Je pris le large aussitôt, ainsi que la prudence le
commandait. Le vent continua de fraîchir, le temps se
mit tout à fait à grains. Nous passâmes la nuit à croiser aussi près que possible des îles.

Le 9 janvier, bien que le temps fût encore plus mauvais et la mer toujours houleuse, nous nous maintînmes
mes à peu près dans la même position. Le 10 et le 11, la
position ne s'améliora pas. Une violente tempête éclata

13.

dans la matinée de ce dernier jour. Il fallut mettre à la cape sous le grand hunier.

La brise était inégale, mais dans les grains qui se succédaient de moments en moments, le vent devenait tellement fort que je fus plusieurs fois sur le point de carguer le grand hunier. La mer était grosse et très dure, et la pluie tombait par torrents, presque sans cesser.

Nous passâmes ainsi trois jours à la cape, fort pénibles. L'équipage n'avait plus de quoi changer, car depuis cinq jours on n'avait pas vu le soleil.

J'étais bien décidé à tenir bon, malgré la ténacité des vents du N.-O. dans cette partie du grand Océan, car j'ignorais combien de temps se passerait avant qu'un navire de guerre pût revenir dans ces parages.

Le 14, le temps s'embellit un peu, mais ce ne fut que le 18 que nous pûmes approcher la côte S. de Futuna près de l'anse de Sangavi, qui était le district habité par les chrétiens.

Des pirogues vinrent au-devant de nous jusqu'à cinq milles au large. Quoique j'eusse enlevé autant que possible à la corvette son apparence guerrière, les naturels ne s'y trompèrent pas. Ils hésitèrent à monter. Ils s'y décidèrent pourtant, mais avec défiance et en regardant de tous les côtés.

Sam et le frère Nazier que j'avais fait cacher les reconnurent pour des amis ; ils se présentèrent. Leur vue dissipa toute défiance, et les indigènes les embrassèrent avec la plus grande cordialité.

Ils annoncèrent une nouvelle de grande importance : le roi Nukili et un autre chef important étaient morts depuis deux mois, et comme personne n'avait été nommé pour leur succéder, les indigènes

-étaient très heureux, car nul chef n'était assez fort pour les opprimer.

Cette mort changea tous mes plans, et me persuada qu'il valait mieux, pour l'avenir de nos missionnaires, remplir ma mission d'une manière toute pacifique.

J'envoyai Sam dans la partie N. de l'île. Il était chargé de dire de ma part que j'étais venu pour venger la mort du P. Channel, mais que le principal coupable étant mort, je voulais bien pardonner à deux conditions, la première, c'est qu'ils me rendraient les dépouilles du P. Channel, la seconde, c'est qu'ils viendraient le lendemain à mon bord pour se disculper.

C'était pour eux le seul moyen de garder la paix à leur île.

La corvette resta toute la journée devant Singavi à courir de petites bordées. Toutes les pirogues avaient regagné la terre. Sam avait été porté par le canot-major, sous le commandement de M. Duranty qui resta toute la journée à terre, occupé à prendre un croquis de l'anse de Singavi.

Une pirogue montée par deux hommes de la tribu de Nuliki, accosta la corvette vers le soir. Le frère Nazier m'assura qu'ils étaient inoffensifs; je ne voulus pas les retenir.

Le soir, au retour du canot, on m'apprit que la nouvelle de l'arrivée d'un *manva* (navire de guerre, corruption du mot anglais *man of war*) avait répandu partout la consternation. C'était le premier qu'on voyait.

Le 19 au matin, après avoir croisé la nuit près de la côte, nous ralliâmes Singavi. Sam revint vers huit heures. Il annonça que sa mission avait réussi et que

le soir même, on apporterait à bord les cendres du
P. Channel.

Le chef Alikitoa, son oncle, qui s'était chargé de
porter le message, avait trouvé les chefs réunis au
village de Vélé, à l'entrée du canal, près du tombeau
de Nuliki. La plus grande tristesse régnait parmi eux.
Les femmes et les enfants, s'attendant, depuis l'arrivée de la corvette, à voir tout saccagé dans l'île, poussaient des cris de désespoir. On agitait la question de
se retirer dans les bois ; et on allait s'y réfugier.

Les voyant dans cet état, Alikitoa leur avait dit que
cette détermination les perdrait, que la corvette avait
assez d'hommes et de canons pour tout détruire et
qu'ils n'avaient d'autres chances de salut que de venir
apporter à bord les restes du P. Channel ; que j'exi-
geais qu'un chef accompagnât ces restes du missionnaire et demandât pardon.

Ils n'avaient fait aucune difficulté pour promettre
de rendre les restes du Père, mais craignant qu'on ne
les tuât, ils avaient refusé de venir à bord.

Alors un chef du village de Poi, nommé Maligi,
premier ministre sous le roi Nuliki, s'était offert pour
aller chercher la dépouille mortelle du missionnaire,
et confiant dans la parole d'Alikitoa qui avait juré
qu'on ne lui ferait aucun mal, il avait promis de les
accompagner à bord.

Chacun avait combattu sa résolution, mais il avait
persisté.

Alikitoa avait rencontré Moussou-Moussou. Celui-ci
craignant d'être poursuivi pour avoir porté le coup
mortel au prêtre, avait protesté de son innocence et
juré qu'il n'avait pu refuser d'exécuter les ordres de
Nuliki.

Le canot était rentré à 1 heure, je le renvoyai à terre, sous les ordres de M. Duval, auquel je donnai l'ordre d'attendre l'arrivée des chefs et de les amener immédiatement.

A 4 heures, Maligi arriva à Singavi avec les dépouilles du Père. Elles étaient escortées par une trentaine de naturels, de ceux qui l'avaient toujours défendu, et qui, pour la plupart, des catéchumènes, suivaient le corps avec un recueillement religieux. Ce corps, déjà dans un état de putréfaction avancée, était enveloppé dans une grande quantité de pièces d'étoffe du pays, auxquelles on avait joint, en signe d'honneur, suivant l'usage, plusieurs pièces de la même étoffe non déployées.

A 4 1/2 nous les vîmes arriver. Maligi, petit vieillard d'une figure ouverte, et plein de vivacité, s'approcha de moi d'un air très humble et me présenta une énorme racine de kava, emblème de la paix qu'il venait demander pour son île. Je lui témoignai que je lui savais gré de la confiance qu'il avait montrée.

Pendant ce temps on embarquait sur le bateau le corps du missionnaire.

Je fis alors arborer pour la première fois les couleurs nationales. La grande enseigne fut hissée et appuyée d'un coup de canon. Le moment me parut ne pouvoir être mieux choisi. C'était rendre honneur à ces vénérables dépouilles qui se trouvaient alors sous la protection de ce drapeau ; et il était temps de faire connaître à ce peuple le drapeau qu'ils avaient outragé.

Je le montrai alors aux chefs et autres insulaires, en leur recommandant de le respecter dans la personne des Français, auxquels sa protection ne manquerait jamais. Ils l'examinèrent avec attention.

Après cet avertissement je fis entrer chez moi Maligi, Alikitoa, Sam, et mon interprète, le frère Nazier.

Je commençai par dire à Maligi, que malgré les prières de Mgr Pompalier, qui avait intercédé pour eux, j'étais venu à Futuna dans l'intention de les punir. Mais en apprenant la mort de Nuliki, la vengeance du roi des Français avait été désarmée. Je n'avais pas voulu punir des innocents, quoique j'eusse les moyens de tout détruire dans leur île, mais que si jamais ils faisaient le moindre ennui à un Français, le roi enverrait un vaisseau de guerre pour tirer une vengeance éclatante.

Maligi me répondit que jamais rien de pareil ne se représenterait, que le roi Nuliki était seul coupable du meurtre du P. Channel, que lui personnellement l'avait désapprouvé en prévoyant des malheurs pour l'île.

Le frère confirma la vérité de ces paroles, m'assurant que le vieillard s'était retiré dans l'île d'Allofa et était resté longtemps éloigné du roi.

Pour remercier Alikitoa du service qu'il m'avait rendu, et Maligi de sa confiance, je fis présent à chacun d'eux d'un sabre. Je dis ensuite à ce dernier que je voulais voir tous les chefs à bord le lendemain. Je l'engageais aussi à m'envoyer Moussou-Moussou que je voulais réprimander fortement, j'assurai qu'il ne lui serait fait aucun mal, parce que je savais qu'il n'avait fait qu'obéir aux ordres du roi. Je lui demandai ensuite de tâcher de retrouver les effets du Père et surtout les objets servant au culte.

Maligi me répondit qu'il espérait bien décider tous les chefs à venir à bord, excepté Moussou-Moussou, qui craindrait trop d'être puni, mais que personne n'avait, en ce moment, assez d'autorité pour le contraindre. Ce que me confirma le frère Nazier.

Après cet entretien, Maligi, tout à fait à son aise, me demanda à visiter la corvette, ce qu'il fit dans le plus grand détail, avec Sam et le frère.

Puis je le renvoyai à terre pour ne pas perdre un temps précieux.

Nous fîmes enfermer soigneusement le corps du missionnaire dans un baril avec de la chaux éteinte, puis, selon le désir de Mgr Pompalier, je le remis au P. Viard, qui le transporta à bord de la goëlette. Le P. Viard me félicita de la tournure que prenaient les choses, car Mgr Pompalier avait craint qu'il n'y eût du sang versé, ce qui aurait été, avait-il dit, une tache sur sa robe d'évêque.

Comme la veille, nous prîmes le large pendant la nuit. Le 20 janvier, le calme nous empêcha de rallier la côte avant neuf heures.

J'envoyai aussitôt un canot à Singavi chercher les chefs. Il les amena à bord vers dix heures.

Les deux principaux chefs, Selima et Joomisa, s'étaient fait accompagner par les chefs subalternes, Matala, Gala, et Somocveli, porteurs chacun d'une énorme racine de kava.

Ils se présentèrent à moi d'un air humble et tremblant, rampant jusqu'à terre ; ils s'accroupirent sur le pont : dans ce pays, comme à Wallis, c'est la plus grande marque de déférence qu'on puisse donner.

Ils apportaient avec eux le calice, une chasuble, la soutane du Père, un tableau représentant la Vierge, quelques gravures peintes, un crucifix et des souliers, les seuls objets, assuraient-ils, qu'ils eussent pu recueillir.

Après leur avoir fait répéter ce que j'avais dit la veille à Maligi, je leur demandai pourquoi Nuliki avait fait tuer le P. Channel. après avoir pris l'engagement solennel de le protéger ? Avait-il eu à se plaindre de lui ?

Ils me répondirent que non. Le P. Channel avait toujours été fort bon — en effet il était d'une douceur angélique ce qui était peut-être un défaut avec un tel peuple — mais le roi avait, dès le principe, décidé qu'il le ferait mourir.

Quant à Moussou-Moussou, ils me répétèrent ce que m'avait dit la veille Maligi. Je vis bien que personne ne pouvait me le livrer.

Je leur présentai Sam en leur disant qu'il était particulièrement sous la protection de la France et qu'ils feraient bien de suivre tous ses conseils.

Ils me répondirent qu'ils m'obéiraient et qu'ils s'efforceraient de faire oublier le meurtre du missionnaire français.

Je terminai en leur annonçant que moi, personnellement, je ne pouvais leur donner la paix, mais que je ferais valoir leur repentir au roi des Français et que le premier navire de guerre qui viendrait dans ces parages, leur apporterait définitivement le pardon, s'ils s'étaient bien conduits jusque-là.

Ils visitèrent ensuite en détail la corvette, ce qui acheva de les convaincre de notre puissance.

A 11 heures, je les envoyai tous à terre. Sam vint nous faire ses adieux et embrassa tous les officiers. Le jeune chef paraissait tout ému de reconnaissance, en lui serrant la main, je lui recommandai de se conduire toujours avec sagesse, pour ramener son île au bien.

Au retour du canot, nous fîmes route, et nous ne tardâmes pas à perdre de vue les îles Futuna et Allofa.

1842

Naufrage de la *Léopoldina-Rosa.*

Le navire *Léopoldina-Rosa*, écrit-on au journal du
Havre, est parti, dans les premiers jours de mai, de
Bayonne pour Montevideo, sous le commándement du
brave capitaine Frappaz.

Il avait à son bord, outre son équipage, trois cent
trois personnes, hommes, femmes et enfants, du pays
Basque, laborieux émigrants que l'espoir d'un avenir
meilleur entraînait vers les plaines incultes de l'Uruguay.

La traversée avait été longue, mais la terre était
proche; la certitude d'une heureuse arrivée faisait oublier les privations du voyage, quand, en vue de terre,
le navire fut assailli par une tempête du S.-S.-E. qui
le portait en côte, vers laquelle le drossaient aussi les
courants.

Après trois jours de lutte et à la fin d'une nuit dont
l'obscurité redoublait encore les dangers, avant même
qu'on eût eu connaissance du péril, le bâtiment toucha. Il était alors 5 heures du matin.

Au jour, on reconnut la terre. La *Léopoldina* était engagée sur les récifs nommés les Castillos, sur la côte
orientale de l'Uruguay, à 6 lieues environ du cap
Sainte-Marie, qui forme un des côtés de l'embouchure

du Rio de la Plata, et à 40 lieues environ de Montévidéo.

Le navire était perdu sans ressources, on s'occupa immédiatement du salut des hommes. Porté en côte sur le ressac, le navire n'était qu'à une encâblure et demie de la terre. Si l'on pouvait établir un va-et-vient entre le navire et le rivage, le salut était certain et même facile.

A cet effet, le canot, armé de deux avirons fut mis à la mer, pour porter une haussière à terre. Mais la lame déferlait avec tant de violence qu'il fut immédiatement chaviré. Les canotiers purent remonter à bord.

Privé de cette ressource, le capitaine donna l'ordre à un matelot d'amarrer une ligne autour de son corps pour gagner la terre. Mais le matelot commandé n'obéit pas. Le capitaine donna le même ordre à un second et à un troisième, mais — et nous n'oserions le redire, si le fait ne nous avait été solennellement affirmé — aucun ne voulut obéir.

Enfin, oubliant que le sort de trois cents personnes reposait sur son courage et sur son dévouement, l'équipage, à l'exception de trois hommes, ne songea qu'à son propre salut. Tous se sauvèrent, à l'exception du capitaine, du lieutenant, du médecin, du maître d'hôtel et d'un mousse qui restèrent courageusement à leur poste.

Ainsi abandonnés des hommes qui seuls, par un temps pareil et dans de telles conditions, pouvaient exécuter les préparatifs du sauvetage, les passagers comprirent toute l'horreur de leur position. Ils se virent perdus et, désespérés, un certain nombre d'entre eux se jetèrent à la mer.

Quelques-uns parvinrent à gagner le rivage. Mais la

plupart saisis et roulés par le ressac qui les jetait sur les rochers, périrent à la vue de leurs compagnons qui, ne sachant pas nager, ne pouvaient leur porter secours. D'autres ne voulant pas abandonner cette multitude de femmes et d'enfants, leurs femmes et leurs enfants, qui se désolaient à côté d'eux, préféraient rester sur le navire. Là au moins ils avaient encore quelques heures d'existence.

D'ailleurs le spectacle que leur offrait la terre était bien fait pour les en éloigner. Le rivage était rempli d'une foule de *Gauchos*, race immonde et sanguinaire, qui parcouraient la côte, s'emparaient des débris, brisaient les malles, pillaient leur contenu et maltraitaient, en les menaçant de mort, tous ceux qui voulaient s'opposer à ce pillage. Entre ces trois dangers, la submersion du navire, les brisants en face, et les Gauchos, les naufragés préférèrent le premier, en espérant un dernier et suprême secours de la Providence.

Cependant, avec le jour, la tempête augmentait de violence. La mer qui venait se briser sur le flanc du navire en lui imprimant d'effroyables secousses, déferlait sur le pont en le balayant de bout en bout.

Tout ce qui restait à bord chercha un refuge sur l'arrière et dans la chambre. Là, serrés l'un contre l'autre, attendant la mort, les infortunés ne donnaient signe d'existence que lorsque la voix du capitaine arrivait jusqu'à eux, leur apportait quelques paroles de consolation et d'espoir.

Il était à son poste, en effet, amarré sur la dunette, infatigable, observant le temps qui semblait vouloir s'adoucir et espérant un changement au coucher du soleil.

Ce changement arriva, mais sans améliorer la position des naufragés, le vent calmit en large, mais, comme il est d'ordinaire après les tempêtes, la lame devint plus forte à terre et les brisants n'en mugirent qu'avec plus de fureur.

Pendant cette terrible journée, la *Léopoldina* avait résisté, mais vers cinq heures du soir un sourd craquement se fit entendre.

C'était l'arrière qui cédait. La dunette s'ouvrit et fut envahie par la mer. Alors eut lieu une scène déchirante : plus de soixante individus, hommes, femmes et enfants, entassés pêle-mêle dans cet étroit espace, se trouvèrent instantanément submergés. La terreur, la douleur, la prière dans leur plus poignante expression élevèrent leurs cris du milieu de cette foule qui se débattait dans la plus horrible agonie.

Bientôt, on n'entendit plus rien que le clapotement de la lame sur les parois de la dunette. Tout avait péri, à l'exception de quelques personnes qui aidées par ceux qui avaient eu le courage de rester sur le pont, parvinrent à se hisser sur le capot.

Il était alors nuit close. Le pont avait été rompu par le milieu. L'avant était séparé de l'arrière, où résistaient encore les survivants. Mais la mer couvrait incessamment ce dernier asile et chaque lame emportait quelques-uns des infortunés.

La chaloupe qui avait résisté jusque-là et dont la conservation entretenait encore l'espérance, fut brisée contre le navire dont elle hâtait la disjonction.

Bientôt, il s'entrouvrit de toutes parts ; ses débris couvrirent la mer et il ne resta aux naufragés que la ressource suprême de s'accrocher à quelque planche pour être jetés à terre avec elle.

De toute cette foule en lutte avec une mort horrible, une partie périt dans les flots, en maudissant la lâcheté de l'équipage de la *Léopoldina-Rosa* qui avait donné un exemple de poltronnerie et d'indiscipline, heureusement rares dans nos annales maritimes. D'autres périrent en touchant la terre. Le pauvre capitaine fut de ce nombre. D'autres parvinrent à se sauver et parmi eux le passager à qui nous devons ces lignes, lequel décidé à imiter la conduite du capitaine et résigné à partager son sort arriva à terre en même temps que lui, mais sans avoir reçu les blessures qui firent expirer ce capitaine au moment où il était jeté sur le rivage.

Deux cent trente et un passagers, presque tous femmes et enfants, disparurent. Soixante-douze seulement échappèrent et furent recueillis par le brick l'*Éclair*. Ils eurent fort à se louer de la conduite ferme et généreuse de deux propriétaires espagnols du voisinage, Don Vincenti Asorto et don Natalis Molina qui accoururent sur le rivage, mirent fin aux violences des Gauchos, et protégèrent les naufragés contre de nouveaux dangers. On remarqua que cinq femmes seulement furent sauvées, cinq religieuses. Mais deux moururent des suites du naufrage avant d'arriver à Montévidéo.

1842

Naufrage du navire anglais la *Reliance* sur les côtes de Berck et de Merlimont.

Au mois d'avril 1842, la *Reliance* partit de Canton pour retourner en Europe. Son équipage se composait de 116 hommes dont 85 Européens, 22 Chinois et 9 lascars, c'est-à-dire matelots de l'archipel Indien. Outre son équipage, la frégate portait cinq soldats de l'expédition anglaise de Chine, plus un capitaine de la marine royale anglaise qui venait de quitter le commandement de l'*Isis*.

Dans la relâche que la *Reliance* fit à Sainte-Hélène, ce capitaine, dégoûté de ce bâtiment, qui, avec l'âge, était devenu fort mauvais marcheur, avait cherché à prendre passage sur un autre navire, et, malgré lui, il avait été obligé de rester sur la *Reliance*.

Ce navire était commandé par le capitaine Green, il avait pour second lieutenant M. Walsh, un Irlandais, ami du grand poète Thomas Moore. Il portait 1,883,700 livres de thé, c'est-à-dire à peu près le 16ᵉ de la quantité que l'Angleterre tire annuellement de la Chine.

Le 11 novembre, après plusieurs jours de temps brumeux, pendant lequel on n'avait pu faire d'observations, le capitaine, jugeant qu'on ne devait pas être loin de l'embouchure de la Tamise, ordonna de diminuer les voiles et de tenir un sondeur en permanence dans les porte-haubans, car on n'avait pas encore rencontré un seul pilote.

Vers minuit un matelot, nommé Thomas, qui était envoyé sur le gaillard d'avant, annonça qu'il voyait des feux, lesquels furent ensuite aperçus par d'autres personnes, à l'avant et à l'arrière. Le second officier était alors de quart. Après avoir examiné ces feux, il dit aux matelots qui l'écoutaient :

— Hourrah, mes amis, ces feux qui sont sous le vent, ce sont ceux du phare de Dungeness. Nous allons arriver, ce matin, dans les Dunes.

Le bâtiment était alors cap au Nord et continua de naviguer dans cette direction. Vers une heure, le capitaine et son lieutenant montèrent sur le pont, le capitaine ordonna de continuer de sonder, et de courir la bordée de tribord pour s'élever au vent.

Le mouvement venait d'être exécuté et le sondeur se tenait à l'ordre lorsque le navire toucha tout à coup.

Chacun fut frappé comme par une machine électrique. Tout l'équipage se précipita sur le pont. Mais avant qu'on eut eu le temps de donner aucun ordre, le navire se trouva tellement enfoncé dans le sable qu'il était impossible de songer à l'en tirer. Aussi le capitaine ordonna-t-il de couper le grand mât et le mât de misaine et de faire les signaux de détresse.

Les matelots qui, pour exécuter cet ordre, allèrent chercher des fusils et de la poudre, firent une longue station à une caisse de spiritueux et s'enivrèrent complètement.

Le capitaine qui se croyait échoué sur la côte

d'Angleterre ordonna de fixer les feux sur le mât d'artimon, pour guider les bateaux qui pourraient venir à son secours. Il était au contraire échoué à une lieue de la côte de France.

La mer était horrible et le navire qui lui présentait le travers, était secoué avec tant de force qu'au milieu de la lutte des éléments on entendait la coque se plaindre à chaque secousse avec un bruit effroyable.

Au point du jour le capitaine, refugié avec son équipage sur l'arrière du navire, vit qu'il allait bientôt céder sous l'effort des lames. Les caisses de thé montaient, une à une, à la surface des flots, indiquant qu'une partie de la membrure était déjà emportée.

L'ordre fut donné de mettre la chaloupe à la mer. Mais elle avait tellement souffert qu'il fut impossible de s'en servir. Il en était de même de deux autres canots suspendus aux porte-manteaux. Alors on songea à faire un radeau, mais les matelots, égarés par la terreur, refusèrent de travailler. Un certain nombre d'entre eux s'étaient déjà réfugiés au milieu des restes de la mâture et des haubans, et des débris de toute sorte qui étaient maintenus par la mer sous le vent du navire.

Enfin sur les neuf heures, toujours battu par les lames que le vent de N.-E. précipitait sur son travers avec une violence incessante, le navire finit par céder. Il se partagea, par le milieu, avec un fracas horrible, et l'on ne vit bientôt plus qu'une masse de débris épars.

Les dernières membrures de l'arrière restent seulement pendant quelque temps encore. Une moitié peut-être de l'équipage avait disparu pendant la secousse qui avait achevé la démolition de la *Reliance*. Les autres, parmi lesquels le capitaine Green, le lieutenant Walsh,

le maître voilier, O' Neil, l'armurier, s'étaient accro
chés aux restes flottants de la mâture et avaient cherché un abri sur ce qui restait encore de la poupe.

Mais ces débris, agités par une mer furieuse, venaient
à chaque mouvement de la lame, écraser quelques-
uns des malheureux naufragés. D'autres étaient enlevés
par les coups de mer! D'ailleurs les hommes étaient
déjà épuisés par les fatigues de la nuit et la côte était
fort loin. Le capitaine Green, âgé de plus de 50 ans,
était tellement affaibli qu'il se laissa tomber plusieurs
fois à l'eau.

— Mes garçons, sauvez le capitaine, s'écriait à
chaque fois le lieutenant Walsh aux matelots refugiés
avec lui sur la mâture, et chaque fois on parvint à le
retirer de la mer. La dernière fois, il était complètement évanoui. Il fut impossible de le maintenir.

Vers les neuf heures et demie, la poupe ayant cédé
à son tour, la position devint complètement intolé-
rable. La plupart des malheureux qui avaient cherché là un abri avaient été successivement enlevés par
les lames. Les derniers survivants se résolurent alors à
essayer de gagner la côte vers laquelle le vent et les
courants paraissaient portés.

O'Neil se saisit d'une planche et s'élança au large
avec elle. Quelques-uns de ses compagnons d'infortune, entraînés par son exemple, tentèrent de s'attacher à lui. Un horrible combat s'ensuivit, car la
planche ne pouvait porter tant de personnes.

Pendant ce temps, que faisait-on sur la côte française ?

Dans la nuit du 11 au 12, écrit M. Richard, commissaire de l'inscription maritime, le syndic des gens de
mer du bourg de Berck avait été prévenu qu'un bâti-

ment tirait du canon, dans la direction de l'Anse-au-Beurre, côte de Merlimont. Par la détonation des pièces, on jugeait que ce devait être un bâtiment de la Compagnie ou un navire de guerre. Le syndic se rendit sur les lieux, et envoya un exprès à cheval à Saint-Valery, où demeurait le commissaire.

En arrivant, au point du jour, au corps de garde de l'Anse-au-Beurre, le syndic aperçut, à un mille environ un trois-mâts, échoué sur bâbord, et ayant déjà perdu deux de ses mâts principaux.

On voyait distinctement de terre que ce navire, qui présentait le travers à la lame, commençait à se démolir sur l'avant. On apercevait l'équipage et les passagers qui s'étaient réfugiés sur la dunette, groupés autour du mât d'artimon. Malgré le bruissement des vagues et le mugissement de la tempête, les cris de ces infortunés arrivaient jusqu'à terre.

Avant le jour, le capitaine des douanes, Périn, s'était porté sur la côte avec toutes les brigades. Les marins étaient accourus en masse sur le rivage. D'après l'ordre du syndic, ils armèrent avec la plus grande célérité deux de leurs plus grands bateaux de pêche et composèrent les équipages d'hommes robustes et intrépides.

Pendant qu'on travaillait à les mettre à flots, on vit un canot monté d'une douzaine de personnes débor-der, sous le vent, le navire naufragé. Mais à peine était-il à 40 mètres qu'il fut englouti avec son malheu-reux équipage. A cet instant le trois-mâts s'écrasa avec un bruit horrible.

Pendant ce temps les deux bateaux cherchaient à approcher du navire, mais en vain. Un d'eux se voyait déjà près des premiers débris sur lesquels une foule de malheureux s'étaient accrochés, en appelant à leur secours ceux qu'ils regardaient déjà comme leurs sauveurs, lorsqu'une rafale des plus violentes rejeta les deux bateaux au large. Tout espoir dut s'évanouir pour les naufragés.

Pourtant marins, douaniers, riverains, font un dernier effort. Ils se mettent à la mer pour former des chaînes, afin de saisir ceux des malheureux qu'on voyait surnager sur les débris. Mais la violence de la mer est telle qu'à chaque instant on les voyait disparaître. On tient bon toutefois, et l'on parvient à saisir neuf personnes, qui sont immédiatement transportées au Lazaret et confiées aux soins du docteur Lens, de Berck. Parmi eux, le maître-charpentier, avait été sur le point d'être accroché par les marins qui formaient la chaîne, mais il avait été repris par le retour de la première lame et entraîné au large. Un propriétaire de Merlimont, Louis Guilbert, qui se trouvait là à cheval, entraîné par un mouvement généreux, se lance à la mer, en s'écriant :

— Il m'en faut un !

Il guida son cheval avec tant d'adresse et de sang-froid, au milieu des débris qui menaçaient à chaque instant de le culbuter (il ne savait pas nager) qu'il parvint à atteindre le malheureux et à le ramener à terre.

Dès cet instant il ne fut plus possible de sauver personne. La mer n'avait pas perdu de sa violence et elle se trouvait plus redoutable, car elle descendait et se trouvait debout au vent. Les débris, reportés au large par les flots étaient couverts d'hommes qu'on voyait disparaître l'un après l'autre.

Il n'échappa que sept personnes, car deux de celles qui arrivèrent à terre ne purent survivre à leurs blessures ou à leurs angoisses.

1842. — Naufrage de la chaloupe l'*Actif*, capitaine Pontac,
disparue aux environs d'Arcachon,
avec tout son équipage.

1842. — Perte de cinq bâtiments et avaries de dix autres
sur la côte de Granville, le 10 mars.

1842. — Naufrage du brick *Adolphe* du Havre, capitaine
Brodeau, sur l'île d'Avas, à 35 lieues de la Guadeloupe.

1842. — Échouement du *Péruvien*, auprès du cap de la
Hève.

1843

Les matelots de la *Juliette*.

Un terre-neuvier, du port de Dieppe, la *Juliette*,
perdit au banc de Terre-Neuve, un canot monté par
cinq hommes. Un navire qui pêchait dans le voisinage, aperçut le canot emporté au loin par une bourrasque, on le vit sombrer et tout disparaître.

Au Pollet, les familles des cinq matelots prirent le
deuil, et l'on convoqua pour le 17 novembre toute la
bourgade, afin d'assister à un service funèbre en faveur des naufragés.

La messe était presque terminée lorsqu'on entend
une voix essoufflée qui crie à la porte de l'église :
« Ne pleurez plus, ils sont sauvés et retrouvés ! »

Il se fait une grande rumeur. On se retourne. On
interroge l'interrupteur. C'est un matelot de Granville, où les marins de la *Juliette* viennent de débarquer.

Les chantres déposent leurs chapes noires, les
femmes se hâtent de cacher leurs voiles de deuil, et
l'aventure se fût terminée au mieux, si quelques ma-
telottes très sensibles n'étaient tombées évanouies en
poussant des sanglots de joie.

1843

Un tombeau dans la mer.

Les pilotes Panchevre et Rougier du port de la Rochelle, naviguaient dans les parages de l'île d'Oléron, quand ils crurent voir flotter quelque chose d'extraordinaire à distance.

Ils voguèrent de ce côté et reconnurent qu'ils avaient devant les yeux un signal : Un mouchoir de coton, façon foulard, à rosaces de couleur, flottait au bout d'un levier d'un mètre de hauteur. Ce morceau de bois était grossièrement engagé au milieu d'une planche à laquelle le liait un bout de fil de laiton. La planche était clouée à ses deux bouts à deux tronçons de mât et de vergues.

Les deux pilotes en soulevant cet appareil flottant s'aperçurent qu'il était amarré. Ce ne pouvait être qu'à une embarcation coulée à cet endroit.

Ce premier indice devint bientôt une certitude. En examinant la planche, ils lurent tracés avec une substance noirâtre ces mots :

C'EST UN TOMBEAU.

Puis ils déchiffrèrent à l'autre bout de la planche ces autres mots :

L. Rivet, oncle et neveu, R. P. 6.

A cette lecture Panchevre et Rougier ne doutèrent

plus qu'ils n'eussent rencontré la preuve d'un malheur qu'on redoutait à Rochefort.

Depuis plusieurs jours le pilote Rivet, sorti avec sa chaloupe, accompagné de son neveu et de son armateur ne reparaissait pas au port. On ignorait le sort de ces trois hommes. On le connaît aujourd'hui.

On a le cœur douloureusement serré quand on se reporte par la pensée au développement du drame funèbre qui s'est dénoué à l'endroit où flottait cette planche mortuaire. Les trois infortunés l'avaient clouée sur leur tombeau anticipé. Ils s'y étaient vus lentement descendre, et avant de périr, de périr ignorés, loin de tout ce qui leur était cher, par cette mort affreuse qui montait peu à peu jusqu'à eux, lentement, constamment, régulièrement, sans qu'aucune force humaine pût les sauver, ils avaient eu le courage d'écrire cet acte mortuaire au milieu des flots.

Une bouée fut laissée par les pilotes rochelais à l'endroit où flottait ce monument funéraire de leurs malheureux compagnons. On va procéder au sauvetage de la barque submergée. Peut-être pourra-t-on rendre les derniers devoirs aux restes de ces courageux et infortunés matelots.

1843

Naufragés du *Thunder* sauvés par le *Furet*,
capitaine Coulin.

Le 8 avril, à quatre heures du soir, le *Furet*, naviguant à la hauteur des Canaries, aperçut un navire qui coulait entre deux eaux. Les mâts de ce navire avaient été emportés par la tempête, et ce qu'on pouvait apercevoir de ce bâtiment, presque totalement submergé, offrait la surface d'un ponton.

Sur ce navire, dont l'arrière plongeait en entier dans la mer, huit hommes, huit squelettes étaient réunis autour d'un tronçon du mât de misaine, s'abritant sous un morceau de tente fendillé, et ils voyaient à chaque instant les flots rouler sur leurs corps amaigris par de longues souffrances.

Cette carcasse flottante faillit couler bas le *Furet* qui l'évita par une prompte et habile manœuvre.

Le temps ne permettait guère d'aborder cette ruine. La mer était houleuse, et de ces huit hommes dont se composait l'équipage du *Furet*, six étaient atteints de la fièvre et couchés dans leurs hamacs, mais pouvait-on hésiter à sauver ces huit malheureux qui semblaient confondus dans les vagues et collés, pour ainsi dire, à un reste du mât, la seule pièce du navire naufragé qui dépassât l'eau.

A la vue du *Furet* ces hommes avaient levé leurs bras vers le ciel et s'étaient écrié : Un canot, sauvez-nous !

Le capitaine du *Furet* n'écouta que l'humanité. Il mit un canot à l'eau et parvint à faire conduire à son bord ces malheureux naufragés.

Depuis 16 jours ils étaient dans la position d'où on venait de les arracher. Leur navire était le *Thunder*, parti de Portland (États-Unis), avec un chargement de planches pour Madère.

Une furieuse tempête l'avait assailli le 16 février. Le navire, la chaloupe, le canot, la cuisine, avaient été emportés par les lames. Les mâts brisés n'avaient plus laissé à l'équipage qu'un squelette de navire sans gouvernail, où la mer pénétrait à chaque instant de façon à enlever tout espoir de salut.

Par un bonheur inespéré, l'avant de ce bâtiment leur avait offert un étroit espace où l'eau ne leur arrivait qu'à mi-corps. Mais cet espace leur avait été si parcimonieusement distribué que s'ils avaient tenté de se rendre à l'arrière, ils auraient infailliblement péri.

Ainsi groupés autour d'une tente du mât, les pieds dans l'eau, enveloppés par les vagues dont l'agitation ne cessa que plusieurs jours après la perte du navire, ils voyaient dans chaque vague comme une tombe dans laquelle ils se croyaient sans cesse sur le point de descendre.

Ils passèrent d'abord deux jours sans prendre de nourriture, et à tous les dangers dont ils étaient menacés venait se joindre l'atroce agonie de la faim. Au bout de ce temps, un matelot se dévouant pour le salut commun, plongea dans la cale et en rapporta deux barils de viande salée. Ils purent ajouter à cette nourriture celle de poissons qu'ils parvenaient à prendre, à l'aide d'un clou tordu, et qu'ils mangeaient crus. Pour boire, ils amassaient l'eau de la pluie que le ciel leur envoyait de temps en temps, et qu'ils ménageaient parcimonieusement.

Lorsqu'il leur fallait dormir, ils s'étendaient dans l'eau qui recouvrait les planches de l'arrière, après s'être lié les mains au tronçon du mât, de peur d'être balayés par les vagues durant leur triste sommeil.

C'est ainsi qu'ils vécurent pendant 46 jours. A deux reprises ils eurent un instant d'espoir. Ils virent à l'horizon deux navires, vers lesquels ils tendirent leurs mains. Ils attachèrent un lambeau de pavillon à une perche et le bout à leur tronçon de mât. Mais les bâtiments disparurent sans les avoir vus.

Quand ils rencontrèrent le *Furet*, à peine se crurent-ils sauvés ; l'agitation de la mer était telle qu'elle semblait, en maltraitant le canot qui les venait chercher, vouloir les éloigner du navire sauveur.

Ils parvinrent pourtant à y aborder vers le soir. Leur maigreur excessive, les souffrances dont leurs traits étaient empreints excitaient vivement la compassion de l'équipage du *Furet*. Le capitaine Coulin leur distribua des vêtements bien secs, leur fit faire du bouillon et eut soin qu'ils fussent chaudement couchés. On s'aperçut que le scorbut les avaient tous atteints. Leurs bras et leurs jambes étaient pleins de plaies saignantes. On se hâta de les débarquer à Gibraltar où ils purent être soignés et réconfortés.

1843

Rencontre de deux vapeurs, le navire français le
Véloce et le bateau anglais le Lizard.

Le *Véloce*, écrit-on au Journal du Havre, a coulé à
bas, un vapeur anglais qui portait à Barcelone un
agent d'Espastero muni de fortes sommes. Je tiens des
officiers mêmes les débuts authentiques de cette aventure à laquelle Barcelone doit son salut.

Dans la nuit du 24 au 25 juillet 1843, à une heure
moins un quart, le *Véloce* se trouvait assez près de
Carthagène. Il avait trois feux et marchait très vite.

Le volontaire de garde aperçoit un bateau à vapeur
avec un feu, qui venait à lui. Il saute sur un des tambours et fait venir le bâtiment un peu de côté pour
éviter l'abordage. Mais pendant ce temps là, à ce qu'il
paraît, l'élève de garde avait quitté le pont de l'autre
navire pour aller faire un grog. Ses matelots se figu-
rèrent que le vapeur qu'ils voyaient arriver sur eux
était le vapeur espagnol le *Mercurio*, à bord duquel se
trouvait un mécanicien anglais, objet de leur animo-
sité et ils voulurent lui faire une petite niche.

Au lieu de suivre leur première direction, qui les
eût fait passer sans malencontre, ils firent arriver le
Lizard brusquement de côté, de manière à le jeter
sur le prétendu *Mercurio*.

En apercevant cette manœuvre le volontaire français fit brusquement arrêter la machine. Mais bien que cet ordre eût été promptement exécuté, il restait au *Véloce* une vitesse de 3 nœuds (une lieue) tandis que le *Lizard* arrivait avec une vitesse de 9 nœuds et demie.

Le choc fut épouvantable. On peut se figurer la consternation des Anglais qui croyant endommager un tout petit navire se sentirent au contraire écraser par une énorme masse.

A l'instant tout le monde fut sur le pont, en chemise. Quelques Anglais et parmi eux le capitaine et les mousses, s'élancent dans cette tenue sur le *Véloce*. Ils avaient perdu la tête et se figurant que les deux navires vont sombrer, ils se jettent, comme des fous, sur les palans qui servent à mettre à la mer les embarcations des bateaux français.

Mais les officiers français, qui ne savaient pas, non plus, quel serait le sort de leur bâtiment et qui pensaient qu'en pareil cas, charité bien ordonnée commence par soi-même, les empêchèrent de s'emparer des embarcations, d'abord en priant, puis en menaçant, enfin, voyant qu'ils avaient affaire à des fous, ils employèrent la force.

La lutte ne fut pas longue. Car sitôt que l'on fut parvenu à se débarasser de cet abordage de fous, on se mit en devoir de s'assurer de l'état du *Véloce* qui fort heureusement n'avait rien que des avaries peu graves.

Une fois tranquille sur ce point, l'équipage ne s'occupa plus que du *Lizard*. On mit en mer les embarcations et le capitaine en chemise fut invité à accompagner sur son propre bord le lieutenant français Maisonneuve, qui allait reconnaître l'état des choses.

Mais le capitaine anglais était encore si troublé qu'il s'obstinait à ne vouloir bouger. A toutes les instances qu'on lui adressait, il répondait :

— Non, non, je suis ici en sûreté et j'y reste.

Il fallut que notre consul à Cadix, passager à bord du *Véloce* et qui parlait parfaitement l'anglais, lui représentât — pour l'engager à se laisser emporter — que son plus impérieux devoir était de se rendre à son bord et qu'un jour il serait absolument désespéré de ne l'avoir pas fait.

Aussitôt qu'il fut arrivé à bord du *Lizard*, ce capitaine demanda à grands cris des pistolets pour faire sauter la cervelle au lieutenant français Maisonneuve. Mais celui-ci, qui conservait tout son sang-froid, lui tourna le dos et ne fit plus attention à lui.

Il vit tout d'abord qu'au milieu de tout ce trouble, les mécaniciens anglais ne s'occupaient plus des chaudières et qu'une terrible explosion était imminente, il descendit tout seul dans la machine, s'assura du niveau de l'eau dans les chaudières, ouvrit la soupape de sûreté et ainsi donna issue à la vapeur.

Remontant ensuite sur le pont, il proposa au capitaine anglais d'essayer deux moyens pour boucher l'énorme voie d'eau de son bâtiment. Mais celui-ci plus pressé que jamais de s'en aller envoya tout son monde à bord du *Véloce* et y revint lui-même.

Peu de temps après, à une heure et demie, le *Lizard* disparaissait dans les flots.

Les têtes se calmèrent, le capitaine anglais lui-même revint à lui, il laissa en paix les palans du *Véloce*, et cessa de demander des pistolets pour brûler la cervelle au lieutenant Maisonneuve ; il finit par envisager sérieusement sa position, et remercia les officiers français de l'avoir forcé de regagner son poste et de l'avoir mis en situation de quitter son bord le dernier.

Quant à l'élève anglais que l'amour du grog avait éloigné de son poste, en arrivant à Gibraltar, il se hâta de donner sa démission.

Mais ce n'était pas tout, l'aventure avait une suite.

Parmi les individus, qu'on avait retirés du *Lizard* se trouvait un Espagnol qui faisait exactement la contre-partie du capitaine. Il avait autant envie de rester sur le navire fracassé que l'autre avait hâte de le quitter. Il résistait tellement aux efforts de nos matelots qui l'engagèrent à gagner le *Véloce*, qu'ils furent obligés de l'enlever de force et de le jeter, sans trop de précaution, dans un canot.

Arrivé à bord du *Véloce*, cet homme alla se cacher dans un coin obscur, sur le pont. On le vit causer avec les officiers anglais pendant la nuit. Mais le jour venu, il affecta de ne connaître personne, de rester étranger à tout ce qui se passait, et il demeurait le nez plongé dans une bible qu'il lisait avec une ferveur profonde et soutenue.

Les manières et l'affectation de cet homme à garder l'incognito attirèrent sur lui l'attention. On alla aux informations sur ce mystérieux personnage.

Le master interrogé, répondit que c'était un officier espagnol qui mangeait à la table du capitaine. Un officier anglais, interrogé sur le même sujet, répondit que ce personnage, au contraire, avait mangé à la table de l'état-major. Le capitaine auquel on s'en référa démentit à son tour les réponses précédentes et dit que l'inconnu avait été à la ration des matelots.

Il devint évident qu'il y avait là un mystère, que les Anglais avaient volonté de dissimuler. Ces trois réponses contradictoires ayant excité la défiance, on exigea les papiers de l'Espagnol.

On sut alors qu'il n'était autre qu'un lieutenant-colonel que Cortinez, capitaine général de Barcelone, avait expédié à Espartero.

Cet officier était, comme on ne tarda pas à le savoir, chargé d'une mission importante.

Les choses, en effet, en étaient là lorsqu'on signala l'approche d'un grand bâtiment à vapeur anglais, *Polyphemus*, qui fait le service entre Gibraltar et Malte.

Aussitôt le capitaine, qui avait retrouvé son esprit avec ses habits, demanda à s'en rapprocher afin de remettre un pli destiné à avertir l'amiral commandant à Malte du sinistre qui venait d'arriver.

Le commandant du *Véloce*, accédant à cette proposition, se rapprocha du vapeur anglais.

Il lui envoya par une embarcation la dépêche du commandant du *Lizard*. Mais il pensait que dans ce paquet figurait une lettre qui engageait le commandait du *Polyphemus* à venir lui-même réclamer l'Espagnol sous le prétexte de le conduire à Malte.

Il se fit, en effet, un grand mouvement à bord du *Polyphemus* et, au moment où le *Veloce* se préparait à reprendre sa marche, le capitaine anglais, en proie à un nouvel accès, s'écria, avant qu'on put rien voir :

— Voici le commandant du *Polyphemus* qui vient à bord.

Pendant ce temps l'Espagnol avait son portefeuille sous son gilet, sa bible dans sa poche, et avait boutonné son habit jusqu'au menton, en homme qui se prépare à partir. Mais notre consul de Cadix avait l'œil au guet.

Le commandant du *Véloce*, averti de ce qui se passait, se tint sur ses gardes. Il refusa nettement au commandant du *Polyphemus*, qui voulait prendre tout l'équipage anglais sous prétexte de le conduire à Malte, d'accéder à cette demande, attendu que voulant garder sa patente nette il ne lui convenait pas de communiquer avec lui.

Plus tard tous ces naufragés furent déposés à Gibraltar. On sut alors que l'Espagnol était porteur d'une somme considérable, et les habitants de Barcelone furent convaincus qu'il avait aussi à communiquer au commandant du fort du Montjouich des ordres qui eussent pu amener le bombardement de la ville.

Le tribunal de l'amirauté anglaise se réunit pour juger le capitaine du *Lizard*. On reconnut qu'il avait rempli admirablement son devoir, ainsi que tout le reste de l'équipage qui n'avait commis qu'une aimable espièglerie en voulant couler un vapeur espagnol. On constata que le midshipman de garde aimait sans doute un peu trop le grog, mais comme c'était un défaut cher à la vieille Angleterre, on le condamna seulement à ne pas naviguer pendant deux ans.

1843. — Triple naufrage sur les côtes du Havre, *Louise-Amélie*, *James-Wells* et *Janes*.

1843. — Naufrage du navire portugais *le Scoao* sur la côte de Dieppe.

1843. — Equipage du trois-mâts anglais *Régulus* sauvé par la frégate française *Cléopâtre*.

1843. — Naufrage de la *Félicie* de Marseille, capitaine Gras, sur les côtes occidentales d'Afrique.

1844

Perte du navire de guerre le *Groënland* sur la côte d'Afrique.

Le *Groenland* avait pris part au bombardement de Mogador. Il partit le 24 août dans l'après-midi, se dirigeant sur Tarifa et remorquant le vapeur la *Vedette*.

Rien de particulier ne se passa dans la nuit et dans la journée suivante. Seulement quand on essaya de jeter la ligne de loch, elle s'embarrassa dans les roues de la *Vedette* et on ne put apprécier la vitesse du navire. Le 26, au point du jour, à quatre heures, on lâcha la remorque de la *Vedette* et le *Groënland* continua sa route vers le cap Spartel avec une vitesse de 9 à 10 nœuds.

A sept heures, on aperçut plusieurs bancs de brume. A neuf heures, elle était tellement épaisse qu'on ne distinguait rien de l'arrière à l'avant. Le navire conservait toujours la même vitesse. A dix heures un quart le capitaine Besson, qui était sur la dunette, voit une bande noire à travers la brume.

C'était la terre.

Il n'était plus temps de l'éviter. Le navire vint échouer à huit milles, au sud d'El-Araich, sur une plage de sable, au pied d'une falaise abrupte, élevée au moins de 50 mètres au-dessus du niveau de la mer.

La mer montait. Elle était pleine à midi. Le capitaine essaya d'en profiter ; il ordonna de mouiller une ancre et essaya de se touer sur elle. Les hommes virent au cabestan avec courage. Une lueur d'espoir les ranime, car le navire obéissant à ces efforts réitérés recule de deux pieds. Mais le câble casse. Une deuxième ancre est mouillée avec deux grelins bout à bout. On vire au cabestan avec plus d'ardeur encore. Mais la mer baisse. Il n'y a plus d'espoir de mettre le navire à flot.

A onze heures, la brume s'était dissipée. La position du navire est terrible. Pourtant le capitaine ne perd pas l'espoir de le sauver. Malheureusement deux pâtres paraissent sur le haut de la falaise. Ils poussent des cris qui attirent les Marocains. En peu de temps la falaise est couverte par deux mille Arabes armés qui s'établissent sur la falaise et font sur le navire un feu qui en rend les abords du pont presque impossibles.

Bientôt quinze hommes tombent, et l'équipage eût été anéanti, s'il n'eût été protégé par les bastingages. Malgré les difficultés, le capitaine fait scier les deux mâts de l'avant et jeter à la mer une partie de l'artillerie. Il ne garde que deux canons dont l'un est tourné vers la terre et mitraille les assaillants, l'autre est tourné au large, et ayant au-dessus de lui le pavillon en berne, il annonce la détresse du navire.

La situation devient de plus en plus difficile. Les mâts en tombant s'étaient renversés du côté de la plage et offraient un pont aux Arabes. Le beaupré touchait à terre. Tout espoir de sauver le navire était perdu. Mais il fallait se défendre, au moins vendre chèrement sa vie, car déjà les assaillants escaladaient le navire en grimpant sur le beaupré.

A l'aide d'une vive fusillade, on les tient un instant à distance. Bientôt l'équipage, épuisé de fatigue, ralentit son feu. Les Arabes, encouragés par là, et poussant des cris terribles, redoublent d'audace. On va succomber sous le nombre. Un navire passait. C'est la *Vedette*, qui a entendu le bruit du canon.

Elle s'embosse à une encâblure de la plage et tire à mitraille sur l'ennemi. Protégées par son feu, des embarcations de l'un et l'autre navire commencent le transbordement de l'équipage du *Groënland*. Les Arabes, vraiment intrépides, ne se lassent pas. Ils s'abritent derrière les rochers et font feu sur les canots, où ils nous blessent 7 hommes.

Le transbordement d'une partie de l'équipage laissait sur le navire la défense moins active. On se trouvait dans cette terrible alternative, d'abandonner le bâtiment à l'ennemi ou d'y faire massacrer l'équipage. La nuit approchait, toute résistance commençait à paraître vaine, quand une ligne de fumée annonça l'approche de deux nouveaux navires. C'est le *Cuvier* et le *Pluton*, monté par le prince de Joinville.

L'amiral se transporte de suite à bord. Il se rend compte de la situation, approuve toutes les dispositions qui ont été prises ; et voyant le navire perdu, il songe à sauver les hommes. Les embarcations des trois navires s'unissent pour transporter l'équipage et tout ce qu'il est possible d'enlever du bâtiment. Le capitaine et un quartier-maître restent seuls à bord. Ils doivent mettre le feu à une chemise soufrée qui va incendier le *Groënland*. Il fallait surtout éviter de laisser les débris, les armes, l'artillerie aux mains d'un ennemi qui les eût montrés aux Arabes de l'Algérie comme les trophées d'une immense victoire.

Quelques heures après les flammes dévoraient cette magnifique frégate de 450 chevaux. Cet échouement ne fut pas complètement expliqué lors des débats judiciaires qui eurent lieu en novembre suivant et qui se terminèrent par l'acquittement du lieutenant Besson. Il eut encore un inconvénient inattendu, celui de fournir aux Marocains l'occasion de dire qu'ils nous avaient, lors du bombardement de Mogador, coulé deux vaisseaux et fait 700 prisonniers.

1844

Disparition de l'équipage du baleinier *Angélina*.

Le jeudi 12 décembre 1846, à huit heures et demie du matin, écrit un des officiers du baleinier, nous étions à huit milles dans le N. de l'île Cayenne, une des Mulgraves. Nous fûmes accostés par trois embarcations montées par des naturels de ce pays.

Deux d'entre elles pouvaient contenir chacune 14 hommes, la troisième plus faible n'en avait que deux.

Nous masquâmes le grand hunier pour les attendre, mais leur construction ne leur permettant pas d'accoster le navire, on amena la baleinière n° 3, qui ayant joint l'une des pirogues revint à bord avec cinq naturels. Ces hommes nous montrèrent les dispositions les plus amicales, distribuant à l'équipage des colliers de coquillages et autres objets qui servent à les parer.

A dix heures le capitaine et les officiers déjeunèrent. Pendant le repas un des naturels, qui paraissait être un chef, donna au capitaine un de ces colliers, en le lui mettant sur la tête.

Le capitaine se fiant à ces dispositions amicales et n'ayant du reste aucune raison pour redouter les habitants de ce pays, descendit à terre avec le chirurgien du bord. Il désirait se procurer des cocos pour nourrir nos porcs et nos volailles, plus quelques manches de harpon et de la bruyère pour faire des balais.

Ils étaient accompagnés de la troisième pirogue, montée par le premier lieutenant. Quelques indigènes les suivirent pour indiquer les passes, la brise étant très faible et les courants très violents sur ces côtes. M. Hyenne partit en me recommandant de ne pas trop approcher la terre et de faire mettre le pavillon à la corne si l'on apercevait des cachalots.

A une heure et demie, la vigie en ayant aperçu plusieurs, je fis hisser le signal convenu, et comme les cachalots se trouvaient entre la terre et nous, je fis amener le deuxième lieutenant, pensant qu'une des embarcations qui se trouvait à terre irait se joindre à lui.

Le deuxième lieutenant revint à bord sans avoir pu amarrer. Aucune des embarcations ne l'était venue joindre. Je pensai que le capitaine, occupé dans l'intérieur de l'île, n'avait pas vu mon signal.

A quatre heures, ne voyant pas revenir les embarcations, je courus sur la terre, jusqu'à six heures. M'en trouvant alors à une distance de deux milles, je pris la bordée du large, en carguant les basses voiles et en masquant le grand hunier.

Connaissant les habitudes du capitaine Hyenne, prudent et très régulier en toute chose, je commençai à concevoir quelques inquiétudes, surtout que j'avais constaté qu'il n'existait pas de ras de marée, ni houle, pouvant entraver leur retour.

A sept heures et demie je pris la bordée de terre, pour revenir au devant des pirogues, en conservant mon grand hunier sur le mât.

Aussitôt la nuit venue, je fis mettre à la corne le

fanal de poupe, qui étant tombé à la mer par la rupture de la drisse fut immédiatement remplacé par un fanal au mât de misaine et un feu sur les fourneaux.

La brise mollissant alors, et les courants portant au N. je gouvernai toute la nuit au S.-S.-E. Ce qui ne m'empêcha pas de me trouver drossé, le 13 au matin, à 20 milles environ, dans le N.-E. de l'ile Cayenne. La brise ayant fraîchi dans la journée, je m'en trouvais, à huit heures du soir, à quatre milles, à peu près.

Craignant de nouveau le calme, je me tins toute la nuit sous les huniers, en louvoyant bord sur bord, et je me trouvai ainsi, le 14 au matin, à la pointe E. de la chaîne E. et O. des iles.

La brise était belle et de la partie du N.-E. je courus sous les huniers jusqu'à un mille de terre.

Je distinguais facilement alors les naturels sur la plage.

Me trouvant à huit heures devant l'endroit où nos pirogues avaient accosté, je fis avancer le deuxième lieutenant et je l'envoyai longer le rivage afin de voir s'il n'apercevrait pas quelques traces du capitaine et de nos hommes. J'avais eu soin de faire armer l'équipage de la pirogue avec cinq mauvais fusils et autant de sabres, seuls moyens de défense que possédait l'*Angélina*. J'avais surtout recommandé qu'on ne descendît pas sur le rivage.

Arrivé près du bord, le lieutenant s'y maintint à une demi-encâblure. Il ne vit que des naturels qui, par leurs gestes, l'engageaient à descendre.

Aucun indice ne lui annonça la présence de nos gens. Il reconnut seulement, halée à sec sur la plage, la plus petite des pirogues qui nous avaient accostés dans la journée du 12.

Il longea l'île dans toute sa longueur. Mais, comme pour en faire le tour il eût fallu pénétrer dans le bassin, la prudence l'engagea à ne pas aller plus loin, ses moyens de défense étant très-bornés et les naturels pouvant l'attaquer à l'aide de leurs grandes embarcations.

Il revint à bord vers dix heures.

La brise étant toujours la même, je courus à petits bords toute la journée, accostant par moment la terre et tirant des coups de canon à divers intervalles.

A quatre heures du soir, le deuxième lieutenant aperçut à terre quelque chose qui flottait au bout d'un mât. Comme il était possible que ce fût un signal de détresse, je m'empressai de gouverner dessus.

Arrivés à une très-petite distance de terre, nous vîmes, en effet, un mât, en haut duquel s'agitaient quelques touffes d'herbes. Un groupe de naturels se tenait au pied.

Nous longeâmes l'île, en nous tenant à très-courte distance. Je reconnus que les naturels étaient tous armés. Ils faisaient des démonstrations hostiles, ce qui contrastait avec les signes d'amitié du matin.

Je restai toute la nuit sous petite toile ; et le courant m'ayant porté à 15 milles environ de la chaîne sud, je louvoyai près de terre toute la journée pour reconnaître cette partie des îles.

N'apercevant aucune trace du capitaine et des hommes, je courus au large, à la nuit, à cause de la mauvaise apparence du vent. En effet, la journée du 16 se passa en forts grains et grande pluie. Je ne pus pas avoir d'observations.

Le vent s'étant régularisé vers le soir, j'allongeai une bordée dans le N.-N.-O., et le 17, à deux heures et demie du matin, l'homme du bossoir signala un feu dans le vent à nous.

Incertain de ma position, vu le manque d'observations de la vieille, je fis quelques petites bordées pour me tenir à la même distance de terre. L'ayant reconnue au jour, je fis route dessus.

Mes observations de la journée m'apprirent que cette terre était l'île de Peddon. Je me trouvai ainsi porté à 40 milles plus au N. que ne faisait mon estime.

La brise étant faible je fis gouverner au S.-S.-E. pour m'écarter de terre, et le 18 au soir, je me trouvai de nouveau en vue des Mulgraves, à dix milles N.-O. de l'île Hutsège.

J'explorai encore une fois la chaîne E. et O. des îles jusqu'à Cayenne, où je pensais arriver assez tôt pour y croiser une partie de la journée. Mais la brise ayant molli et le courant me poussant à N.-E., je n'en pus approcher qu'à une distance de 7 milles.

Jugeant alors que j'avais épuisé tous les moyens en mon pouvoir pour faciliter le retour du capitaine et de ses hommes, et ayant l'intime conviction qu'ils avaient été massacrés par les indigènes ou qu'ils étaient retenus malgré eux, je fis rassembler le reste de l'équipage. Je demandai si l'on croyait qu'il fût possible de faire davantage, engageant les hommes à me communiquer leurs observations quelles qu'elles fussent.

L'équipage, reconnaissant que tous les moyens possibles avaient été employés, fut de l'avis qu'il fallait se rendre aux Sandwick, port le plus voisin où nous pussions trouver les moyens de continuer notre voyage.

J'avais eu, pendant tous les jours précédents, l'intention de m'emparer de quelques-uns des naturels de

Cayenne, pour essayer d'obtenir des renseignements sur le sort du capitaine ou pour faire des échanges. Mais aucune embarcation ne se montra, ce qui nous fit supposer qu'ils se tenaient sur leurs gardes, après avoir massacré nos pauvres compagnons.

Pourtant nous ne leur avons fait même aucune menace, pendant tout le temps qu'ils passèrent à bord, bien que quelques-uns d'entre eux nous eussent dérobé quelques ustensiles de fer. La grande envie qu'ils avaient de ce métal me fait supposer que ce fut pour s'emparer de l'armement de nos pirogues qu'ils ont maltraité nos matelots.

Nous perdîmes ainsi treize hommes de notre équipage, le capitaine, le premier lieutenant, le chirurgien, un harponneur, un sommelier, sept matelots et un mousse.

1844

Naufrage de l'*Emma-Maria*.

La goëlette l'*Emma-Maria* de Paimpol, jaugeant
35 tonneaux et montée par six hommes, plus l'armateur
comme passager, était partie de Pontrieux, le 2 août,
avec un chargement de blé à destination de Rouen.

Le 12, le temps était très mauvais et une voie s'é-
tant déclarée, le navire relâcha à Cherbourg, où il se
fit réparer.

Le lendemain, il mit à la voile et fit bonne route.
Mais le jour suivant, le temps devint orageux, le vent
souffla en foudre, et le navire, ne pouvant tenir la
mer, fut dirigé vers le Havre. Le manque d'eau ne lui
permit pas d'entrer.

Alors le capitaine fit mettre les amarres à bâbord
pour gagner le large. Vers sept heures du soir le navire se trouvait à environ six heures de Fécamp; il
essuya plusieurs coups de vent qui le fatiguèrent
beaucoup et lui enlevèrent ses voiles par lambeaux.
Bientôt après, la cale, malgré le jeu des pompes, se
trouva envahie par une quantité d'eau si considérable
que le navire faillit être englouti.

Dans cette perplexité, le capitaine prit conseil de
son équipage. Il fut décidé que l'on tenterait de gagner le port de Fécamp.

Vers dix heures, l'obscurité devint si grande, et la tempête si violente, quel'on ne pouvait s'entendre à bord.

Guidés par les feux de la côte, les malheureux firent des efforts inouïs pour en approcher. Mais bientôt ils ne purent plus exécuter aucune manœuvre. S'attendant à chaque instant à voir le navire s'engloutir, ils se déshabillèrent pour être prêts à gagner la côte à la nage.

Peu d'instants après, la violence du vent les ayant poussés près de la côte, une énorme vague s'abattit sur le navire, enleva le capitaine, le mousse, le novice, et du même choc lança le bâtiment sur des rochers où il se brisa.

Les trois autres matelots et l'armateur purent se hisser sur le haut du mât de misaine, et ils parvinrent à s'y attacher.

Il y avait trois heures qu'ils étaient dans cette situation, transis de froid, battus par les vagues, ayant le gouffre béant sous leurs pieds, lorsque la mer commença à baisser.

Alors seulement on put venir à leur secours. Ils furent recueillis. Au point du jour on retrouva les cadavres de tous les marins couchés côte à côte sur les rochers.

1844. — Perte du navire la *Ville-de-Rouen*, capitaine Hébert, à la hauteur de Lisbonne.

1844. — Naufrage du côtier le *Laurent* sur le banc du Violet.

1844. — Perte du terre-neuvien le *Bon-Père*, de Fécamp, coulé en mer.

1844. — Naufrage du brick le *Courrier-du-Sénégal*, près du cap Naza, côte occidentale d'Afrique.

1844. — Naufrage du brick la *Marie* de Bordeaux, près des Sables d'Olonne.

1844. — Perte de la *Paix*, de Bayonne, dans les glaces, sur les côtes d'Islande.

1845

Naufrage du brick-aviso, le *Colibri*.

Vers la fin de février les trois navires le *Berceau*, le *Voltigeur* et le *Colibri* furent envoyés par M. Romain-Desfossés, commandant la station navale de Bourbon, pour punir les Sakalaves de Madagascar.

Le 25, le temps ayant mauvaise apparence, le *Berceau* prévit qu'il pourrait être séparé des deux autres navires, et il fit le signal de ralliement à Mayotte. Les trois navires se perdirent bientôt de vue, en effet.

Je gardais le quart jusqu'à huit heures du soir, dit M. Anquez, volontaire de la marine, auquel nous empruntons ce récit, le mauvais temps augmentait, la mer était grosse. A huit heures je rendis le quart à M. Maureau et fus me coucher. J'entendis, mais indistinctement, virer de bord plusieurs fois, car étant fatigué des travaux de la journée, je dormis assez profondément.

A quatre heures, je relevai du quart M. Burger, le lieutenant, qui me dit que le *Voltigeur* avait doublé l'île de Radama et que nous n'allions pas tarder à la doubler également. Le capitaine, M. Orcel, venait de descendre dans sa chambre après avoir passé la nuit sur le pont. Je descendis chez lui prendre des ordres. Il me dit de virer de bord, de m'assurer si nous doublions l'île, et de venir lui en rendre compte.

Je remontai sur le pont, mais la nuit était tellement noire que je ne pus voir l'île ; j'envoyai le gabier, Valentin, en vigie, avec ordre de me prévenir aussitôt qu'il en aurait connaissance, et je fus rendre compte au capitaine de ce qui se passait. Il me dit que c'était bien, de le prévenir s'il arrivait quelque chose de nouveau, me recommandant la plus grande surveillance sur la hune.

Je remontai. La brigantine battait avec force et menaçait de se déchirer. J'envoyai Landrin, chef de la grande hune, et un malgache, Mandit-Sara, pour la ferler. Le navire avait beaucoup à souffrir, et nous fatiguions beaucoup par la violence des coups de tangage, car la mer était très grosse.

Le temps était très noir, et comme quelques gouttes d'eau qui tombaient m'avertissaient de l'arrivée d'un grain, je disposai quatre hommes à la cargue-point de la grande voile, sous le vent, et un à l'écoute. La bordée de quart était bien faible ; elle se composait bien de quinze hommes, mais il y avait deux exemptés de service, — le coq et un malade, — deux autres à la barre, un en vigie, deux à la brigantine, plus un Maltais en faction au fanal. Il me restait donc sept hommes dont trois blancs.

Il y avait quelque temps que j'avais pris mes précautions quant à la grande voile, lorsque la brise fraîchit et quelques gouttes d'eau tombèrent. J'ordonnai de carguer le point de grande voile sous le vent. Cette besogne se faisant lentement, je pressai les hommes. Pendant que nous étions occupés, le grain tomba à bord si rapidement et avec tant de force, que quoique je fisse mettre la hune au vent, et que je sau-

tasse pour amener le grand hunier, en faisant le commandement pour le petit, l'inclinaison devenait dangereuse et l'eau, passant par-dessus les bastingages,
entrait par les sabords.

Ne voyant pas le navire arriver, je demandai au timonier si la barre était au vent, il me dit que oui et
que le navire n'obéissait pas. Je sautai au grand pan-
neau pour appeler tout le monde sur le pont, afin de
me débarrasser du grand hunier et de la grande voile.
Mais en jetant un regard autour de moi, je m'a-
perçus qu'il était trop tard et j'ordonnai de carguer
les écoutes de hune. Malheureusement, cet ordre ne
fut pas exécuté et l'eau commençait à entrer par les
panneaux.

Le timonier appela le capitaine et n'eut pas de
réponse. Voyant le navire chaviré, je me dirigeai
vers l'arrière, et j'aidai M. Maureau et M. Burger à
monter sur le flanc du bâtiment. J'appelai le capitaine et n'eus pas encore de réponse.

Le patron de la yole s'occupait à en couper les ga-
rants, lorsqu'il la sentit s'affaisser sous lui et disparaître. A peine étions-nous arrivés, MM. Maureau,
Burger et moi, sur le flanc du navire, qu'il s'engloutit
et tout disparut.

Comme je savais nager, je me tins sur l'eau, appelant le capitaine. J'étais désespéré de n'avoir pas de
réponse. Je me disposais à m'éloigner, lorsque tout à
coup quelqu'un me saisit par les deux pieds et nous
coulâmes tous les deux. Je faisais des efforts pour nous
tenir sur l'eau, vain espoir! Le malheureux, que je
reconnus pour un Malgache, m'étreignait de toutes
ses forces et m'entraînait avec lui. Je remontai trois
fois sur l'eau et trois fois nous coulâmes.

Enfin, après bien des efforts, je parvins à me dégager et à revenir sur l'eau où, grâce à Dieu, je respirais à l'aise. Je commençai à me débarrasser de mes effets et, nu, je me dirigeai vers un point noir qui n'était pas loin de moi.

O bonheur inespéré! c'était une barrique vide, je la saisis avec empressement et repris un peu de force. Le jour commençait à se faire. Je vis M. Maureau, je lui demandai s'il avait quelque chose pour se soutenir sur l'eau. Il me dit qu'il avait la moitié d'une vieille cargue de perroquet qui s'était détachée de la drome. Nous fîmes route ensemble.

Peu de temps après, un brave compagnon, Lavaquaire, se joignit à nous, ayant un chantier de chaloupe, et au jour nous eûmes le bonheur de sauver un des nôtres, Cuvillier qui, était près de nous et se noyait.

Après avoir lié notre drome avec les débris de la chemise de M. Maureau, nous fîmes route tous quatre vers la grande terre. Nous en étions éloignés de quatre lieues environ, mais la mer, le vent et le courant nous y portèrent.

A huit heures environ, nous eûmes connaissance de sept de nos compagnons qui se tenaient accrochés sur une barrique vide. Je reconnais M. Burger, le maître d'équipage Sergent, Leblanc, Bourrasseau, Mandit-Sara, Borel et Bettaro, malgaches. Mais comme ils ne faisaient aucun mouvement et que nous nagions pour aller à terre, nous les perdîmes de vue en peu de temps.

Vers deux heures, nous eûmes connaissance d'un de nos matelots Moynét, qui, ne sachant pas nager, avait trouvé une grosse planche dont il s'aidait.

Peu de temps après, nous joignîmes à notre drome le mât de misaine du canot major.

Les grains étaient moins fréquents, mais très forts, la pluie qui était excessivement froide et tombait par torrents, nous faisait grelotter.

Nous entrevîmes une plage de sable qui était devant nous, et de laquelle nous paraissions approcher très rapidement. Nos forces diminuaient insensiblement et nous étions très fatigués.

A quatre heures, après nous être reposés un instant, nous trouvant près des récifs, nous nous décidâmes à nous séparer, en prenant chacun un des morceaux qui composaient la drome. Je pris le mât du canot major et je me dirigeai vers terre.

Je manque d'expressions pour décrire toutes les souffrances que j'éprouvai pendant ce trajet ! Entièrement couvert par chaque lame, qui venait se briser avec force sur ma tête, j'étais un instant étourdi, je perdais mon mât, et comme c'était ma seule chance de salut, je nageais avec énergie pour le rattraper. A peine l'avais-je saisi que je restais à sec sur des coraux qui me déchiraient les jambes et les bras.

Haletant, presque sans force, j'essayais de me lever. Les douleurs occasionnées par le corail qui m'entrait dans les pieds m'empêchaient de me tenir debout et me forçaient d'attendre une autre lame, qui m'abattait, me traînait sur le fond et me faisait éprouver des souffrances atroces.

Enfin, après deux heures de ces souffrances, je parvins à gagner la côte, tout sanglant, et à demi mort. Je fis deux ou trois pas et je tombai, je ne pouvais aller plus loin.

J'étais dans cette position, lorsque je sentis l'eau me gagner, la mer montait et voulait ressaisir sa proie. La nuit venait et je me sentais si faible que je n'avais pas grand espoir de survivre. Pourtant je tentai un dernier effort, et en rampant sur les mains et les genoux, je parvins à monter assez haut pour que la mer ne pût m'atteindre.

Je restai dans cette position assez longtemps, ce ne fut que quand je vis un de nos matelots, Lavaquaire, sortir de l'herbe à côté de moi que je réussis à me lever. Je pris un bâton et nous allâmes tous deux à une petite aiguade à cinquante pas.

Nous nous y baignâmes, puis nous cherchâmes un arbre pour y passer la nuit, mais la pluie tombait toujours et nous grelottions de froid.

Le lendemain matin, nous sentant un peu de forces, nous fîmes route pour Mourounsanga, à une lieue de l'endroit où nous avions atterré. Nous rencontrâmes un de nos compagnons, Cuvillier, qui était avec nous sur la drome et qui avait eu le bonheur de se sauver.

Vous dire la joie que j'en ressentis serait difficile. Nous nous coiffâmes de feuilles d'arbre et nous continuâmes notre chemin.

Un soldat hôva, que nous rencontrâmes, eut pitié de notre air misérable. Il voulut bien nous conduire chez un M. Renaud ou Renous, Portugais, résidant depuis longtemps chez les Hôvas : nous y fûmes très bien reçus.

Il avait chez lui quatre de nos compagnons, recueillis la veille au soir. Cuvillier était le dernier qui eût parlé à M. Maureau ; après nous être séparés de la drome il avait nagé pendant quelque temps de concert avec lui, mais M. Maureau lui avait dit qu'il se sentait très fatigué et qu'il ne voulait pas que Cuvillier songeât davantage à l'attendre. Ce furent ses dernières paroles.

Le 28 au matin, on avait dit chez M. Renaud que le corps d'un homme blanc était sur le sable. Nous prîmes un drap et des pelles et nous partîmes tous les sept vers le sable pour lui rendre les derniers devoirs.

Nous reconnûmes bien M. Maureau, qui n'était pas défiguré. Il n'avait pas été noyé, car il était à un endroit plus élevé que celui où la mer pouvait atteindre. Il n'avait ni blessures ni contusion apparente, mais il était baigné dans son sang qui lui sortait par la bouche, le nez et les oreilles.

Il est à supposer que c'est dans le trajet des brisants à terre que M. Maureau avait reçu quelques coups. L'une de ces lames dont nous ne pouvions nous garantir l'aura jeté sur le fond avec tant de force qu'il aura eu peine à gagner la terre. Il y sera parvenu à la nuit, s'y sera évanoui et y sera mort faute de secours.

Ce qui me fait supposer cela, c'est le rapport de deux soldats hôvas qui, étant de garde non loin de l'endroit où se trouvait le corps, disaient avoir entendu des cris pendant la nuit.

Le matelot Moynet a été trouvé le 2 mars au soir. Il avait été noyé, il était défiguré. Mais comme il avait gravé sur le bras gauche, un trophée d'armes, cette marque encore très distincte servit à nous le faire reconnaître.

Nous ensevelîmes M. Maureau et nous mîmes sur sa tombe une croix faite par Thibaut et sur laquelle je gravai son nom. Nous enterrâmes aussi Moynet, mais avec moins de cérémonie, car M. Renaud n'était pas assez riche pour nous donner un second drap.

Le nommé Marc avait quitté le navire au moment

où il disparaissait. Il avait eu la chance de rencontrer Thibaut, Bottodé et Isivanuga. Ils firent route de concert. Il avait une planche pour se soutenir. Ils voguèrent vers la grande terre, où ils avaient accosté vers les quatre heures, très faibles mais sans avoir de blessures graves. Nous les rencontrâmes chez M. Renaud où ils étaient arrivés à six heures du soir.

Puis M. Renaud, pauvre lui-même, nous nourrit et nous hébergea ; nous eûmes aussi à nous louer du chef de la douane, jeune Hôva qui nous secourut de son mieux. Le gouverneur malgache nous donna un peu de riz et un bœuf. A cela se borna toute sa bienveillance ; c'est à un chef de la douane que je dois la pirogue qui porta à Nossi-Bé la nouvelle de notre désastre.

1845

Les souffrances d'un matelot déserteur.

Il y a quelques jours, dit en décembre 1845 le *Journal du Havre*, un matelot, jeune encore et présentant sur sa physionomie les traces de longues souffrances, se présenta dans nos bureaux.

Un léger accent dans son langage nous fit croire d'abord à une origine étrangère, mais en nous déclarant sa qualité de Français, il expliqua cette particularité par un long usage de la langue anglaise qu'il a pratiquée pendant cette période de six années dont il venait nous faire le récit.

A l'appui de sa relation, il nous communiqua un manuscrit dans lequel était écrite dans un style incorrect et sans art, la relation du drame effroyable dont, après avoir été l'un des acteurs, il est le dernier survivant.

Il mit en outre sous nos yeux quelques tableaux exécutés en Angleterre, et qui reproduisent les principales scènes de cette lamentable histoire.

Dans le premier une chaloupe et un canot, chargés de monde, voilés avec des bonnettes, s'éloignent à la hâte d'un navire en flammes, dont la carcasse incandescente éclaire la mer d'un reflet rougeâtre.

Le second montre les mêmes embarcations cinglant

au hasard sur les solitudes de l'Océan Un cadavre penché sur le plat-bord de la chaloupe subit une horrible mutilation.

Dans le troisième, la chaloupe, seule et veuve de la plupart de ceux qui la montaient, aborde une plage déserte, où des nègres, accourant en foule, se préparent à s'emparer des naufragés.

Enfin dans le quatrième nous voyons un homme qui, sur le haut d'un rocher, la barbe et les cheveux en désordre, élève les bras au ciel. Il semble appeler par ses cris le canot d'un navire en panne non loin du rivage.

L'Huillier, le matelot qui se présente à nous, est déserteur d'un navire français ; à son arrivée au Havre, il a été réclamé par l'Inscription maritime, et il vient d'être dirigé sur Cherbourg où il subira un jugement. Les épreuves par où il a passé et que nous allons raconter lui vaudront peut-être l'indulgence des juges.

Le navire, la *Manche*, parti du Havre en juillet 1837, pour la pêche de la baleine, ayant essuyé d'assez mauvais temps, dut, après une année de navigation, relâcher à la Nouvelle-Zélande pour s'y réparer.

Là plusieurs hommes désertèrent. Parmi eux se trouvait le matelot J.-B. L'Huillier, à peine âgé de vingt ans. Il s'engagea sur un navire anglais, et continua depuis à naviguer sous le pavillon de cette puissance.

En 1841, L'Huillier était maître d'équipage à bord de la *Victoria*, qui revenait de Sydney à Londres, son port d'armement. Ce bâtiment, de 700 tonneaux, avait 45 hommes d'équipage. Son principal chargement consistait en huile et en laine.

Relâché à Rio, il en repartit le 29 février. Il faisait

depuis lors bonne route, lorsque par 10 degrés de latitude Nord, et 21 de longitude Ouest, une forte voie d'eau se déclara, et ne put être étanchée quoiqu'on se servît des pompes jour et nuit.

Le capitaine fit alors descendre dans la cale le charpentier en compagnie de deux hommes, pour chercher la cause du mal et y remédier.

En cet instant le navire fatiguait beaucoup. Dans un brusque roulis, ces trois malheureux furent écrasés sans qu'on pût leur porter secours.

Mais la catastrophe ne devait pas s'arrêter là : un des hommes tenait une chandelle allumée qui, s'échappant de ses mains, tomba au milieu de matières inflammables et mit le feu dans la cale.

Ainsi le malheureux navire se trouva en même temps envahi par l'eau et dévoré par l'incendie.

Après d'inutiles efforts pour combattre les deux fléaux, l'abandon du navire fut décidé.

Les embarcations furent mises à la mer avec des vivres pour dix jours. Dans la première se trouvait le capitaine avec vingt-trois hommes, y compris L'Huillier, dans la deuxième dix-neuf hommes avec le second.

C'était le 11 avril, à dix heures du soir. Le temps était beau, la lune brillait de tout son éclat. L'incendie, qui n'était plus combattu, envahit toutes les parties du navire qui ne présenta plus bientôt qu'une masse de feu, et s'abîma peu après dans les flots.

Les naufragés étaient alors, à leur estime, à deux lieues de la côte d'Afrique, à la hauteur des îles du Cap Vert, la terre la plus proche.

On convint de marcher de conserve, de s'observer, et de se prêter un mutuel secours. L'embarcation du capitaine devant tracer la route, un pavillon blanc en tête du mât en signe de détresse.

Au jour, un navire parut à l'horizon. On gouverna sur lui, mais sans pouvoir l'atteindre ni en être aperçu.

Jusqu'au 16, nul incident remarquable ne signala la traversée. On vit plusieurs navires, mais aucun ne dévia de sa route.

Les vivres s'épuisaient, le découragement, puis le désespoir gagnaient les naufragés, exposés d'ailleurs à toutes les intempéries du vent et de la mer. Le mousse mourut ce jour-là.

Le 17, le capitaine et deux hommes tombèrent dans un état alarmant. L'Huillier dut prendre le commandement. Pour comble de malheur, le peu de biscuit qui restait était tellement gâté, qu'il fallut le jeter.

Le 18, deux hommes moururent, deux autres le 20 et 21.

Le 22, on prit un peu de poisson, cette nourriture soulagea les naufragés.

Du 23 au 25 trois hommes succombèrent encore. Les forces des survivants suffisaient à peine à manœuvrer les embarcations. Le désespoir était au comble. Le capitaine se mourait. Nul navire n'apparaissait plus à l'horizon. Puis par les calmes on ne faisait plus de route. L'Huillier seul gardait son énergie et encourageait ses compagnons.

Le 26 un nouveau décès survint, mais une voile parut. Pendant un instant les malheureux se crurent sauvés. On manœuvrait pour venir à eux. Vain espoir encore! Le navire disparut. Les vivres étaient épuisés.

Les deux embarcations délibérèrent sur ce qui leur restait à faire. On n'entrevoyait plus qu'un moyen de salut : c'était de se nourrir de la chair de ceux qui succombaient. On hésita devant cette horrible extrémité. La faim l'emporta. Un cadavre fut mis en lambeaux et dévoré.

Dans la nuit, le vent s'éleva, la mer grossit, les deux embarcations furent séparées. Le 27 au matin une seule paraissait encore sur les flots, l'autre avait été engloutie ; c'était celle que commandait le second.

Du 27 au 29 deux hommes succombèrent encore. Le 30, le capitaine lui-même mourut. Ses dernières paroles furent pour sa femme et ses enfants. Il donna, avant de mourir, à L'Huillier sa montre, un petit coffre, renfermant des papiers et une forte somme en billets de la banque d'Angleterre.

Le 1ᵉʳ mai, il ne restait à bord que dix hommes exténués, mourants et ne se soutenant qu'à l'aide de leur affreuse nourriture. A peine purent-ils retrouver quelque force et quelque recueillement pour rendre les derniers devoirs à leur capitaine dont le corps fut jeté à la mer.

Du 2 au 3, quatre hommes expirèrent, on aperçut quelques oiseaux qui semblèrent indiquer l'approche de la terre.

Le 6 il ne restait plus que trois hommes survivants. C'est ce jour-là que l'embarcation toucha terre. Sur la plage où ils échouèrent une foule de noirs, hommes, femmes et enfants, apparurent qui s'emparèrent des trois malheureux, l'un devenu aveugle, l'autre presque mourant.

Tous trois étaient nus et ils furent exposés à de si mauvais traitements qu'avant d'avoir quitté le rivage deux étaient morts. L'embarcation avait été mise au pillage, les billets de banque brûlés et mille francs en or que portait L'Huillier partagés entre les assistants.

Une négresse eut enfin pitié de L'Huillier, elle le prit sous sa protection, le soigna et, quand il fut guéri, le vendit comme esclave.

Pendant trente-sept jours, il demeura à 40 milles environ du rivage, dans une bourgade où il était surveillé de très près, accablé de travail et soumis aux plus durs traitements.

Il se décida enfin à se soustraire à tant de souffrances. On l'envoyait souvent au loin faire de l'eau qu'il rapportait à dos de chameau. Un jour, laissant là le reste du troupeau, il monta sur un chameau et se rendit à toute marche sur le rivage, où il espérait trouver quelque moyen de salut.

Son espoir fut vain pendant deux jours. Il errait sur le rivage, mangeant des coquillages, buvant l'eau de la pluie. Le troisième il aperçut un navire en panne. Un canot s'en détachait et se dirigeait sur le rivage.

Craignant de n'être pas vu, L'Huillier se jeta à la nage, et gagna une roche. Il fut heureusement aperçu. Le canot vint le prendre et le mena au navire qui était anglais et se rendait en Chine.

Il fut débarqué au Cap, et se rembarqua pour Londres où il alla apprendre à l'armateur de la *Victoria* le sort du navire. Il y avait quatre ans qu'on n'en avait des nouvelles.

L'Huillier s'empressa de rentrer en France. Il n'avait gardé de ses souffrances qu'une seule trace : on lui avait coupé, en signe d'esclavage, quand il fut vendu, la première phalange du petit doigt de la main gauche.

Il alla se présenter au bureau de la marine, où, porté comme déserteur sur le rôle d'équipage de la *Manche*, il fut arrêté.

1845

Naufrage du vapeur de l'État le *Sphinx*.

Le 6 juillet 1845, dit le lieutenant de vaisseau Chopy, second à bord du navire naufragé, le *Sphinx* partit de Dellys, vers une heure de l'après-midi. Notre mission était d'aller en courrier à Alger.

Nous contournâmes les rochers de la pointe, à la distance d'un demi-mille, de façon à nous trouver à un mille et demi de terre, lorsque nous relevâmes la pointe de Dellys au sud du Monde.

A partir de ce moment jusqu'après le dîner des officiers, je ne m'occupai pas de la route du bâtiment.

Il était environ cinq heures 25 à l'horloge du bord, lorsque je montai sur la dunette. Le temps était très brumeux. Les tentes de la dunette et du gaillard d'arrière étaient dressées pour abriter les passagers de la brume qui se résolvait en petite pluie. L'officier de quart se trouvait placé dans le canot du porte-manteau de babord.

Quelques instants après, il m'interpella disant qu'il croyait apercevoir la terre. A cet instant je regardais un des hommes placés aux bossoirs qui étendait la main en montrant quelque chose devant lui à son camarade.

Je me retournai. Je vis une masse noire dont je ne pus distinguer les formes. Aussitôt, je criai au timonier.

— Babord, la barre !

Je répétai plusieurs fois ce commandement, tout en criant ;

— Machine, stoppe ! Machine en arrière.

Les passagers étaient alors à souper. Le bruit qu'ils faisaient, sans être considérable, empêcha ma voix d'arriver jusqu'à la machine.

Je me précipitai, renversant tout sur mon passage. Mais quand j'arrivai près des ellipses, le navire avait déjà touché. Quelques instants après, la machine cessa de marcher en avant et commença à fonctionner en arrière.

En ce moment, j'aperçus le capitaine sur la passerelle. Je me rendis auprès de lui pour prendre ses ordres.

Le maître charpentier vint immédiatement rendre compte au capitaine qu'après avoir sondé derrière, il n'avait pas trouvé d'eau. Le capitaine lui donna l'ordre d'aller sonder devant.

Il rapporta que l'eau entrait avec une grande force. Je me rendis à l'endroit indiqué. Je reconnus, en effet, qu'il y avait une voie d'eau considérable. Le capitaine vint aussi s'en assurer. Il demanda s'il n'y avait pas à bord un plongeur capable d'explorer la carène.

Le maître d'équipage, Sayet, s'offrit. Après avoir plongé, il vint rendre compte qu'une roche touchait le navire sous les porte-haubans de tribord devant.

Le capitaine donna l'ordre de faire mettre à terre les passagers, à l'exception de 50 militaires et de deux officiers qui les commandaient pour les employer aux pompes. Le débarquement se fit avec ordre et dans le plus grand silence.

Deux officiers qui avaient leurs chevaux à bord furent expédiés à Alger avec une lettre du capitaine, mais la brume les empêcha de continuer leur route.

En même temps M. Coulomb, enseigne de vaisseau, partait pour cette même ville pour avertir l'amiral et lui demander des secours.

On composa, pour le cas où, le navire étant renfloué, on pourrait songer à aveugler la voie d'eau, un mastic avec du suif, du charbon pilé et de l'étoupe pour être introduit, à l'aide des plongeurs, dans les trous de la carène. Des matelas renfermés entre deux prélars étaient prêts à être appliqués sur les voies d'eau au moyen de faux-bras passant sous la quille. Des clous étaient disposés pour que les plongeurs pussent appliquer plus facilement ces objets. Un tablier fait avec la *fortune* avait été disposé de l'avant, prêt à être appliqué sous la carène.

En attendant, une ancre à jet fut portée et mouillée par la tranchée de tribord, et une haussière, passant par l'écubier du babord, fut amarrée sur une roche placée par babord devant, de manière à maintenir le navire. On vira sur le grelin de l'ancre à jet, mais on n'obtint aucun résultat.

Il faisait alors nuit close. On employa le reste de la nuit à alléger le navire en le dégréant et en envoyant à terre les voiles, les tentes, le gréement, les vergues hautes, les chariots et les bagages des passagers.

On dégagea les soutes à charbon de tout ce qui les encombrait dans l'espoir de reconnaître la position de la voie d'eau. On ne put les débarrasser complètement à cause de l'eau qui les avait envahies. On y envoya des hommes, mais ils ne purent rien découvrir.

Le 7 juillet, à la pointe du jour, le *Caméléon* vint mouiller près de nous. Il nous apportait des vivres. Le commandant, après avoir conféré avec le capitaine, repartit pour Alger, en emmenant avec lui tous les passagers.

Dans la matinée, on s'occupa plus spécialement de débarquer les chaînes, les ancres et l'artillerie. A onze heures, le canot du pilote du port d'Alger arriva avec sept ou huit pompes qui furent immédiatement mises en place. Dans l'après-midi, la *Chimère* apportait des barils vides. Le soir, vers cinq heures, le *Caméléon* revint, ayant à bord l'amiral.

On fit un essai de pompes en présence de l'amiral. Cet essai ne produisit rien.

A partir de ce moment, l'équipage s'est reposé la nuit, par bordée, et le travail n'a jamais été interrompu.

Dans la nuit du 7 [au 8, une ancre de bossoir fut élongée par tribord à 50 degrés de la quille.

Le 8 au matin, le *Caméléon* se plaça à 30 degrés par tribord derrière, son ancre à une encâblure de notre arrière; la *Chimère*, droit de l'arrière, son ancre à une encâblure et demie.

Ils envoyèrent leurs remorques à bord. On les tourna au grand mât. Ils agirent simultanément, en virant sur leurs chaînes, faisant marcher leurs machines en avant, pendant qu'à bord du *Sphinx* on les aidait d'un mouvement analogue.

Les pompes avaient été mises en jeu pour faire baisser le niveau de l'eau dans la cale. Les chaudières avaient été en partie vidées, au moyen de la pression.

Le bâtiment parut faire une petite abatée, l'arrière
sur tribord.

Les plongeurs rapportèrent un morceau de la fausse
quille, garnie d'un morceau de cuivre tout plissé.
On n'obtint pas d'autre résultat. L'ancre ne tenait pas.
On la fit relever et enpenneler avec une ancre à jet.

Le 9, les expériences furent reprises avec un plus
grand nombre de pompes. Des dalots avaient été pra-
tiqués sur le pont pour faciliter l'écoulement de l'eau.
Deux pompes avaient été installées dans les chaudières pour achever de les vider. L'eau diminua de 25
à 27 centimètres et s'arrêta là.

Les efforts du *Caméléon* et de la *Chimère* réunis,
ceux du *Sphinx*, virant sur l'ancre au moyen d'une
marguerite, n'amenèrent pas d'autre résultat que de
faire casser les remorques. Le mouvement du bâtiment, s'il y en eut un, fut presque insensible.

Le 20, on recommença les tentatives. Le *Tartare*
qui passait vint joindre ses efforts à ceux des deux
navires. Même résultat négatif.

Le 11, une commission, nommée par l'amiral commandant la marine à Alger, et commandée par le
capitaine de corvette d'Assigny, vint à bord du *Sphinx*
pour examiner la position du bâtiment et décider ce
qu'il y avait à faire.

Je sus par le capitaine que la commission avait
décidé que le navire pouvait être renfloué. En conséquence on allait commander à Alger cinquante
pompes carrées pour soulager la cale, établir des
biques pour soulager l'avant, employer les tonnes des
travaux hydrauliques, ainsi que les deux pontons à
biques qui nous avaient été envoyés dans la journée
du 7, tandis que trois bateaux à vapeur réuniraient

leurs efforts pour remorquer le *Sphinx* par l'arrière.

On allégea donc le navire de sa charpente, de toutes ses ferrures et des objets de poids qu'on put enlever.

Le 12, on continua jusqu'au soir à disposer le navire pour les expériences indiquées par la commission.

Vers cinq heures, les vents, qui jusque là avaient régné de l'O. au N.-O. sans s'élever de mer, sautèrent tout d'un coup au N.-E. bon frais.

La mer se fit vivement sentir, les mouvements de roulis furent assez violents pour fatiguer le navire. Il choquait avec force la roche qui frôlait l'avant à tribord. On introduisit entre le bord et la roche des poutrelles destinées à préserver autant que possible les flancs du bâtiment.

La nuit venue, le capitaine fit évacuer le navire et resta seul à bord.

Le 13, l'équipage revint à bord, mais le pont n'étant plus tenable, le capitaine fit évacuer de nouveau et descendit à terre le dernier.

Le 14, comme la mer fut encore assez forte, l'équipage fut envoyé à bord pour commencer le sauvetage. Le président de la commission vint à bord. Je reçus l'ordre de continuer le sauvetage qui fut dirigé par le capitaine jusqu'au 22.

A cette époque, l'amiral nous rappela à Alger. Pendant ce temps, la conduite du capitaine Muterse fut celle d'un officier consommé, plein de calme et de sang-froid. Son courage ne se démentit pas un seul instant. Aussi fut-il acquitté honorablement et à l'unanimité par le conseil de guerre, qui fut chargé d'examiner sa conduite, et qui s'arrêta à cette idée que le naufrage était dû à la détérioration imprévue du compas.

1846

La suite du naufrage de l'*Angélina*.

Le capitaine de vaisseau Bérard, commandant la
station de la Nouvelle-Zélande, apprit pendant qu'il
visitait, monté sur la corvette le *Rhin*, les îles de
l'Océanie, la disparition des matelots de l'*Angélina*. Il
reçut du gouverneur de Taïti une lettre qui l'instrui-
sait des détails de l'événement, et le priait d'envoyer
un bâtiment au secours du capitaine Hyenne et de
ses douze hommes disparus dans l'île de Cayenne ou
Galleleup, une des Mulgraves.

Après avoir, écrit M. Bérard, passé quinze jours aux
îles Wallis à faire de l'eau et des vivres frais, je mis
à la voile.

Je passai une journée devant Futuna. De là je me
dirigeai sur les Mulgraves, espérant que je pourrais
trouver quelques-uns de nos compatriotes encore
vivants.

Le 19 juillet, étant à cinquante lieues de terre, à
l'O.-S.-E. de l'île Byron, nous fûmes fort étonnés de
rencontrer une pirogue à voile, montée par des naturels de l'espèce polynésienne, qui se dirigeaient vers la
Corvette.

Ils montèrent à bord. Ils se mouraient de soif et de
faim. On leur donna ce dont ils avaient besoin. Un

grain les avait poussés au large de leurs îles, qu'ils avaient perdues de vue depuis cinq jours. Le soir, on leur offrit des vivres et de l'eau et on les engagea à retourner chez eux. Ils ne voulurent pas quitter la Corvette.

Je fus tellement contrarié par le vent que ce fut quarante-cinq jours seulement après notre départ des Wallis que nous arrivâmes aux Mulgraves.

J'attaquai les îles par le S. et l'O. ayant reconnu que les vents de N. E. étaient rares.

Le 17 au soir, j'eus une première conversation avec les naturels de Cayenne, qu'ils nomment Galleleup. Ils montaient, au nombre de treize, une grande pirogue en tout semblable aux pros des îles Carolines.

Ils accostèrent avec une grande méfiance. Puis le commerce s'établit de bonne foi. Ils n'étaient pas de l'île même de Galleleup. Je les quittai, en leur faisant comprendre que le lendemain je me rendrais dans le voisinage de cette île. Mon intention était de saisir un pros de Cayenne et d'en retenir les matelots afin de les échanger contre nos compatriotes, si nous étions assez heureux pour en retrouver de vivants.

Le 18 août de très bonne heure, je vis deux pros venir à nous. A dix heures, je mis en panne pour communiquer avec la pirogue la plus voisine. Après avoir commercé quelque temps avec elle, je louvoyai afin de bien constater que c'était là le point où, d'après la description du second de l'*Angélina*, avait abordé le capitaine Hyenne.

A deux heures, étant à 6 milles des îles les plus voisines, je mis en panne. Les mêmes naturels s'avancèrent, mais avec méfiance. Ils nous faisaient signe de venir à terre.

J'avais reconnu que j'étais bien au point que je cherchais. Comme le pros hésitait toujours à s'approcher, je fis amener sous le vent une embarcation que les naturels ne voyaient pas, je fis mettre des armes dedans, et j'y fis monter M. Portet, lieutenant de vaisseau, avec ordre de saisir les insulaires et de les amener à bord.

Le canot déborda sans être aperçu. Dans un instant, il fut près du pros, où les sauvages étonnés avaient à peine eu le temps de hisser leurs voiles.

Deux autres embarcations furent expédiées avec la même promptitude. Les naturels cherchèrent alors à se défendre avec des pierres, mais le seul signe de les coucher en joue, les fit tous se jeter à la mer.

On les repêcha l'un après l'autre, mais ce ne fut pas sans beaucoup de peine, car ils se rejetaient aussitôt à l'eau, même après qu'on leur eut attaché les mains par derrière. Cependant en tirant quelques coups de fusil au-dessus de leur tête, on les effraya assez pour qu'ils ne fissent plus de résistance.

Le pros était monté par huit hommes, un seul s'échappa. Les sept autres furent menés à bord. On amena leur bateau derrière la corvette, mais il s'emplit d'eau et l'on fut obligé de l'abandonner.

Aussitôt qu'ils furent arrivés sur la corvette, on mit ces insulaires aux fers, sous le gaillard d'arrière. On leur donna à boire et à manger. Ils burent beaucoup.

Lorsqu'ils furent revenus de leur première frayeur, je fis ranger treize hommes devant eux, je leur montrai une baleinière que nous avions sur des potences, et je leur fis comprendre que deux baleinières semblables et treize hommes blancs avaient été saisis par eux et gardés à terre.

On jugea tout d'abord qu'ils avaient compris. Ils se mirent à parler tous ensemble. L'un d'eux, qui paraissait un chef, me fit comprendre que l'événement s'était passé à Merero ou Metoro. Je le fis monter sur la dunette. Il montra l'horizon du N., et il désignait ainsi l'île de Pedero vers laquelle l'*Angélina* avait été portée pendant la nuit.

Il était dès lors évident qu'ils connaissaient l'affaire et qu'ils cherchaient à nous tromper. La même pantomime fut répétée le soir et le lendemain. On leur montra deux fusils de chasse et deux harpons. Ils ne dirent plus rien.

Le lendemain, je louvoyai pour m'approcher des îles. A dix heures et demie du matin, nous nous trouvâmes à six milles du passage indiqué par ces naturels et le second de l'*Angélina* : j'expédiai un canot avec M. Reynaud, pour le reconnaître, pour le sonder et s'assurer si nos grandes embarcations pouvaient y passer à toute marée.

J'envoyai en même temps un jeune naturel, qui paraissait très intelligent, porter. des nouvelles à Galle-lcup, demander les blancs et revenir avec eux délivrer les six autres insulaires.

M. Reynaud revint m'apprendre que la coupure des récifs était assez large pour permettre à la corvette de passer, et qu'au dedans il y avait un bon mouillage.

A six heures nous étions à l'entrée du passage. Nous le franchîmes heureusement, nous mouillâmes par douze brasses, fond de madrépores. Nous étions à l'abri de tous les vents.

Je passai la journée du 20 à attendre le naturel que j'avais envoyé, il ne revint pas. Nous visitâmes à l'E, une île nommée Tokoeoa par les naturels. Nous y trouvâmes un puits de bonne eau où nous pûmes remplir jusqu'à vingt barriques avant la fin du jour.

Dans la matinée, un naturel vint à bord avec des noix de coco qu'on lui paya généreusement. Il savait quelques mots d'espagnol et disait avoir été à Manille. Nous crûmes avoir fait une grande découverte. Mais, lorsqu'on voulut lui demander des renseignements sur les treize hommes de l'*Angélina*, il faisait des réponses incohérentes en prétendant qu'il ne comprenait pas.

Tantôt il disait qu'il y avait des blancs à Galleleup, tantôt qu'il n'y en avait pas. Nous ne pûmes rien savoir de positif.

Nous le laissâmes partir pour lui donner confiance. Pendant ce temps trois grands pros armés, contenant sans doute les habitants de ces deux îles de la passe, s'étaient approchés de la corvette. Ils s'éloignèrent avec le naturel qui venait de nous quitter.

Les officiers descendirent à l'île O. de la passe. On la nommait Barr. Ils y trouvèrent beaucoup de cases, quelques habitants, parmi eux dix à douze femmes. On les accueillit fort bien. Mais il fut impossible d'avoir des renseignements sur l'enlèvement des baleiniers.

Au milieu de la journée trois naturels et huit femmes passèrent sur l'île de Tokoeoa où était notre aiguade. La meilleure intelligence ne tarda pas à régner entre eux et nos matelots, mais tous évitaient de répondre quand on leur parlait des blancs prisonniers.

Le 21, je me décidai à renvoyer généreusement les six naturels que je détenais. Je leur expliquai qu'ils n'avaient qu'à délivrer les blancs prisonniers pour que nous fussions de bons amis. Ils promirent de revenir.

J'offris un cadeau au chef, qui me fit parfaitement comprendre qu'il n'allait pas tarder à retourner à notre bord.

On employa la journée à faire de l'eau, à parcourir l'île Barr, à converser avec les naturels et à les interroger.

Enfin, l'une des femmes qui se trouvaient à Tokoeoa fut tellement satisfaite des objets qu'on lui proposa en cadeau qu'elle se décida à parler.

Elle fit comprendre par signes qu'il y avait treize blancs enterrés dans l'île qui est au S. de Galleleup. Elle s'expliqua très clairement : elle compta sur ses doigts le nombre treize, elle mit un petit morceau de bois dans le sable, le couvrit et indiqua en penchant la tête et en fermant les yeux qu'ils dormaient ainsi enterrés dans l'île qu'elle montrait.

Le soir, tous les habitants disparurent des deux îles voisines. Les captifs que j'avais relâchés venaient d'y arriver.

A partir de ce moment, je ne doutai plus du massacre de tous les baleiniers. Je regardai les sauvages de Galleleup comme les vrais coupables. Je songeai donc à faire une expédition militaire dans cette île où se trouvaient réunis tous les pros des environs, au nombre de seize.

On les voyait très bien halés sur la plage, quoiqu'on en fût à une distance de six milles. Mais avant d'en venir à ces mesures, je résolus d'attendre un jour le retour des indigènes que je venais de délivrer.

Pendant la journée du 22, on continua de faire de l'eau et on s'occupa des préparatifs de l'expédition.

On ne vit pas une âme dans les îles environnantes. Tout le monde s'était réfugié sur l'île Galleleup.

Le 23 août, à trois heures et demie du matin, l'expédition partit. Elle était composée de la chaloupe où se trouvait M. Reynaud, lieutenant de vaisseau, commandant l'expédition, de son canot commandé par M. de Villeneuve, lieutenant de vaisseau, et du canot major commandé par M. Duprat, enseigne de vaisseau. M. Foley, élève de première classe, était en second dans la chaloupe.

Il y avait en tout quatre-vingt-dix hommes dont soixante-neuf pour le débarquement, et vingt-trois pour la garde des canots, pour le service de l'artillerie. M. Foley devait surveiller les embarcations après le débarquement et empêcher qu'elles ne s'échouassent, sous quelque prétexte que ce fût.

M. Reynaud avait reçu l'ordre de détruire tous les pros, toutes les cases, et de rechercher tout ce qui avait appartenu aux matelots de l'*Angélina*. Il ne devait pas tirer sur les naturels à moins d'une attaque de leur part.

L'expédition arriva devant la plage de Galleleup vers six heures, au moment où le jour se faisait.

On remarquait une grande agitation auprès des cases et dans les fourrés des bois. Des femmes se présentèrent en criant :

— *Adera*, bonjour.

M. Reynaud voyant les bois remplis d'hommes armés fit tirer au-dessus de leurs têtes l'obusier chargé à mitraille. Tous s'enfuirent. Le débarquement s'opéra ainsi sans obstacle.

On établit aussitôt une ceinture d'hommes armés entre les pros et l'intérieur de l'île, et l'on procéda à la destruction des bateaux. Les naturels voyant leurs embarcations mises en pièces vinrent nous attaquer.

On fit une charge sur eux. On en tua quelques-uns, le reste s'enfuit ; on aperçut deux des naturels, portant des fusils de chasse, probablement ceux du capitaine Hyenne et du chirurgien.

Après la destruction des pros, on abattit les cases. Au milieu de tous ces débris on trouva un grand nombre d'objets ayant appartenu aux baleiniers, des vêtements, des boutons enfilés, comme pour servir de colliers, et provenant de deux matelots sortis depuis peu des équipages de ligne, des lignes de pêche à baleine, des cordages de baleinières, des tiges de harpons, une pelle marquée, une chasse de tonnelier, des bottes fines.

Quand l'équipage eut sous les yeux les preuves de l'assassinat, il entra dans une telle fureur que les officiers eurent peine à l'empêcher de se lancer à la poursuite des naturels.

Tout le monde était rentré à bord pour midi. On n'avait eu qu'un matelot blessé par sa propre maladresse.

On avait retenu quatre femmes prisonnières. La plus âgée s'épuisait en lamentations en montrant une île au S. et une autre femme montrait la main et comptait sur ses doigts jusqu'au nombre 13.

Nous ne voulûmes pas exercer de plus rudes représailles. Nous nous bornâmes à détruire ce qu'ils avaient de plus précieux.

Je consacrai la journée du 24 à compléter notre eau. On parvint à saisir et à amener à bord le naturel qui parlait espagnol. Mais cette fois encore on n'en put rien tirer. Je lui fis comprendre que je désirais avoir les fusils.de chasse du capitaine et du chirurgien, et je lui promis des haches qu'il convoitait.

Je le fis mettre à terre à l'île Barr. Le soir se passa sans qu'il revint.

La chaloupe et le canot furent embarqués. On disposa tout pour mettre à la voile le lendemain.

Le 25, en effet, ne voyant venir aucun naturel, je profitai du vent et du courant favorables, et je fis route vers le Sud, en regrettant qu'il ne me fût pas possible de rester plus longtemps dans ces îles. Mais j'avais une longue route à faire, je devais passer à Oneek y déposer les Polynésiens que nous avions à bord et qui n'avaient pu nous être d'aucun avantage dans nos relations avec les insulaires des Mulgraves. Ils n'en connaissaient pas plus que nous la langue. Je devais visiter la mission de Monseigneur d'Amata dans la Nouvelle-Calédonie, et de là gagner Sydney. Je n'avais que deux mois et demi de vivres et j'avais à craindre des calmes.

Nous essayâmes, en étudiant le rapport du second de l'*Angélina* et ce que nous pûmes apprendre, de nous rendre compte des incidents qui avaient dû accompagner la mort de nos malheureux compatriotes.

Nous supposâmes que les baleiniers, séduits par les démonstrations amicales des naturels, avaient été aisément séparés les uns des autres. Pendant ce temps les baleinières avaient été pillées.

Le capitaine Hyenne, très courageux, très impétueux de son naturel, n'avait pas pu supporter ce pillage. Il aura menacé. On se sera battu, tous les baleiniers auront été égorgés.

1846. — Naufrage de la goëlette de l'État la *Doris*, capitaine

Lemoine, engloutie dans le port de Brest. Perte de 35 hommes de l'équipage.

1846. — Naufrage du bateau à vapeur le *Papin*, commandant Fleuriot de L'Angle, sur la côte du Maroc, à Mazagan. Perte de 75 hommes de l'équipage.

1846. — Échouage du *Bouthsook*, capitaine Varquin, du Havre, sur les récifs de Mogane.

1846. — Sauvetage de l'équipage d'un navire américain incendié en mer, par le capitaine Roulan, du *Hougly*, du Havre.

1846-1847

Le *Berceau*.

On écrit de l'île Bourbon, le 24 février :

« On a appris, ce matin, de fâcheuses nouvelles sur la corvette de guerre le *Berceau*, qu'on suppose s'être perdue corps et biens.

« En décembre, la frégate la *Belle-Poule* et cette corvette, ont été assaillies par un violent ouragan, en se rendant à Sainte-Marie de Madagascar. La frégate était arrivée à Sainte-Marie après avoir éprouvé diverses avaries majeures. Le *Berceau* n'avait pas paru. Il comptait plus de deux mois de mer et avait été vu à plus de cinquante lieues de Sainte-Marie.

« On a expédié un bâtiment à sa recherche autour de Madagascar. On n'a pas eu de ses nouvelles. Il y avait sur ce malheureux navire 250 hommes d'équipage et plusieurs passagers pour Sainte-Marie. »

L'état-major se composait de MM. Gout, capitaine de corvette, commandant, Durand d'Ubraye, lieutenant de vaisseau, second, Lecoat, Brianchon, Gérin-Roze, Le François de Grainville, enseignes de vaisseau, Thévenin, commis d'administration, Perussel, chirurgien major, Touyon, chirurgien auxiliaire.

La nouvelle jeta l'alarme dans la marine française. *Le National* de l'Ouest alla aux informations. On ne savait rien de précis au ministère de la marine. Les nouvelles qu'on y avait reçues de M. Romain-Desfossés, commandant la station de Bourbon, étant du 15 décembre c'est-à-dire antérieures aux coups de vent de janvier et de février qui avaient pu nuire à la corvette.

D'un autre côté, le père d'un élève embarqué sur le *Berceau* avait reçu de son fils une lettre du 9 décembre. L'élève disait que la corvette était sur le point de partir pour une tournée hydrographique qu'on suppose devoir durer plusieurs mois; et il prie ses parents de ne pas s'inquiéter s'ils sont quelque temps sans recevoir de lettre.

Si le *Berceau*, en effet, s'était éloigné pour une tournée de plusieurs mois, il n'y avait pas lieu de s'étonner qu'on n'eût pas reçu dernièrement de ses nouvelles à Bourbon.

Le journal concluait en ces termes : Nous ne pouvons qu'atténuer, sans les détruire toutefois, les douloureuses inquiétudes répandues sur le sort du *Berceau*. Il nous est permis d'espérer qu'une si cruelle catastrophe n'aura pas frappé de nouveau notre marine.

Le 7 juin, la *Flotte* constatait que la plus douloureuse incertitude planait encore sur le sort du *Berceau*. « Nous ne pouvons pourtant nous décider à perdre tout espoir. La nouvelle arrivée à Nantes par la voie de Suez et répandue dans tous les journaux, de la perte corps et biens de la corvette ne nous paraît pas encore irrévocable.

« Des débris du *Berceau* ont été rencontrés en mer, assure-t-on, par deux navires, l'*Archimède* et le *Coterce*. Si ces débris sont authentiques, nous espérons encore que le personnel peut avoir échappé : le navire peut s'être perdu sur quelque côte où l'équipage aura pu être sauvé bien qu'on n'ait pas encore réussi à le découvrir. »

Pourtant la nouvelle du désastre s'était accréditée à Bourbon et répandue dans tous les parages voisins. On communiquait à Paris une lettre écrite, le 19 avril, par un officier en garnison à Pondichéry.

« En arrivant à Pondichéry, nous avons appris un affreux événement, que les dernières nouvelles venues de Bourbon ont malheureusement confirmé.

« Le 15 décembre, pendant qu'il régnait sur les côtes de l'île un très fort raz de marée qui obligeait tous les bâtiments mouillés en rade à appareiller, un ouragan terrible faisait périr sur la côte de Madagascar, la corvette le *Berceau*, et mettait en grand danger la frégate la *Belle-Poule*.

« Le coup de vent n'a duré que quelques heures. La frégate a pu atteindre Sainte-Marie. Le *Berceau* a dû sombrer dans l'ouragan. On n'en a trouvé que quelques débris que les lames avaient apportés sur le rivage : des chapeaux, un avant de canot, un tableau à l'huile de Le Breton qui était placé dans la dunette.

« L'*Archimède* a visité tous les ports, toutes les rades de la côte, il a été à Nossi-Bé, à Mayotte, partout où l'on pouvait espérer rencontrer le *Berceau*. Il n'en a eu aucune nouvelle. »

Le gouvernement faisait, de son côté, publier un extrait de la correspondance officielle, datée du 2 février.

« M. le commandant de la station écrit que le *Berceau*, parti de Bourbon, vingt-six heures avant la

Belle-Poule, a dû recevoir le coup de vent assez près de Madagascar, où il s'est fait moins sentir qu'à mi-canal, et que, comme le vent a continué à souffler de la partie sud, il pense que la corvette a dû être poussée vers la côte et a dû être entraînée vers le nord.

« On a, il est vrai, apporté à bord de la *Belle-Poule* des débris d'embarcation ayant appartenu au *Berceau*. Mais il n'est pas étonnant que la corvette eût perdu ses canots, puisque la frégate a eu trois des siens emportés par la mer.

« Le *Berceau* avait, en quittant Bourbon, cinq mois de vivres et quatre mâts de rechange. Il était dans les meilleures conditions de solidilité et de navigation. Les manœuvres courantes venaient d'être changées. Il avait un équipage d'élite et plein d'expérience. Tout se réunit donc pour rassurer sur le sort de ce bâtiment et laisser l'espoir qu'après la tempête il aura pu gagner Nossi-Bé ou Mayotte.

« L'*Archimède* et la *Prudente* avaient été expédiées à la recherche du *Berceau*. Elles n'étaient pas encore de retour. »

L'*Océan* de Brest faisait remarquer que le *Berceau*, dans une précédente navigation, avait été cru perdu. Il avait reparu après cinquante-deux jours de retard. Les corvettes comme le *Berceau*, corvettes de 32, rasées de leurs bastingages, sont d'excellents navires, de la force des anciennes frégates de petit modèle. Un bâtiment de cette force ne sombre pas comme une goëlette, et bien commandé, avec un bon équipage, il a mille ressources pour se tirer d'embarras. Le *Berceau* a pu perdre ses mâts et son gouvernail à l'ouragan, il aura été entraîné par les courants violents vers le cap d'Ambre. La corvette est en relâche dans un de ces nombreux îlots placés entre l'Asie et Madagascar. Le même journal faisait de plus remarquer que tous les renseignements étaient contradictoires et vagues.

On assurait enfin que notre consul du Cap avait reçu la déclaration d'un capitaine portugais affirmant avoir rencontré la corvette à l'entrée du canal de Mozambique dans les premiers jours de juillet.

A la fin de juin, le ministre de la marine faisait publier une nouvelle lettre de M. Romain-Desfossés.

« J'ai eu l'honneur de vous annoncer dans un de mes derniers rapports qu'à mon arrivée à Sainte-Marie je m'étais hâté d'expédier la corvette à vapeur l'*Archimède* à la recherche du *Berceau*, et que j'avais donné l'ordre au capitaine Durand de visiter non seulement tous les ports de la côte orientale Malgache, mais aussi Nossi-Bé et Mayotte.

« L'*Archimède* a effectué son retour. Les recherches ont été infructueuses.

« La *Prudente* croise depuis dix jours dans les environs de Sainte-Marie, pour s'assurer qu'il n'existe pas d'épaves sur les plages voisines.

« Celles qui ont été recueillies jusqu'à présent ne sont pas une preuve du naufrage du *Berceau*. Cependant je ne puis cacher que la nature de quelques-unes d'entre elles me cause les plus douloureuses appréhensions.

« En voici la nomenclature :

Une portion de l'avant du grand canot, qui avait sa place sur le pont, dans la chaloupe et sous saisines.

Une tape de pierrier en forme de grenade, qui avait son poste dans la batterie de la corvette, à côté du grand mât.

Une caisse vide portant le nom de M. Testard, ancien commis d'administration de cette corvette.

Un seau de bois, reconnu pour appartenir à la timonerie du *Berceau*.

Un fragment de corniche des bastingages.

Un petit tableau à l'huile de M. Le Breton, représentant une marine et qui a été trouvé à l'extrémité nord de Sainte-Marie.

« Après ces tristes détails, je me hâte d'ajouter que toutes les recherches que j'ai fait faire depuis un mois n'ont pu amener la découverte d'un corps humain. En l'absence d'indices de cette nature ou de la rencontre de débris appartenant essentiellement à la coque du *Berceau*, je conserve l'espérance que cette corvette, après des avaries très graves, a fait route pour Maurice où je sais pourtant que, le 12 janvier, elle n'avait pas encore été vue, ou bien qu'elle a fait route vers les Seychelles, où je l'eusse déjà envoyé chercher, si j'avais eu à ma disposition un navire capable de remplir cette mission.

« Le capitaine d'un navire de commerce, venu ici de Tamatave, a affirmé qu'aucun navire désemparé n'a été vu par les Ovas, dans cette partie de la côte de Madagascar, et le chef de la Pointe-à-Larrée a fait une déclaration analogue à M. de Cuitré, que j'avais envoyé près de lui.

« Tous les ports du sud de Sainte-Marie sont trop peu sûrs, en cette mauvaise saison, pour que le commandant Gout y soit allé chercher refuge. »

A la fin de juillet, on recevait par la malle des Indes des nouvelles de Bourbon. Elles annonçaient que la *Belle-Poule* était revenue au port sans avoir reçu de nouvelles du *Berceau*. Tout espoir paraissait perdu, à ce point qu'on avait célébré dans l'église Saint-Denis de Bourbon un service funèbre en l'honneur des officiers et de l'équipage de la corvette.

1847

Aventures et naufrage de la frégate la *Gloire* et de la corvette la *Victorieuse*.

Plusieurs missionnaires français avaient été mis à mort, après les traitements les plus cruels, en Cochinchine ; l'amiral Cecille avait adressé des protestations au gouvernement cochinchinois. On n'y avait fait aucune réponse.

Le capitaine de vaisseau, Lapierre, qui succéda à l'amiral Cecille dans le commandement de la station navale de Chine, adressa de nouvelles protestations, qui restèrent également sans réponse. Enfin il envoya une lettre au commandant Rigault de Genouilly, avec mission de la porter à Touranne, port situé au S.-E. de la capitale, Hué, à cinquante milles environ. Le commandant partit sur la corvette de guerre la *Victorieuse*. Il avait ordre de ne remettre la lettre qu'au préfet même de la province.

Mais à Touranne il trouva les plus impertinents procédés. On ne lui permit de communiquer qu'avec des mandarins de la plus basse classe, lesquels voulurent même lui interdire l'accès de la terre pour s'approvisionner. Il ne tint pas compte de ces prétentions, et il put envoyer les équipages faire de l'eau. Ce fut tout ce qu'il obtint. Le préfet était toujours inaccessible.

Le capitaine Lapierre, parti de Macao, le 15 mars, arriva à Touranne, le 23. Irrité du mauvais vouloir des Cochinchinois, il fit une nouvelle tentative en mandant au préfet qu'il avait une lettre à faire passer au roi Thieu-Tri, et qu'il demandait soit que le préfet vînt à bord pour recevoir cette lettre, soit qu'il indiquât à terre un rendez-vous où l'on pourrait la lui remettre en mains propres.

On répondit au capitaine par un refus accompagné d'insultes et de fanfaronnades.

Il y avait dans le port cinq corvettes de guerre cochinchinoises, à batterie couverte, et construites par les indigènes sur le plan des navires du dix-septième siècle. Elles étaient dégréées.

Le surlendemain de l'arrivée de la frégate française, on put remarquer pendant toute une nuit, un grand mouvement autour de deux de ces bâtiments. Le matin venu, on put constater qu'elles avaient travaillé à leur armement.

L'interprète fut envoyé demander la cause de ce changement; on lui répondit qu'elles se préparaient à aller chercher du bois de construction à un port situé au sud.

On remarqua que les trois autres corvettes se gréaient aussi. Quand l'interprète alla demander compte de ce mouvement, on répondit qu'elles se préparaient à exercer leurs équipages.

Le commandant Lapierre eut la certitude que c'étaient là des mensonges, et comme on persistait à refuser de recevoir la lettre, il prit la résolution d'empêcher ces cinq bâtiments de sortir jusqu'à ce qu'il eût reçu réponse.

Il envoya dire aux corvettes de ne pas pousser plus

avant leur armement. Le préfet leur donna, sans délai, l'ordre contraire, car dès le lendemain, elles enverguaient leurs voiles.

Le commandant envoya plusieurs canots de la frégate qui enlevèrent les voiles, les déposèrent dans deux sampans de guerre cochinchinois, et amenèrent les deux bâtiments entre les deux navires français. On leur avait laissé l'équipage cochinchinois pour garder le matériel.

Cette mesure porta sans doute les mandarins à réfléchir. Dès le jour même, le préfet envoya dire qu'il attendrait M. Rigault de Genouilly le lendemain, 31, à onze heures.

Le commandant de la *Victorieuse* fut exact au rendez-vous. Il s'y rendit, accompagné de plusieurs officiers et d'une quarantaine d'hommes armés. L'évêque de Samos s'était joint au cortège pour rendre plus faciles les communications avec les interprètes.

Le préfet attendait M. Rigault de Genouilly à la porte de la maison commune, qui ressemblait fort à un hangar. On entra, on s'assit autour d'une table sur laquelle étaient servis des confitures françaises, des biscuits, de l'anisette et du vin de Bordeaux. On offrit aussi un peu de vin aux marins qui formaient l'escorte.

Le préfet s'excusa de n'avoir pas reçu jusqu'à présent le commandant. Quant à la lettre qu'on prétendait lui confier pour l'envoyer à Thieu-Try, il fit beaucoup d'objections. Les voyant réfutées, il dit enfin qu'il n'y avait qu'un roi qui pût écrire à un roi.

Le commandant répondit que le capitaine avait reçu mission du roi des Français d'écrire pour le bien du service une lettre qui, d'ailleurs, n'était pas exclusivement pour le roi, que les ministres pouvaient en prendre connaissance.

Le préfet ne trouva plus rien à objecter. Il prit la lettre, mais du bout des doigts, et, comme si elle brûlait.

Après un nouvel échange d'observations peu cordiales, le préfet assura qu'on aurait la réponse dans dix ou douze jours.

Onze jours s'écoulèrent sans réponse. Pendant ce temps, on remarquait un grand mouvement sur les cinq corvettes et sur les forts de terre. On avait appris depuis que seize jonques de guerre étaient, ou lancées, ou sur le point de l'être, dans le voisinage de Touranne.

Le 11 avril, le capitaine Lapierre envoya demander pourquoi la réponse tardait tant. Le préfet répondit que l'envoyé du roi arriverait sans doute le lendemain.

En effet, le 12 au matin, un mandarin d'ordre inférieur vint dire que l'envoyé était arrivé, et que le capitaine eût à venir le lendemain à terre pour recevoir la réponse. L'interprète comprit en quelques mots échappés au mandarin, que cet envoyé n'était pas un personnage d'une condition élevée. M. Lapierre répondit que, comme il avait envoyé son second à terre porter la lettre, le cérémonial ordinaire exigeait que l'envoyé vînt à bord apporter la réponse. On assurait d'ailleurs à cet envoyé tous les égards dus à son rang et à sa mission.

Les Cochinchinois persistèrent à demander que le commandant vînt à terre. Pendant ce temps on aperçut, dans la rivière qui se jetait dans le port, un mouvement extraordinaire de bateaux. Six des jonques de guerre embarquèrent des soldats rouges, jaunes et bariolés. La côte se couvrit de soldats bleus.

On envoya sur-le-champ un officier au préfet de Touranne pour le prévenir que, si les navires armés essayaient d'entrer dans le port, on tirerait sur eux. Le préfet répondit que tout ce mouvement n'avait d'autre but que d'honorer le Daotrifou-Dao, l'envoyé du roi.

Les navires de guerre restèrent en leur position.

Le soir, quelques officiers allèrent à l'aiguade. Un cultivateur cochinchinois s'approcha de l'un d'eux, M. Desmoulins, et lui fit des signes que l'officier ne comprit qu'imparfaitement. L'officier remit alors un morceau de papier et un crayon. L'indigène écrivit quelques mots. M. Desmoulins me rapporta ce papier que je remis à l'interprète. Il y lut ces mots :

« On combattra partout à la fois pendant le festin ou la nuit. »

Je fis redoubler de vigilance et nous eûmes toute la nuit des canots de rondes. Je fis lancer des fusées pour prouver que nous étions sur nos gardes.

Le lendemain, vers dix heures, les jonques recommencèrent à embarquer des troupes. Nous constatâmes aussi que l'équipage des deux sampans mouillés entre nos deux navires avait fort augmenté et que tous les hommes avaient revêtu un costume de soldat.

Le capitaine envoya deux canots pour les visiter et en retirer toutes les armes et munitions. Pendant qu'on procédait à ce désarmement, un volontaire, M. de Kergrist, aperçut une boîte, il l'ouvrit et n'y trouva que des papiers. Mais il constata que le commandant du sampan avait paru embarrassé et qu'il avait cherché à saisir l'un des papiers. Comme il igno-

rait lequel, il remit la caisse au commandant cochinchinois qui enleva lestement l'un des papiers, que
M. Kergrist lui reprit non moins vivement. Le volontaire me l'apporta. C'était l'ordre de nous combattre et
le résumé des dispositions à prendre pendant le festin
auquel on supposait que j'assisterais, à terre, avec un
grand nombre d'officiers.

On devait massacrer le capitaine et tous les officiers ;
les bâtiments de guerre devaient en même temps se
précipiter sur les navires français qui, ainsi privés de
leurs chefs, n'offriraient plus grande résistance. Les
Cochinchinois s'en rendraient maîtres, les détruiraient
et frapperaient ainsi les Européens d'une telle terreur
qu'ils n'oseraient plus jamais reparaître sur ces ri-
vages.

Nous comprîmes que le cultivateur ne nous avait
pas trompés. Nous transmîmes une copie de ce papier
à l'envoyé du roi qui, à la nuit, afin que tout le monde
l'ignorât et que l'amour-propre national fût ainsi mé-
nagé, envoya une réponse remplie des plus grossiers
mensonges.

Pendant ce temps, on avait envoyé à bord des deux
sampans prendre les voiles des cinq corvettes et mettre à terre l'équipage. On y eut grand'peine, car personne ne voulait s'en aller, tant ils craignaient la colère
du préfet.

Le capitaine envoya quelques canots, sous la conduite de M. Delapelin, lieutenant de vaisseau, avec
ordre d'aller enlever la poudre et les armes des corvettes. Il donna l'ordre toutefois de ne pas persister si
elles opposaient de la résistance. Les canots revinrent
sans avoir rien fait.

Nous passâmes cette nuit comme les précédentes,

presque en branle-bas de combat. Mais aucune alerte
ne fut donnée.

Le lendemain, vers huit heures, la situation sembla
vouloir se dessiner. Les barques de guerre qui étaient
dans la rivière continuèrent à embarquer des soldats.
De l'autre côté, venant du large, pour entrer dans le
port, nous vîmes huit bâtiments armés. Nous pouvions ainsi, à un moment donné, nous trouver entourés de tous côtés, et essuyer les feux des forts, des
corvettes, des navires venant du fond et de l'entrée de
la baie.

Le capitaine envoya une dernière fois un officier au
représentant du roi et lui fit dire que s'il n'envoyait
pas l'ordre aux jonques de s'arrêter, il attaquerait les
corvettes.

Deux heures se passèrent, nul navire ne se dirigea
vers les jonques qui continuaient leurs mouvements.
Les deux commandants français tombèrent d'accord
qu'il y aurait une apparence de lâcheté et une grave
faute politique à quitter la baie devant ces démonstrations menaçantes, et que, d'autre part, l'on ne pouvait
attendre plus longtemps sans danger.

A onze heures, le 15, le capitaine Lapierre donna
l'ordre d'ouvrir les hostilités. Un coup de canon partit
de la frégate au cri de Vive le roi !

Les corvettes étaient réellement prêtes au combat,
elles ne tardèrent pas à riposter du feu de leurs 70 canons. Les forts et les jonques ne tardèrent pas non
plus à prendre part à l'action.

Les Cochinchinois se montrèrent courageusement.
Mais ils étaient mauvais tireurs.

En trois heures et quart, le feu des corvettes fut
éteint. L'une sauta, la deuxième fut brûlée, la troi-

sième coulée, les deux autres furent prises à l'abordage et incendiées après qu'on en eut retiré les blessés.

La frégate française n'avait éprouvé que quelques légères avaries, la corvette avait eu un homme tué et quatre blessés. Les Cochinchinois avaient éprouvé des pertes considérables. Ils avaient en effet rempli leurs navires de soldats, pour le cas où nous en voudrions venir à l'abordage, et l'on calcula qu'il y avait eu mille hommes hors de combat.

Après la destruction des corvettes, les Français reprirent le large. Le Daotrifou-Dao envoya à Hué un récit de la bataille, duquel il résultait que les Barbares avaient, en effet, mis le feu aux corvettes, mais qu'ils avaient dû fuir honteusement devant le feu des forts et des jonques.

Les deux navires continuèrent leur croisière. Au commencement d'août, ils se rendirent en Corée. L'amiral Cécille, l'année précédente, avait envoyé une mission au premier ministre du roi, en lui demandant de faire cesser les cruelles persécutions essuyées par les Chrétiens, et il avait annoncé qu'un bâtiment viendrait cette année chercher la réponse.

Avec ces peuples, il ne faut rien promettre sans tenir. C'est ce qui décida le commandant à entreprendre ce voyage. Il comptait d'ailleurs aller visiter ensuite quelques ports du nord de la Chine. Comme dans plusieurs de ces ports, il n'y avait pas assez d'eau pour une frégate, il s'était fait suivre par la *Victorieuse*.

Nous nous rendions donc, écrit un des officiers, en Corée. Les seuls renseignements hydrographiques qu'on a sur cet archipel consistent en une carte anglaise où est tracée la route qu'ont suivie deux navires anglais, lorsqu'en 1816 ils se rendirent à Pékin.

Le commandant Lapierre prit donc la résolution de suivre à peu près cette route. Le 9 août au soir, nous étions à un mille au sud de l'île Alceste, et nous avons eu de bonnes observations.

Le 10 au matin, nous reconnûmes une large entrée que nous voulions prendre, et une île à droite, en entrant, nous servit pour avoir un bon point.

Le vent fraîchit beaucoup, quand nous fûmes engagés dans les îles. Les terres en vue ne glissaient point comme celles de la carte et le fond était un peu plus petit. Nous mîmes des vigies à tous les mâts. On sondait des deux bords par un fond de cent brasses environ.

La corvette était à un mille devant nous, sondant et signalant le fond.

A 11 heures, 30, elle signala de la diminution et indiqua que la route était dangereuse à suivre. Elle vint en même temps au plus près.

Notre frégate imita aussitôt sa manœuvre, et nous tînmes le vent pour sortir par où nous étions entrés.

Mais le vent était très frais, la mer grosse, le courant violent; nous avions deux riz aux huniers, que de temps à autre nous ne pouvions pas porter. Au lieu de gagner nous perdions; et voulant virer vent devant, nous manquâmes et nous perdîmes encore plus.

Nous nous trouvâmes par un fond de six brasses. Nous voulûmes virer de nouveau, mais, avant d'être dans le lit du vent, la frégate labourait le fond.

En masquant partout, nous parvînmes à nous placer dans le milieu de la passe, qui a cinq milles, en un endroit où la carte anglaise marque quatorze brasses.

Nous échouâmes pourtant par un peu moins de quatre brasses, et la corvette, qui était à trois encâblures plus en dedans, s'échoua presque en même temps.

Malheureusement, la mer était pleine. C'était la veille de la nouvelle lune. La mer et le vent nous étaient contraires. Il nous fut impossible de nous tirer de là. On ne pouvait penser à élonger une ancre. La corvette l'essaya, elle noya deux hommes.

La mer perdit promptement. Tout annonçait que nous serions à sec. Nous disposâmes les basses vergues et les mâts de perroquet en béquilles. La corvette resta tout à fait à sec et la frégate presque entièrement.

La mer baissa ce jour-là de dix-huit pieds et le lendemain de vingt et un.

Dès que la mer perdit, les lames devinrent plus fortes, les secousses augmentèrent et nous fîmes plus d'eau que les pompes ne pouvaient en rejeter.

Au flot, la frégate se creva. L'eau gagna l'entre-pont.

Voyant que son bâtiment était perdu sans ressources, le commandant essaya de sauver la corvette pour nous servir d'abri. Nous lui portâmes par l'arrière un grelin qui cassa à trois reprises différentes et notre chaloupe manqua d'être engloutie par les lames de fond. La corvette se remplit d'ailleurs promptement d'eau et son grand bau était craqué.

Le mauvais temps cessa au jour. Nous en profitâmes pour évacuer les bâtiments. Cette opération se fit dans la journée et le jour suivant. Enfin, le 12 au soir, nous étions tous à terre, installés dans des tentes provisoires.

Le commandant avait fait monter sur le pont le plus de vivres possible et toutes les petites armes. La compagnie de débarquement, les matelots, les malades, partirent les premiers,

Une fois campés, nous allâmes prendre les voiles en vergues et tout ce qu'il fallait pour faire de bonnes tentes et nous installer convenablement. Nous trouvâmes de l'eau et du bois à brûler. Nous construisîmes des routes pour aller aux aiguades et deux fours pour cuire le pain.

Les vivres étaient si peu abondants que le commandant décida qu'on ferait deux repas au lieu de trois, c'est-à-dire qu'on réduisit d'un tiers la ration ordinaire. Le commandant et les officiers furent soumis au même régime.

Les Coréens vinrent conférer avec le commandant qui leur demanda du vin. Mais ces gens, redoutant leurs mandarins, furent plusieurs jours sans en apporter.

Les hommes d'élite allaient tous les jours à bord des bâtiments. Ils parvinrent à attraper des quartiers de salaison et de farine en quantité suffisante pour avoir un mois de vivres à la ration où nous étions, mais pas de vin ni d'eau-de-vie. C'était une grande privation pour nous, qui, dès le point du jour jusqu'au soir, étions occupés à des travaux de défense et d'installation.

Enfin, ennuyé des retards des Coréens, le commandant menaça d'aller saisir sur les îles le vin qui s'y trouvait. Depuis ce jour, ils nous en apportèrent un peu.

Quand il y en eut une certaine quantité, le commandant fit donner 12 centilitres comme troisième repas. Il faut voir comme les gamelles étaient récurées.

Nos pauvres hommes supportaient ces privations sans se plaindre. Quelques-uns conservaient leur gaieté d'autres étaient tristes, craignant d'être attaqués.

Une nuit, une des sentinelles donna l'alerte et nous fit mettre au poste de combat. Nous avions 200 hommes armés de fusils et de mousquetons, 150 de sabres et de pistolets, et le front de notre camp était défendu par 2 caronnades de 12, trois obusiers de montagne et 6 pierriers.

La position était difficile à attaquer, à condition que nous aurions un poste de 30 hommes installés au haut de la montagne contre laquelle nos tentes étaient appuyées.

Le commandant profita de cette fausse alerte pour dire quelques mots aux équipages, et leur démontrer que les Coréens avaient plus peur de nous qu'envie de nous attaquer, que, cependant, il fallait observer la même prudence que devant l'ennemi.

Pendant nos travaux du camp, le commandant fit partir la chaloupe et le grand canot de la *Gloire* pour aller en Chine chercher du secours. Le 19, au soir, M. Delapelin partit avec le grand canot pour aller à Shang-Haï, à 140 lieues de là, et, le 21 au soir, l'aide de camp du commandant partit sur la chaloupe pour la même destination. Ces embarcations ne partirent pas ensemble pour avoir plus de chances de succès.

Elles furent si durement poussées qu'elles arrivèrent à Shang-Haï le 25 et le 26, après avoir couru grand danger d'être englouties.

Le brick de guerre anglais l'*Espiègle* était au mouillage. Dès qu'il apprit notre malheur, il dit qu'il allait mettre à la voile pour nous porter des secours, mais qu'il passerait auparavant par Chusan pour instruire le chef de la station. C'était le capitaine Mac-Qulac, commandant la frégate le *Dédalus*.

Dès que cet excellent homme sut ce qui nous était arrivé, il se décida à venir à notre aide, et il se fit suivre des bricks *Childers* et l'*Espiègle*.

En arrivant, le 5 septembre, en vue de la côte où nous étions, ils tirèrent des coups de canon qui portèrent la joie dans notre camp.

Nous leur répondîmes pour leur faire connaître notre emplacement exact. Mais nos petites pièces ne s'entendirent pas. Le commandant leur envoya des officiers pour les aider à mouiller.

Le capitaine Mac-Qulac vint au camp le 6 au matin. Il fut convenu que chaque brick prendrait 110 à 130 hommes, et la frégate 300.

Nous commençâmes de suite à embarquer de l'eau, les vivres que nous avions, ainsi que le matériel peu encombrant.

Le 12, tout était fini. Dans l'après-midi, nous évacuâmes le camp. A sept heures du soir, les deux commandants le quittèrent les derniers.

Les bricks ne pouvant pas quitter la station de Shang-Haï, y ont porté nos hommes, puis la frégate nous a amenés à Hong-Kong où nous arrivâmes à temps pour profiter de la malle.

Cet évènement aurait été tout autre si nous n'avions pu sauver des vivres et de la poudre, car il nous eût fallu nous diviser, et les Coréens nous eussent certainement attaqués.

Les matelots ont sauvé leur sac, mais les commandants et les officiers ont perdu une grande partie de leurs effets. La discipline n'a pas éprouvé la plus légère atteinte. Il y avait autant d'ordre au camp et sur la frégate anglaise qu'à bord de la *Gloire*.

1847. — Naufrage de la corvette à vapeur, le *Caraïbe*, sur les côtes du Sénégal.

1847. — Explosion de la machine du *Comte-d'Eu*, en vue de Barfleur.

1847. — Sauvetage du sloop, le *Désiré*, en vue de Dieppe.

1847. — Sauvetage de l'équipage du brick de guerre anglais, *Snake*, par le brick français, le *Voltigeur*.

1847. — Perte du baleinier, le *Lamartine*, capitaine Couppey, sur les roches d'Aïtataki.

1848

Péril du *Panama*.

Nous sommes en ce moment, écrit un des officiers du navire, à l'abri de tout danger. Le *Panama* est sûrement et tranquillement mouillé à Cagliari, où nous réparons nos avaries les plus urgentes ; et nous espérons beaucoup repartir pour Toulon, le 2 ou le 3 février au plus tard.

Nous sommes partis le 9 janvier d'Oran pour faire route sur Toulon, ayant à bord 900 passagers, militaires congédiés. Le temps qui était beau au départ changea presque subitement, dès que nous eûmes reconnu les Baléares, et le vent commença à souffler avec violence du N.-E. La mer devint en un instant très grosse, excessivement fatigante pour le navire et surtout pour nos pauvres passagers dont l'état faisait pitié.

Figurez-vous, en effet, ce qu'ont dû souffrir ces soldats parqués dans nos batteries transformées en véritables lacs par l'eau qui tombait continuellement à bord.

Le temps ne changea pas jusqu'au 12 au matin. Le vent étant alors devenu plus calme, nous pûmes faire route vers Toulon ; nous ne devions pas entrer si tôt au port !

Le temps avait été assez beau pendant la matinée du 12. Mais un triste épisode vint nous attrister. Un caporal de la légion étrangère, dont le mal de mer avait troublé l'esprit, se précipita dans les flots. Le capitaine avait fait mettre immédiatement une embarcation à la mer, mais on n'avait pu sauver ce malheureux.

Pendant le reste de la journée du 12, la mer redevint très mauvaise. Le vent soufflait avec fureur. Cependant, grâce à la solide construction du *Panama*, nous pûmes encore soutenir notre marche.

Dans la nuit du 12 au 13, vers les trois heures du matin un cri sinistre répété par nos 1.200 hommes vint jeter l'épouvante dans le navire. Le feu était à bord.

Dans un mouvement de roulis, une barrique remplie de graisse et que, par imprudence, on avait négligé d'amarrer, avait été renversée dans la batterie-arrière. Le feu s'y était communiqué sans qu'on parvint à savoir de quelle manière. En un instant, l'arrière du navire présentait un spectacle affreux.

Le vent, qui redouble de fureur, en augmentant les progrès de l'incendie, semble nous présager une perte certaine. On entend de tous côtés des cris.

— De l'eau ! de l'eau ! nous allons sauter.

Au milieu de ces clameurs des passagers épouvantés, nous constatons aisément l'imminence du danger que chaque moment rend plus menaçant encore.

Après quelques instants d'un désordre impossible à décrire, des postes d'incendie sont assignés à tout le monde. L'eau arrive bientôt de toutes parts. En un moment la batterie est inondée et après une heure de travaux, on parvient à se rendre maître du feu.

Ce premier danger passé, nous pouvions espérer arriver à notre destination sans nouvel accident. Hélas! nous allions avoir à lutter contre la tempête et contre des dangers bien plus sérieux encore que ceux que nous venions d'affronter.

La journée du 13 s'annonça menaçante. Le vent qui, les jours précédents, avait varié entre le N.-O. et le N.-E. se fixa définitivement au N.-O. et continua de souffler dans cette partie avec toute la fureur de l'ouragan le plus épouvantable.

En quelques instants, notre chaloupe et une yole solidement amarrées sur nos porte-manteaux, qui se trouvent à une hauteur de près de 10 mètres au-dessus de la mer, sont enlevées par les lames qui nous prennent de l'avant à l'arrière et tombent sur le bord avec un fracas horrible.

Notre poulaine, notre tambour et une partie de la muraille que nous présentons au vent et à la mer sont enlevés comme de frêles planches, et nous nous attendons à chaque instant à voir sombrer le navire sous la masse énorme d'eau qu'il reçoit de toutes parts. Les cris de détresse des passagers, les craquements du navire, les hurlements du vent dans les cordages, tout concourt à rendre notre position plus terrifiante encore.

La nuit arrive, le vent va diminuer, nous ne pouvons manquer de toucher bientôt à un port, telles sont les espérances que chacun exprime. Mais que nous étions loin de les voir réalisées !

A huit heures du matin, un cri immense répété par les mille voix de nos passagers s'éleva des profondeurs du navire.

— Nous coulons! nous coulons !

Tout le monde se précipite sur le pont, dans les batteries ; chacun cherche les moyens de disputer son existence à la mort imminente.

L'eau est au niveau du parquet des chauffeurs ; on la voit monter insensiblement. Bientôt elle aura envahi la machine et tout sera dit. Tout le monde se précipite sur les pompes. Mais par une terrible fatalité, nous avons laissé à Toulon nos grandes pompes de l'arrière. Il ne nous restait que celles de l'avant qui sont d'une faible dimension.

L'eau pourtant gagnait toujours du terrain. Il fallait des moyens vigoureux. Une chaîne formée d'une partie de l'équipage et de nos 900 passagers, est immédiatement organisée. Bidons, gamelles, seaux, casquettes, tout est bon pour enlever l'eau.

Il y va de la vie de tous ; chacun apporte à l'œuvre de la délivrance une activité, une ardeur que l'on comprendra sans peine. Mais, malgré tous nos efforts, l'eau restait toujours au même niveau.

Nous aurions péri infailliblement sans le dévouement d'un second maître mécanicien, nommé Turcan, dont le courage a conservé à la France une belle frégate et à 1,200 familles leurs frères, leurs enfants ou leurs amis.

Cet homme, voyant que les recherches pour la voie d'eau restaient sans résultat, n'hésita pas à se sacrifier pour le salut commun. Plusieurs fuites dans les chaudières ayant été signalées, le commandant les avait fait vider dans la cale pour éviter quelque nouvel accident. L'eau qui se trouvait ainsi dans le carré de la machine se trouvait alors à une température très élevée. On eût dit de l'eau bouillante ou à peu près.

Turcan, sans s'effrayer de la douleur ou du danger, plonge une première fois et va explorer, en nageant, les profondeurs de la cale. Il revient presque évanoui et indique un point dans la cale où il croit avoir aperçu la voie d'eau.

Mais comment s'assurer du fait? Qui oserait recommencer une épreuve aussi terrible !

Turcan revenu à lui se sent encore le courage d'affronter le péril, et, sans consulter personne, il plonge une seconde fois. Il revient sur l'eau au bout de quelques secondes et, en tombant dans les bras de ses amis, il ne dit que ces mots :

— Le tuyau d'injection est crevé.

C'était un trait de lumière. En un instant les dispositions nécessaires sont prises. Les travaux de la chaîne redoublent. Nous sommes enfin maîtres de l'eau.

Un cri de joie retentit dans le navire : — Nous sommes sauvés ! Nous sommes sauvés !

Incendie de la frégate à vapeur *le Cuvier*.

Au commencement de janvier 1848, nous écrit un témoin oculaire, la frégate à vapeur *le Cuvier*, commandée par M. Aubry-Bailleul, capitaine de vaisseau, reçut l'ordre de se rendre à Port-Vendres pour y prendre un bataillon de chasseurs de Vincennes et le transporter à Alger. Le départ de Port-Vendres eut lieu par un temps menaçant qui éclata bientôt en un coup de vent de nord des plus violents, et la machine éprouva une avarie assez grave pour en paralyser l'action et obliger à mettre en cape ; deux des principales embarcations furent enlevées par les vagues et le navire demeura pendant deux nuits et un jour à la merci d'une mer furieuse. Cependant, la machine ayant été réparée tant bien que mal, assez toutefois pour qu'on pût compter sur elle comme auxiliaire à la voile, le commandant Aubry-Bailleul se décida à se diriger vers la terre ; bientôt on reconnut Minorque et le *Cuvier* put prendre mouillage dans l'excellent Port-Mahon. Ce n'était là que le prélude des terribles épreuves qu'allait avoir à supporter l'équipage avant de revoir les côtes de France.

A son arrivée à Alger, le commandant reçut l'ordre de repartir immédiatement pour Toulon. Il fallait, au préalable, remplacer le charbon consommé pendant la traversée ; celui qui fut délivré au *Cuvier* était un charbon pyriteux, de mauvaise qualité, et, pour surcroît de contrariété, il survint une pluie torrentielle pendant que l'on procédait au chargement : or, l'on sait quelle funeste action peut avoir l'humidité sur les pyrites qu'elle décompose ; aussi le capitaine du *Cuvier* crut-il devoir informer M. le commandant de la marine de son intention d'interrompre l'opération commencée. Mais ce dernier, sans tenir compte de ces sages observations, insista sur son prompt achèvement, et y fit employer même des corvées d'hommes envoyés par les autres bâtiments amarrés dans le port.

Le *Cuvier* reçut en outre beaucoup de colis divers, et sa batterie fut embarrassée de barriques vides et de nombreuses caisses en destination de Toulon.

Cet état de choses n'était pas rassurant, aussi le commandant Aubry-Bailleul prit-il toutes les dispositions suggérées par l'expérience pour parer, autant que possible, à l'éventualité d'une combustion spontanée qu'il redoutait. Ses pressentiments, comme on le verra par la suite de ce récit, ne le trompaient pas.

Le navire mit sous vapeur le 23 janvier à dix heures du matin, par un temps assez équivoque, la mer dure, les vents à l'O.-N.-O. La route fut désignée pour reconnaître le cap La Mola de Mahon ; la plus grande surveillance fut recommandée aux officiers et aux mécaniciens. Dans l'après-midi, le temps s'embellit, la mer s'apaisa, le vent, frais sans être très fort, aidait aux efforts de la machine, au moyen des voiles goëlettes, qui étaient appareillées ; la vitesse était d'environ onze milles à l'heure ; aucun accident ne s'était encore manifesté dans les soutes, et tout semblait présager une traversée aussi heureuse que prompte. Toutefois, l'on continua à exercer la surveillance la plus active pendant la nuit.

Vers deux heures du matin, le commandant monta sur le pont, pour s'assurer de l'état actuel des choses ; il lui fut dit que le maître mécanicien de quart venait de rendre compte d'une visite faite dans les soutes et que rien ne semblait de nature à faire craindre d'accident.

Les soutiers, avait dit ce maître, n'éprouvent aucune incommodité, et ceux de l'autre quart sont restés à dormir dans la soute au lieu d'aller se coucher dans leurs hamacs.

Une demi-heure plus tard, le commandant quittait la passerelle pour rentrer dans son appartement ; en passant près de la cheminée, il fut fort étonné de voir de la fumée sortir des trous, dits tabatières, de la collerette de cette cheminée, puis des étincelles entraînées par le courant d'air ; presque au même instant, le cri de Au feu ! au feu ! retentit : le feu s'était déclaré dans la soute de bâbord.

Le commandant Aubry-Bailleul était un homme énergique, au coup d'œil vif et aux décisions promptes ; il ordonna aussitôt à M. l'officier de quart de faire stopper la machine, d'appeler tout l'équipage sur le pont, puis il fit ranger chacun à son poste d'incendie.

Ce fut à ce moment qu'un soutier vint faire au commandant le récit suivant : « les trois soutiers de l'autre « quart, dit-il, dormaient dans la soute ; deux de ceux « de mon quart venaient également de s'endormir ; « moi-même, après avoir achevé de pousser une assez « grande quantité de charbon vers la soute alimen- « taire, j'arrangeais mon bloc (le morceau de charbon

« sur lequel devait reposer sa tête), pour me coucher
« aussi lorsque, sans avoir ressenti de chaleur anor-
« male, j'ai vu tout à coup des points rouges à la sur-
« face de la soute de bâbord, sur une étendue d'en-
« viron deux mètres. J'ai de suite crié Au feu, en
« éveillant tous mes camarades, et nous nous sommes
« enfuis par la coursive de bâbord dans la batterie ar-
« rière. »

La combustion avait donc été aussi spontanée que
possible, ce qui fit penser au commandant que l'événement était de la dernière gravité. En même temps
que les officiers et les marins se rendaient à leur poste
d'incendie, et que l'on commençait à faire jouer les
pompes, ordre fut donné de laisser tomber les feux
des foyers de la machine, puis de boucher le mieux
possible les issues qui pouvaient donner accès à l'air
extérieur ; l'officier en second, M. Moulac, devenu depuis vice-amiral, reçut l'ordre d'aller étudier les choses d'aussi près que possible pour reconnaître le moyen
le plus efficace d'attaquer le fléau, mais il fut promptement reconnu qu'il serait bien difficile, sinon impossible, de dominer un incendie qui avait pour aliment
300 tonneaux de charbon et d'autres matières combus-
tibles.

Cependant l'équipage, confiant dans le sang-froid et
l'habileté de son chef, exécutait les travaux ordonnés
avec activité et dans le plus grand ordre. Dès ce moment, le commandant fit prendre d'autres mesures
pour le salut de l'équipage : il fit, pendant que l'on
pouvait encore pénétrer dans l'intérieur du navire,
jeter les obus chargés à la mer, noyer les poudres,
monter sur le pont ce que l'on put extraire de biscuit
et d'eau-de-vie de la cale, ainsi qu'une caisse de gar-

gousses pour tirer quelques coups de canon d'alarme, en cas de rencontre de navires ; il ordonna également d'éteindre complètement les feux des foyers et même de vider les chaudières de la machine, précaution qui préserva le navire de l'explosion desdites chaudières ; l'ordre fut également donné de démonter sept aubes des roues de chaque côté, afin de pouvoir faire route à la voile. Les bateaux-tambours furent disposés pour recevoir, à la dernière extrémité, le personnel du navire ; ils furent approvisionnés d'un peu de vivres, d'un compas de route, d'une carte et enfin de ce qui était indispensable pour se diriger vers la terre, qui n'était point encore en vue.

Cependant le feu faisait toujours des progrès, quoiqu'on eût employé les matelas et les couvertures mouillées, pour intercepter l'air. L'eau introduite et que les pompes de la cale ne suffisaient pas à rejeter au dehors, alourdissait la marche du bâtiment. C'est ainsi que se passa la journée du 24 janvier dont la soirée fut assez calme, bien que la mer restât toujours un peu agitée. Avant la chute du jour, on aperçut un navire de commerce à une assez grande distance ; deux coups de canon furent tirés pour appeler son attention, mais il ne parut pas les entendre.

Le vent, inégal et variable, ne permettait pas de s'avancer beaucoup vers les îles Baléares sur lesquelles le commandant dirigeait la route ; cependant la terre fut aperçue dans le lointain, on crut reconnaître les montagnes élevées de Majorque.

Les progrès du feu étaient tels que l'on put craindre un instant de voir la flamme se faire jour par le flanc de bâbord ; tous les efforts des travailleurs furent dirigés de ce côté, mais peu d'heures après, le même ac-

cident se manifesta du bord opposé, et le pont, singu-
lièrement aminci par la carbonisation de sa surface
inférieure, menaçait de crouler sous les pieds de ceux
qui travaillaient à projeter de l'eau sur le brasier.

Tous les incidents de ce drame ne sauraient être re-
produits ici ; on se bornera à dire que, vers une heure
du matin, vingt-trois heures après la première manifestation du feu, le *Cuvier* se trouvait assez rapproché
de la côte de Majorque pour pouvoir, à la rigueur, s'y
échouer, mais la mer battait si fort en côte, que le commandant craignit, en prenant ce parti extrême, de ne
pas pouvoir sauver tout son équipage. Il préféra tenter
de gagner un endroit plus propice à l'accomplissement
du grand devoir qui lui incombait, celui de rendre à
leurs familles tant de braves gens qui lui témoignaient
la confiance et le dévouement le plus absolu, confiance
et dévouement dont voici une manifestation digne
d'être citée : Tous les marins étaient debout et au travail depuis vingt-quatre heures, ne recevant, pour
toute nourriture, que quelques morceaux de biscuit et
de l'eau édulcorée d'un peu d'eau-de-vie ; le commandant se trouvait assez rapproché d'un groupe de travailleurs auxquels il dit :—Courage, mes enfants, je connais
cette côte, et j'espère pouvoir conduire le navire en un
lieu sûr où je pourrai vous mettre tous à terre, sans
courir les risques que présente le rivage sur lequel
vous entendez le bruit de la mer qui déferle.

— Tant que vous voudrez et tant que nous pourrons,
répondit une voix dans le groupe.

Cependant le navire avançait lentement vers la
pointe Salinas, près laquelle se rencontra une balancelle espagnole qui se rendait à Mahon. Le capitaine
de ce petit navire, invité à piloter le *Cuvier*, se rendit

à bord, dirigea la route pour doubler la pointe derrière laquelle on se trouva en calme ; l'ancre fut jetée au fond et la balancelle mouilla non loin de là.

A ce moment (cinq heures du matin) les efforts de l'équipage étaient tout à fait impuissants à maîtriser le feu ; la flamme sortait fréquemment par les coutures du pont : l'embrasement était général dans l'intérieur ; le pont, réduit à 2 centimètres et demi d'épaisseur en certains endroits, menaçait de crouler dans le cratère qu'il ne recouvrait plus que très imparfaitement. Il fallait forcément songer à évacuer au plus vite la pauvre frégate vouée à une destruction complète, et cependant il convenait de faire cette opération avec prudence, car le personnel ne pouvait être transporté qu'en deux voyages, et il était à craindre que les bateaux-tambours ne résistassent pas au choc contre un rivage rugueux ; or, on ne pouvait pas encore reconnaître si la plage était de sable ou de roches. Le commandant décida que l'équipage serait déposé sur la balancelle jusqu'au jour, et il donna l'ordre de faire embarquer la première bordée, ce qui eut lieu après appel avec l'ordre le plus parfait ; mais cette diminution dans le nombre des travailleurs permettait au feu d'accroître ses ravages, aussi le pont était-il déjà éclairé par des jets de flamme lorsque le retour des bateaux permit de faire embarquer le reste du personnel, avec les mêmes précautions et le même ordre. Le commandant s'embarqua le dernier, après s'être assuré que personne ne restait en arrière.

A peine les embarcations s'étaient-elles éloignées d'une encâblure, que le pont s'écroula et que la flamme, se développant sans contrainte, s'élança furieuse jusqu'au milieu de la mâture, triste et douloureux spectacle, et cependant spectacle imposant et beau dans son horreur.

Dès que le jour permit de reconnaître la plage, on fit choix, pour débarquer tout le monde, d'une petite anse sablonneuse et d'un accès facile, et la balancelle hospitalière fut évacuée sans accident.

Il serait trop long, dit une lettre d'un des acteurs de ce drame maritime, de mentionner les détails d'un séjour forcé de soixante heures que nous passâmes sur cette plage déserte, presque sans abri, par un temps glacial et constamment pluvieux, sans aliments chauds, en un mot dans une situation que rendait seul supportable le rapprochement que nous en faisions avec les heures que nous venions de passer.

Les quinze longues lieues d'Espagne que nous eûmes à parcourir en partie par des chemins à peine tracés, sur une sorte de terre glaise qui s'attachait aux chaussures, furent pénibles, mais l'hospitalité que nous rencontrâmes sur la route fut aussi complète qu'il était possible de le désirer et aussi généreuse que le permettaient les ressources assez restreintes des habitants de ces campagnes. Nous atteignîmes enfin Palma, capitale de l'île et terme de nos misères ; nous y demeurâmes une dizaine de jours, puis une frégate à vapeur française nous recueillit et nous conduisit au port de Toulon.

Les événements de février retardèrent la nomination des membres du conseil de guerre qui devait juger la conduite du commandant du *Cuvier*. On sait, en effet, que la loi maritime française veut que, lorsqu'un capitaine ne ramène pas au port le navire de guerre qui lui a été confié, il soit traduit devant un conseil pour être interrogé sur sa conduite, avant, pendant et après le sinistre, et se voir absoudre ou condamner selon le degré de capacité, d'énergie et de dévouement dont il a fait preuve pour prévenir la catastrophe ou pour en amoindrir les conséquences.

En vertu de cette loi rigoureuse, qui pousse la sévérité jusqu'à la peine de mort, M. le capitaine de vaisseau Aubry-Bailleul dut, après avoir déposé son épée, comparaître devant le conseil de guerre nommé par le président de la République, pour y être interrogé sur les faits relatifs à l'incendie de la frégate le *Cuvier*. L'opinion publique, déjà édifiée par le récit des officiers et des marins de l'équipage sur toutes les phases du drame émouvant et si long qui s'était terminé par la destruction d'un des navires de la flotte, avait devancé le verdict des juges en prononçant une absolution complète. Le conseil, en effet, acquitta honorablement et à l'unanimité M. Aubry-Bailleul, acquittement que le contre-amiral président fit suivre de l'allocution suivante :

« Je vous rends votre épée, elle a été entre vos mains
« le signe de l'homme qui entend parfaitement le com-
« mandement.

« Honneur au commandant !

« Honneur aux officiers de la frégate à vapeur *le
« Cuvier !* Honneur aussi à l'équipage qui, dans les cir-
« constances les plus critiques, au milieu du drame le
« plus saisissant où l'on puisse se trouver en pleine
« mer, par son courage froid, sa discipline exacte, sa
« confiance dans ses chefs, a rendu possible le plus
« beau résultat auquel on puisse prétendre en pareil
« cas, celui de sauver tout le monde. Voilà un exemple
« à signaler à tous les marins de la flotte. »

Peu de temps après, M. le capitaine de vaisseau Aubry-Bailleul fut nommé officier de la Légion d'honneur et appelé au commandement du vaisseau de ligne *le Jupiter*.

1848. — Perte de la corvette *la Boussole*, sur le petit Curaçao.

1848. — Perte de la *Léonidie*, capitaine Pillet, de Marseille, coulée en mer.

1848. — Perte du navire *Havre-et-Bordeaux*, capitaine Ponte sur les côtes d'Aberdeen.

1849

Un épisode de sauvetage.

Le 27 février 1849, trois navires la *Liberté*, les *Quatre-Frères*, la *Henriette* vinrent faire naufrage sur la côte de Boulogne. En les voyant en danger, les matelots boulonnais tirent le bateau de sauvetage sur le sable, le lancent dans les brisants et se disputent à qui le montera.

On essaya trois fois d'atteindre les naufragés, mais chaque fois le bateau, entraîné par le remous du courant et rempli d'eau, fut obligé de regagner la plage. A la troisième tentative il fut entraîné à l'extrémité de la jetée de l'Est. Là, une énorme vague le jeta contre les pierres et le chavira, la quille en l'air.

Des lignes furent jetées aux hommes courageux qui le montaient. Sept d'entre eux purent gagner la jetée. Le huitième ne reparut pas.

Le canot emporté par le courant et ballotté par les lames flottait au large, toujours la quille en l'air. Par un heureux revirement, il est poussé à la côte au Moulin-Hubert. On court, on hale le canot à terre, on le retourne, et on trouve dans le fond le marin qu'on croyait noyé.

Il s'était placé sur le revers du banc, et le canot, faisant l'effet d'une cloche à plongeur, lui assurait l'air nécessaire à sa respiration.

Ce brave homme, nommé Luide, racontait ainsi son aventure : « Je croyais toucher à ma dernière heure, chaque fois que la lame venait se briser contre le canot. Mais je m'étais recommandé à Dieu, qui m'a sauvé. »

Il était prêt à se remettre à la mer pour aller au secours des naufragés. On y alla, en effet, mais les efforts furent couronnés d'un médiocre succès. Les trois navires furent brisés, désemparés, toute la cargaison perdue. On put sauver une partie de l'équipage, et il n'y eut que neuf victimes.

Naufrage du brick-polacre *la Lucie*.

Ce navire, capitaine Victor Lavialle, d'Agde, partit d'Alger le 27 juin 1849 pour aller à Gambon prendre un chargement d'arachides. On n'en entendit plus parler pendant quelque temps.

Plusieurs mois après, trois marins se présentèrent au consul de France à Ténériffe. Ils lui disaient qu'ils étaient matelots du brick *la Lucie*, naufragé le 15 juillet 1849, près du cap Blanc sur la côte du Sahara, qu'ils avaient pu être sauvés quelques jours après par le navire Espagnol *l'Adam*. Le reste de l'équipage, composé du capitaine et de trois hommes, s'était séparé d'eux pour essayer de gagner par terre la colonie française du Sénégal. Ils n'en avaient plus eu de nouvelles. Mais il était possible qu'ils fussent encore vivants.

Le ministre de la marine, instruit de ces faits, écrivit au gouverneur du Sénégal pour lui prescrire de prendre toutes les mesures qui pourraient l'aider à connaître le sort des quatre naufragés et à les rendre à la liberté s'ils vivaient encore.

Déjà le gouverneur, le capitaine de vaisseau, Baudin, était averti. Il avait envoyé auprès du chef des peuplades maures de ces parages, en lui faisant promettre une forte récompense s'il pouvait donner des rensei-

gnements sur le sort du capitaine et des matelots de
la *Lucie*, si surtout il pouvait les faire conduire à Saint-
Louis.

Mais les tribus du voisinage étaient en guerre continuelle. On fut longtemps sans nouvelles. Enfin l'on
apprit que le capitaine Lavialle et le matelot Dartis
étaient détenus sur une île habitée par des pêcheurs
maures et située près du banc d'Arguin. Le 16 novembre 1850, ces deux malheureux, délivrés grâce à l'influence du roi des Trarzas, arrivaient à Saint-Louis,
sous la conduite d'Abdoulaye, grand ami des Européens et chef de l'une des îles du banc d'Arguin.

Tous deux étaient dans un état à faire pitié, et il est
difficile de comprendre qu'ils n'aient pas succombé
aux maux qu'ils ont eu à souffrir.

M. le Gouverneur, écrivait le capitaine Lavialle,
avant de commencer le récit de mon naufrage et de
ma captivité, permettez-moi de vous remercier de
l'accueil plein de bienveillance que vous avez fait à deux
malheureux qui depuis longtemps n'espéraient plus
voir leur patrie et leurs familles.

Après 14 mois de captivité dans une des îles du banc
d'Arguin, dont le chef nous a fait subir toutes les hu-
miliations et toutes les douleurs, je sens que mes fa-
cultés intellectuelles se sont affaiblies, et, bien que
j'essaye de rappeler mes souvenirs, je ne pourrai, je le
sens bien, retracer qu'imparfaitement le récit de mes
malheurs.

Je compte donc sur votre indulgence pour pardonner à tout ce qui manquera à ce récit, pour aider à mes
paroles qui ne pourront jamais retracer tout ce que
nous avons souffert.

Je suis parti d'Alger pour me rendre à Gorée le

23 juin 1849. Ma navigation jusqu'au 20 juillet n'offre rien de remarquable. Elle fut longue à cause des calmes et parce que mon bâtiment marchait mal.

Je traversai les Canaries entre Lancerote et la grande Canarie. Quelques jours après je trouvai des vents d'O. et d'O.-S.-O. qui augmentèrent à mesure que je m'avançai dans le sud.

Mon point me mettait assez près du cap Blanc, je virai de bord et je forçai de toiles pour m'en éloigner. Mais la mer et le vent grossissant toujours, nous nous en rapprochâmes encore. Enfin le 22 nous aperçûmes la terre.

Je luttai toute la journée pour échapper au naufrage qui nous menaçait.

Le soir, au coucher du soleil, nous eûmes un moment d'espoir. Le vent sembla se calmer. Nous forçâmes de nouveau de toiles. Nous mîmes dehors tout ce que nous pouvions porter sans démâter ni chavirer. Mais, hélas ! je ne retardai le fatal événement que de quelques heures.

A dix heures du soir, une affreuse secousse nous apprit que la *Lucie* touchait. La mâture tomba au premier coup de talon. Mais si cette secousse fut affreuse, celles qui suivirent furent plus horribles encore.

Le navire s'ouvrit presque immédiatement et s'emplit d'eau. La mer venant avec fureur s'embarquer par l'arrière, nous fumes obligés de nous réfugier sur le beaupré qui tenait encore à l'avant du bâtiment.

Je connaissais exactement notre position, je savais que nous étions échoués sur une côte où les naufragés, après avoir été pillés, sont vendus, et c'est en vain que j'essayerai de peindre les angoisses de cette première nuit et les souffrances que les lames, en nous couvrant à chaque instant, nous faisaient endurer.

Pendant cette nuit le bâtiment continua d'être poussé à la côte avec violence, si bien que le 23, au jour, nous n'en étions plus qu'à une petite distance. Plusieurs bordées avaient été enlevées, et mon navire n'était plus qu'un amas de débris, à travers lesquels la mer passait sans guère d'entraves.

J'étouffai mes angoisses. Je devais donner l'exemple de l'énergie. J'appelai en conseil mon équipage. Je lui persuadai que nous n'avions d'autre chose à faire que d'essayer de nous rendre à Saint-Louis.

Nous prîmes quelques effets, un peu de biscuit mouillé d'eau de mer. Nous aurions bien voulu emporter quelques bouteilles d'eau. Mais toutes nos barriques à eau avaient été défoncées. Nous fûmes obligés de nous en passer. La mâture, qui pendait encore aux agrès du navire, nous servit de pont pour descendre à terre.

Si démembré que fut notre pauvre bâtiment nous ne pûmes, le premier jour, nous décider à quitter le lieu du naufrage. Malgré soi chacun cherchait à l'horizon une voile. Mais, hélas! chacun fuit la côte où nous avions abordé à notre grand regret.

Le lendemain, nous nous mîmes en route vers le sud, bien tristement, car il nous était facile à tous de prévoir les épreuves que nous allions subir. Cent lieues à faire sous un soleil brûlant ! pour toute provision du biscuit trempé d'eau de mer et pas d'eau !

Nous voyageâmes ainsi pendant cinq jours, nous reposant sur le sable, pendant la nuit; recevant de la Providence le courage de recommencer le lendemain.

Le sixième jour, nous arrivâmes à l'extrémité du cap Blanc. Nous aperçûmes la mer des deux côtés de la langue de terre qui forme le cap. Nous vîmes que nous avions fait un chemin à peu près inutile et qu'en continuant toujours à marcher entre la terre et le bord de la mer, nous nous rapprocherions de notre navire.

Un peu de désespoir s'empara de quelques-uns de mes matelots. Mais je remontai leur courage.

Nous continuâmes et nous arrivâmes, après dix jours, à la partie nord de la baie formée par le cap Blanc. Nous la contournâmes.

Mais nous étions déjà obligés de ralentir notre marche, lorsque nous fûmes rencontrés par une tribu maure, les Oulaid-Ouadden, qui vinrent au-devant de nous. Ils étaient cinq cents, et, après nous avoir menacés de leurs poignards, ils nous enlevèrent le reste de nos provisions. Ils nous laissèrent entièrement nus, abandonnés au plus cruel des désespoirs.

Mais bientôt le sentiment de la conservation me ranima ainsi que mes chers compagnons d'infortune et nous nous remîmes à marcher.

Malheureusement cinq d'entre nous, vaincus par la fatigue, la soif et la faim, refusèrent d'aller plus loin.

— Allez à la découverte, me dirent-ils, puisque vous avez encore quelque force, demain nous vous rejoindrons.

Nous continuâmes notre route, le matelot Dartis, le mousse Laugier et moi. Mais le pauvre mousse disparut bientôt, noyé dans un marécage que nous eûmes à traverser pendant la nuit. Nous ne pûmes lui porter secours.

Le lendemain, en nous reposant sur le sable de la baie du banc d'Arguin, en attendant nos compagnons, nous vîmes une chaloupe montée par des noirs qui pêchaient à 2 milles environ du rivage.

Bien que nous fussions portés à redouter les naturels du pays, après les traitements qu'ils venaient de nous faire subir, nous leur fîmes signe de venir à nous. Nous mourions de faim et de soif.

Nous en étions réduits à boire notre urine. Nous voulions en finir.

Nos signes ne furent pas compris.

Il ne nous était plus possible de marcher. Nous passâmes la nuit au même endroit.

Le lendemain nous revîmes la chaloupe. Quel que dût être notre sort, nous fûmes heureux de l'apercevoir. Elle s'approcha un peu plus près du rivage. Nous recommençâmes nos signaux. Nous nous mîmes à héler. Enfin, elle entendit.

Elle arriva sur nous. On nous donna à boire. Cette eau nous coûta cher, sans doute, nous la payâmes de notre liberté. Mais nous allions mourir, et elle nous sauva.

Les noirs qui montaient cette chaloupe s'emparèrent de nous. Ils nous obligèrent à embarquer avec eux et nous conduisirent sur une des îles qui se trouvent à l'intérieur du banc d'Arguin dont le chef est un noir, nommé Ben-Osmar.

Ce fut là que nous restâmes 14 mois en captivité, nourris du poisson que les noirs ne voulaient pas manger parce qu'il se pourrissait, frappés par les hommes qui nous battaient quand nous n'entendions pas un ordre qu'ils nous donnaient en arabe, insultés par les femmes qui nous crachaient au visage, sans aucune raison.

Je voudrais raconter tout ce que j'ai souffert, mais

je ne le pourrais pas aujourd'hui. Je me demande comment nous existons encore et je ne le puis comprendre qu'en pensant à la bonté de Dieu.

Dans les premiers jours d'octobre, un maure, du nom d'Abdoulaye, chef de l'une des îles du banc d'Arguin, vint nous chercher de la part du roi des Trarzas. Il nous conduisit dans son île et nous traita avec bonté.

Un mois après, il nous dit que nous allions nous rendre à Saint-Louis où le gouverneur du Sénégal avait donné l'ordre de nous conduire. Nous partîmes : Abdoulaye, voyant que nous avions beaucoup de mal à marcher, vendit son bournou afin d'acheter des ânes pour nous aider à faire la route ; et nous continuâmes, nous reposant chaque nuit sur le sable jusqu'au marigot des Maringouins, qui est à dix lieues de Saint-Louis.

Là nous rencontrâmes les envoyés du roi des Trarzas qui nous amenèrent ici.

On voulut connaître le sort des matelots qui s'étaient séparés du capitaine et dont on n'avait plus eu de nouvelles. On envoya à la recherche le navire de guerre *le Brandon*.

Le 23 novembre M. Muterse, commandant de ce navire, partit pour le banc d'Arguin, emmenant le chef Abdoulaye et ses neveux.

Il alla directement jusqu'au cap Blanc et au banc d'Arguin. Le 25, le *Brandon* y arriva.

Dans la nuit même on envoya à terre deux grandes embarcations, complètement armées et munies de vivres pour cinq jours. Le *Brandon* les suivit. A sept heures du matin le 26, il mouilla dans la baie du Lévrier.

Le 26 et le 27 se passèrent sans nouvelles des canots. Le 28, à 10 heures du matin, les canots revinrent. Ils avaient tout visité dans la partie nord du banc, et avaient trouvé toutes les îles vides d'habitants. Abdoulaye leur avait dit que sans doute le roi d'Arguin était parti pour les îles du sud.

Le *Brandon* se hâta d'appareiller et se dirigea de ce côté. On ne voulait pas laisser à ce roi le temps de revenir au nord. Le 29 à une heure on arriva à l'île de Tidre. Les canots se dirigèrent de nouveau vers la terre.

Ils revinrent le 1er décembre. On n'avait obtenu aucun renseignement sur le sort des deux matelots. Mais on avait pris toutes les précautions pour assurer leur rapatriement. Les Maures avaient indiqué qu'ils devaient être plutôt dans l'intérieur des terres, et le chef Abdoulaye, dont la conduite avec les Européens fut toujours des plus cordiales, assura qu'il ferait continuer les recherches.

1849

Navire engagé dans un banc de marsouins.

Un fait extrêmement curieux, écrit-on au mois de juillet 1849, s'est passé pendant la traversée que le *Languedoc* vient de faire de Cette à Marseille.

Ce navire se trouvait dans les parages de Rosas, lorsqu'on ressentit une secousse telle qu'on crut avoir touché quelque roche sous-marine. Le commandement : « Machine en arrière » fut aussitôt fait par le capitaine Frelieu.

Tandis qu'on mettait le canot à la mer pour aller constater le danger, de nouvelles secousses eurent lieu, accompagnées d'un grand bruit. Puis on vit voler en éclats une partie des tambours, en même temps que plusieurs aubes des roues étaient arrachées et rompues. La mer bouillonnait et écumait à l'entour du navire. Tous les passagers étaient en grand émoi.

Voici ce qui se passait.

Le *Languedoc* se trouvait engagé au milieu d'un immense banc de marsouins.

Ces petits cétacés étaient au nombre de deux à trois mille formant une ligne immense qui courait de l'est à l'ouest. C'étaient ces animaux qui, engagés dans les roues, avaient, en se débattant, occasionné le bris des tambours et des aubes.

Les avaries produites par ce rare accident de mer

ont été assez graves pour forcer le *Languedoc* a interrompre sa route et à regagner le port de Cette.

1849. — Prise de la goëlette *la Vénus*, capitaine Giraud, par les forçats qu'elle transportait.
1849. — Naufrage du brick *l'Avenir*, capitaine Auvent, sur la côte de Bretagne.
1850. — Explosion à bord du vaisseau *le Valmy*.
1850. — Naufrage du trois-mâts *la Minerve*, sur la côte d'Ambleteuse.

FIN.

TABLE

DES NOMS DE NAVIRES

Le chiffre I désigne la période de 1800 à 1830.
Le chiffre II indique la période de 1830 à 1850.

FIN DE LA TABLE DES NOMS DE NAVIRES.

TABLE
DES NOMS D'HOMMES

CITÉS DANS LES DEUX VOLUMES.

FIN DE LA TABLE DES NOMS D'HOMMES.

TABLE DES MATIÈRES

1841

1845

1846-1847

1847

FIN DE LA TABLE DES MATIÈRES.

GAUME et C⁰, éditeurs, 3, rue de l'Abbaye. à Paris.

HISTOIRE

DE LA

LITTÉRATURE FRANÇAISE

Depuis

LE XVI⁰ SIÈCLE JUSQU'A NOS JOURS

PAR

FRÉDÉRIC GODEFROY

Ouvrage couronné par l'Académie française

2⁰ ÉDITION, 9 VOLUMES IN-8 : 60 FR.

PLAN :

XVI⁰ SIÈCLE	XVIII⁰ SIÈCLE
Prosateurs et Poètes. 1 vol. in-8.	Prosateurs. 1 vol. in-8. Poètes. 1 vol. in-8.
XVII⁰ SIÈCLE	**XIX⁰ SIÈCLE**
Prosateurs. 2 vol. in-8. Poètes. 1 vol. in-8	Prosateurs. 1 vol. in 8. Poètes. 2 vol. in-8.

Cette histoire de la Littérature française est la plus complète et la plus récente.

7375-79 — CORBEIL. TYP. ET STÉR. CRÉTÉ